U0918576

重庆市社会科学规划项目《创新驱动战略背景下提升重庆市汽车产业链现代化水平的动力机制和对策研究》（2021NDYB033）、重庆市教育委员会人文社科研究项目《创新驱动汽车产业升级的理论逻辑和现实路径——基于重庆汽车产业升级的考证》（21SKJD076）的阶段性成果

创新驱动发展战略背景下我国汽车产业升级的逻辑与对策

李月起　著

中国财经出版传媒集团
中国财政经济出版社

图书在版编目（CIP）数据

创新驱动发展战略背景下我国汽车产业升级的逻辑与对策 / 李月起著. -- 北京 : 中国财政经济出版社，2021.5
ISBN 978－7－5223－0439－7

Ⅰ. ①创… Ⅱ. ①李… Ⅲ. ①汽车工业－产业结构升级－研究－中国 Ⅳ. ①F426.471

中国版本图书馆 CIP 数据核字（2021）第 050081 号

责任编辑：彭　波　　　　责任印制：史大鹏
封面设计：卜建辰　　　　责任校对：胡永立

中国财政经济出版社 出版
URL：http：//www.cfeph.cn
E－mail：cfeph@cfeph.cn

社址：北京市海淀区阜成路甲 28 号　邮政编码：100142
营销中心电话：010－88191522
天猫网店：中国财政经济出版社旗舰店
网址：https：//zgczjjcbs.tmall.com
北京财经印刷厂印刷　各地新华书店经销
成品尺寸：170mm×240mm　16 开　15.25 印张　225 000 字
2021 年 10 月第 1 版　2021 年 10 月北京第 1 次印刷
定价：68.00 元
ISBN 978－7－5223－0439－7
（图书出现印装问题，本社负责调换，电话：010－88190548）
本社质量投诉电话：010－88190744
打击盗版举报热线：010－88191661　QQ：2242791300

前　言

产业转型升级是新时代我国实现经济高质量发展的重要途径。汽车产业是推动新一轮科技革命和产业变革的重要力量，在国民经济中体现出非常强的基础性、关联性和带动性，是增强我国经济发展韧性、提升高质量发展能力的最佳突破口之一。本书从马克思主义“生产力与生产关系的矛盾运动”规律把握技术创新和制度创新的关系、审视创新驱动产业升级的问题。

改革开放后，我国汽车产业采用“市场换技术”战略，融入全球价值链并逐步建立起完整的产业体系，于2009年成为产销量世界第一的“汽车大国”。但“量”的增长却没有带来“质”的飞跃，我国尚未完成向汽车强国的转变，产业面临巨大的升级压力。从生产力与生产关系矛盾运动的规律来看，我国汽车产业“大而不强”的核心症结在于创新不足，突出问题为自主创新能力不强、核心技术长期被“卡脖子”；关键问题为“市场换技术”战略下的制度设计未能支撑技术创新和产业升级。

通过创新驱动加快产业升级，是应对国际国内新形势，走中国特色新型工业化道路、提升产业国际竞争力的必由之路，是我国转变发展方式、实现高质量发展的内在要求。从马克思主义创新理论及工业化国家发展实践来看，通过创新驱动产业升级主要依靠技术创新和制度创新。在现代生产生活

“绿色化、网联化、智能化、共享化”的发展趋势下，新能源汽车与网联化智能化技术深度融合，汽车产品的技术密集度更高，传统汽车正向新型移动智能终端、节能终端、数字和存储空间等形态演进，产品功能属性、产业制造体系和生态都在深刻变革。为了实现汽车产业升级，必须打破技术“引进—模仿—消化—再引进—再模仿”的低端路径依赖模式，从创新视角思索我国工业转型问题，依靠创新驱动汽车产业升级发展。

本书用马克思主义立场、观点和方法研究产业升级问题。在“生产力和生产关系的矛盾运动”规律下，提出通过创新驱动汽车产业升级的核心在于技术创新和制度创新，即强调本轮汽车产业升级不仅需要由新能源技术、智能化技术等突破性技术创新为引领，而且需要有动态、匹配的创新制度来进行配套支撑。据此深刻剖析和揭示科技和产业革命背景下汽车产业“生产力”新特征，反思制约我国汽车产业发展的体制机制障碍，进而从理论和实践层面提出制度支撑和政策建议。

目　　录

| 第 1 章 |

导　　论

1.1　选题背景和研究意义

1.1.1　选题背景

（1）中国经济高质量发展、保持韧性与活力的关键在制造业。

习近平总书记强调：推动经济高质量发展，要把重点放在推动产业结构转型升级上，把实体经济做实做强做优[①]。美国对中国发动贸易战聚焦在高科技与高端制造业，我国必须坚持发展成为科技强国和持续推动制造业转型升级，使经济发展紧扣科技脉搏、契合技术革新方向，才能在大国博弈中占据优势。

工业部门一直是我国实体经济的关键承载和经济增长的核心引擎，是经济保持中高速增长和产业迈向中高端水平的中坚力量，是实现独立发明和技术改进的核心领域[②]。改革开放 40 年来中国创造了世界经济发展的奇迹，以超常规的速度建成了门类最齐全、独立完整的产业体系，2017 年我国经济规模达到了改革开放初 1978 年的 34 倍[③]，成为世界第二大经济体、

---

① 谢环弛．习近平参加内蒙古代表团的审议［EB/OL］．http：//www.xinhuanet.com/politics/2019lh/2019-03/05/c_1124197105.htm 2018-03-06.

② 瓦科拉夫·斯米尔．美国制造：国家繁荣为什么离不开制造业［M］．李凤海，刘寅龙，译．北京：机械工业出版社，2016：35.

③ 林毅夫，等．中国的奇迹：发展战略与经济改革［M］．上海：上海人民出版社．2014.

工业经济总量跃居世界第一。从新中国成立至今，我国完成甚至超越了典型西方国家至少250～300年才完成的工业成就，总体已经进入工业化后期后半段①。在当前“逆全球化”形势下，以及新冠肺炎疫情对全球产业分工和布局产生新影响之际，我国要经济实现高质量发展、保持经济发展韧性和活力，关键还是要保持工业部门尤其是制造业的健康发展，而汽车产业具有非常强的基础性、关联性和带动性，是提升制造业水平的最佳突破口之一。

（2）汽车产业的发展水平是“十四五”乃至未来衡量我国经济发展质量、建设制造业强国的重要标志。

习近平总书记指出，汽车行业是市场很大、技术含量和管理精细化程度很高的行业②。国家《汽车产业中长期发展规划》指出，汽车产业是推动新一轮科技革命和产业变革的重要力量。“十四五”时期是我国由全面建设小康社会向基本实现社会主义现代化迈进的关键时期、“两个一百年”奋斗目标的历史交汇期，我国工业发展面临着新技术、国际市场不确定性等新挑战并存的关键发展时期③。在新一轮科技革命和产业变革的推动下，我国正处于转变发展方式、优化产业结构、转换增长动力的关键时期④，亟待转换发展动力，推动“数量型”增长方式向“质量型”发展方式转型升级。汽车产业是我国当前乃至未来的重要战略性制造业部门，是我国从制造大国向制造强国迈进的关键。

汽车产业是产业和技术革命的典型先导产业，是我国制造业转型升级、工业化与信息化的深度融合的突破口和最佳载体⑤。从世界主要完成工业化进程的国家看，主要经济强国都是汽车制造强国，德国选取汽车产业作为“工业4.0”背景下的“智能制造”示范体系，以此来带动中小企业的整体

---

① 中国社会科学院工业经济研究所．工业化蓝皮书：“一带一路”沿线国家工业化进程报告［M］．北京：社会科学文献出版社，2016：18.

② 人民网．促进新能源汽车产业健康发展［EB/OL］．http://finance.people.com.cn/n1/2018/1215/c1004-30468410.html. 2018-12-25.

③ 史丹，等．“十四五”时期中国工业发展战略研究［J］．中国工业经济．2020（2）：5-8.

④ 央视网．工信部副部长：未来3～5年是汽车业攻坚克难关键阶段［EB/OL］．http://news.cctv.com/2019/08/19/ARTIria2pp1LnpZFt7uZSFP4190819.shtml.

⑤ 赵福全，刘宗巍，史天泽．中国制造2025与工业4.0对比解析及中国汽车产业应对策略［J］．科技进步与对策，2017，34（14）：85-91.

升级。汽车产业人员、技术、资金高度密集，在引领整个制造业抢占未来全球产业发展战略高点中具有核心地位，也是“中国制造2025”、建设现代化制造强国的关键抓手和未来智慧型城市建设的重要支撑。汽车产业能带动上百个关联产业发展，2018年，汽车制造业产值约占我国经济总量的2%，汽车产业全产业链增加值在我国GDP中占比占超10%①。

（3）我国汽车产业正处在深度调整与发展机遇交融期，产业“低端锁定”等问题和矛盾凸显，核心技术是未来占据战略制高点的关键。

在社会再生产结构中，汽车产业是某地区社会再生产结构的空间表现和组成形式。现如今，我国供给总量呈现持续增长的特征，但供给结构的惯性及刚性特征也导致了动能转换不足的问题；以数量型为主的规模化、同质化需求高峰期已过，以个性及多样化的消费升级需求结构加快，而需求层面的总量扩张缺乏后劲、供给结构整体没有跟上需求。我国供给侧结构性改革的主要内容是加快产业内及产业间转型升级，以实现社会再生产结构的整体协调，汽车产业在社会再生产结构中的增长乏力、亟须转型升级则是一个典型案例。汽车产业作为地区经济分工体系的组成部分，产业的转型升级会对整个产业结构的转型升级产生影响。

熊彼特提出，经济周期与创新相关，推动经济周期上升波动是与某种工业发展或某类型技术创新有关联②。我国传统产业靠规模扩张的发展模式空间越来越小，加之人口红利和资本积累下降、“干中学”技术进步效应递减、环境资源问题突出，我国整体正处在增长速度换挡期、旧动能消退和新动能形成的机遇期。汽车产业“大而不强”问题突出，新中国成立后我国开始集中发展汽车工业。1953年7月15日，第一汽车制造厂成立。迄今为止，中国汽车工业已历经60多年发展。改革开放后，主要采取“市场换技术”战略通过合资模式提升产业发展的速度，外国大量汽车企业进行产业转移并推动我国汽车产业高速发展。我国从2008年起成为全球产销量排名第一的大国，汽车保有量2019年达2.5亿辆，位居世界前列。但在汽车产业规模高速发展的背后，发展质量问题开始凸显，汽车工业“大而不强”的现状和

---

① 钟志华，乔英俊，王建强等. 新时代汽车强国战略研究综述（一）［J］. 中国工程科学，2018（1）：1-10.

② 熊彼特. 经济发展理论［M］. 北京：商务印书馆，1990：297-298.

结构性问题明显，产业发展方式粗放，汽车产品尤其是自主研发的产品多数处于全球价值链中低端。在科技创新能力、资源利用效率、产业结构水平等方面，与美国、德国、日本等汽车制造强国相比还存在较大差距。近两年我国汽车行业整体发展呈现增速下滑趋势，从 2018 年起更是出现了 28 年来首次负增长，是制造业大类中唯一下降的行业①，拖累了经济的整体发展。受新冠肺炎疫情影响，2020 年 1 ~ 3 月，我国汽车累计产销量仅为 347.4 万辆、367.2 万辆，同比大幅下降达 45.2%、42.4%②。国外疫情形势严重且发展形势不明朗，对汽车产业发展造成长期、持续的负面影响。此外，能源紧缺、大气污染、道路安全、新基础设施不足等问题，也给人民群众的出行安全、出行体验、社会发展等带来威胁。

技术发展水平是社会形态或时代标志，新一轮工业革命正引发全球工业深刻变革，为中国产业升级提供了历史机遇，而核心技术是我国建成汽车强国甚至是制造业强国的关键。在汽车产业转型升级周期，新旧技术交融组合，由科学发现、发明、再到技术创新呈现群落化特征，原有通过产业引进和技术模仿创新的模式已经难以为继，产品生产与工艺流程的分离加剧了后发国家模仿创新的难度。产业分工也由创新能力决定，具有强创新能力的国家将主导未来国际竞争的秩序，呈现出更为明显的虹吸效应。我国在传统燃油汽车技术领域长期处于模仿与本土化改进等低端环节，低端锁定效应明显。

（4）以技术创新和制度创新为核心的创新驱动是我国汽车产业升级的必然抉择。

科技是强国之基，制度是治国之本。党的十八大报告提出“实施创新驱动发展战略”③，党的十九大进一步提出“创新是引领发展的第一动力，是建设现代化经济体系的战略支撑”，“要瞄准世界科技前沿，强化

---

① 蓮毛毛．工信部辛国斌：产销数量不再是我国汽车工业发展的唯一重点［EB/OL］. http://www.nbd.com.cn/articles/2019-08-19/1364294.html.

② 北京商报．工信部：一季度我国汽车产销量分别为 347.4 万辆和 367.2 万辆，同比分别下降 45.2% 和 42.4%［EB/OL］. https://baijiahao.baidu.com/s?id=1664762165369870896&wfr=spider&for=pc.

③ 人民网．胡锦涛在中国共产党第十八次全国代表大会上的报告［EB/OL］. http://cpc.people.com.cn/n/2012/1118/c64094-19612151.html.

基础研究，突出关键共性技术、前沿引领技术、现代工程技术、颠覆性技术创新”[①]。国家高质量发展目标明确提出要从“量”的发展向“质”的发展转变，需要“技术创新和制度创新”为核心的全面创新提振发展内生动力，“创新驱动”指向了我国汽车产业大力发展自主研发、加大技术和制度创新的紧迫性和必要性。党的十九大报告中所出现“新科技革命”“产业变革”的提法，依照逻辑关系，科技革命是以突破性科技创新而产生新的通用性技术，而产业是技术的应用领域，制造业升级是经济体制改革的重要内容。

与以往工业革命中技术范式转换对物理器械高度依赖不同的是，本轮技术革命长波的核心要素是数据，以互联网、大数据、云计算、人工智能等技术为代表的新一轮科技革命，正在引发全球制造业的深刻变革。汽车产业是产业和技术革命的典型先导产业。以“智能化、电动化、数字化、共享化”等是公认的汽车产业升级方向，人工智能、新能源、新材料、信息化等突破性技术创新向汽车等传统制造业领域涌现和深度融合，对产业发展释放出乘数效应。以电池、电控、电机等代表的动力革命，以及智能化等为主要特征的技术推动了生产力极大释放，新能源汽车兴起和智能驾驶技术进步正在改变汽车的技术特征，汽车不仅是交通工具，已由机械产品逐步演变为机电一体化、机电智能化、智能网联化等高科技产品，是智慧城市、生活的节点，是数据的产生、接收和智能服务的提供者和接收者。

创新驱动产业结构升级是系统工程，技术创新、制度创新等创新形式对产业结构升级将起到重要作用，能够突破我国汽车产业几十年来技术“引进—模仿—消化—再引进—再模仿”的低端路径，转向自主发展和创新的模式，为我国转变经济发展方式、转换增长动力创造机遇。因此，需要抓住本轮科技革命和产业变革的机遇，加快核心、关键技术的突破与扩散，赢得汽车产业发展先机。

---

① 新华网．习近平：决胜全面建成小康社会夺取新时代中国特色社会主义伟大胜利——在中国共产党第十九次全国代表大会上的报告［EB/OL］．http://www.xinhuanet.com/politics/19cpcnc/2017-10/27/c_1121867529.htm.

1.1.2 研究意义

在梳理汽车产业发展历程、影响因素和内外部环境的基础上，研究创新驱动汽车产业升级问题，既有理论意义，又有实践意义，具体包括以下几点：

（1）从技术和制度创新维度构建创新驱动汽车产业升级的理论分析框架。

无论是创新驱动还是产业升级问题，都是经济学长期研究和关注的重点问题，本书以马克思主义政治经济学立场、方法和视角，并合理利用西方经济学的知识与方法，用辩证唯物主义和历史唯物主义相结合的方法研究汽车产业升级问题。从对马克思技术创新与制度创新的关系理论、再到熊彼特的创新理论，创新驱动的关键在于技术创新（或科技创新）、制度创新。结合当前新的技术特征和汽车产业的实际，将汽车产业“升级”这一片段性的现实问题纳入“生产力和生产关系矛盾运动”这一系统的分析框架中，深层次探索与揭示技术创新、制度创新促进汽车产业升级的机理等，具有理论意义。

（2）汽车产业是先导性、典型性制造业部门，理论研究和启示对其他制造业部门有一定普适性和“范本参考”价值。

汽车产业的发展水平和实力反映了一个国家或地区的综合国力和竞争力。曾于 2001 年、2008 年两次获得诺贝尔经济学奖的美国经济学家约瑟夫·斯蒂格利茨说过：对于一个经济学家来说，一辆汽车可以用来解释经济学的几乎全部内容。汽车产业具有经济贡献率高（产业规模大、价值链条长、关联领域多）、增加财政收入、就业拉动效应强、承载新技术等特点。汽车产业是新技术先导产业，国家《汽车产业中长期发展规划》指出，汽车产业是推动新一轮科技革命和产业变革的重要力量。新能源新材料、智能化、数字化、新材料等最新技术在汽车的制造和使用上表现最为典型和突出。从理论层面探索技术、制度促进汽车产业升级的机理，不仅对汽车产业部门有重要理论意义，同时对其他产业也有一定的普适性和“范本参考”价值，能够为本轮科技和产业革命背景下其他制造业升级发展提供有益的参考，为其他制造业部门的升级问题研究提供一定的借鉴。

（3）解决汽车产业升级问题，对解决我国社会主要矛盾具有重要现实意义。

汽车产业的问题高度契合党的十九大报告提出的“我国社会主要矛盾已经转化为人民日益增长的美好生活需要和不平衡不充分发展之间的矛盾”。我国汽车产业目前所面临的主要和紧迫矛盾是：人民群众对汽车产品质量和出行服务日益增长的需求，和汽车产品同质化、低端化以及道路交通等社会资源承载能力有限存在矛盾。

从供给层面分析，我国汽车产品供给总量保持了10年的高速增长，但供给结构整体上以中低端产品为主，亟须以创新改变结构、转换动能。从需求层面，我国汽车市场需求总量扩张乏力，需求结构在人均GDP快速增长后发生明显变化，消费升级特征和速度加速改变，大规模、缺乏个性化的同质性需求峰值已过，个性化、多样化需求趋势明显，2018～2019年，我国汽车产销量下滑，但是高端车、新能源汽车、智能化汽车销量呈现上升趋势，且我国千人汽车保有量远低于欧美、日本等国家，汽车市场整体发展空间还有很大潜力。要解决汽车发展与人民群众需求、经济社会整体发展之间的不平衡、不充分的矛盾，需要以创新为支撑，针对新的技术条件下汽车产业、产品属性在内涵和外延上的新变化，探索产业发展和竞争规律，通过加大技术创新和制度创新，为产业发展制造良好的发展环境，改变汽车产业长期以来表面强大实则羸弱的情况。

（4）有利于为我国汽车工业在本轮革命产业下实现“弯道超车”提供借鉴意义。

习近平总书记在2014年5月视察上汽集团时首次提出了“汽车强国”的概念，2020年7月在吉林省考察中国一汽时指出“一定要把关键核心技术掌握在自己手里……把民族汽车品牌搞上去”。新一轮科技和产业革命，为我国由汽车“大国”变为“强国”带来历史机遇：以电池、电控、电机等代表的动力革命，以及智能化等为主要特征的技术推动了生产力极大释放，新能源汽车兴起和智能驾驶技术进步正在改变汽车的技术特征，汽车的驱动原理、产品属性、产业生态均将发生重大变化，我国汽车产业进入了一个新发展机遇期，为抓住本次科技革命的战略机遇，需要将汽车产业的载体作用充分发挥。

1.2 研究内容

1.2.1 核心概念

（1）突破性技术创新。

“科学技术是第一生产力”，在马克思主义政治经济学中，技术属于生产力范畴。技术创新是马克思创新的核心思想，马克思率先指出技术创新是创新主体，将新技术、工艺、发明等转变为现实的物质生产力的过程，是推动经济发展的内在变量和原动力[①]。2018 年 6 月 14 日，习近平总书记在山东考察时指出“坚持把创新作为经济发展的第一动力，深入实施创新发展战略，是实现我国经济高质量发展，实现新旧动能转换的必由之路，创新的重要部分是突破核心技术”。

①关于突破性技术创新的内涵。

突破性技术创新是本文重点研究的内容。技术创新分为渐进性技术创新、突破性技术创新，其中突破性技术创新是以新科技和工程知识为基础，引发企业原有技术基础变化和价值网络结构调整[②]，是科技创新领域的前沿知识结合新技术形成的变革[③④]，属于重大技术突破，具备交叉性、前沿性技术特征，包括了基础研究、技术突破、市场化过程和效率确认等，需要企

---

① 刘红玉，彭福扬．创新理论的拓荒者［M］．北京：人民出版社，2013.

② CHRISTENSEN C. The innovator's dilemma：when new technologies cause great firms to fail［J］. Boston：Harvard BusinessPrcss，1997.

③ ZHOU K Z，YIM C K，TSE D K. The effects of strategic orientations on technology and market－based breakthrough innovations［J］．Journal of Marketing，2005，69（2）：42－60.

④ SRIVASTAVA M K，UNYAWALI D R. When do relational resources matter? Leveraging portfolio technological resources for breakthrough innovation［J］．Academy of Management Journal，2011，54（4）：797－810.

业主动投入资本以满足市场潜在需求①，具体表现为：突破性技术创新能促使技术交叉融合、改变产业技术架构，进而引发生产方式、商业模式、管理模式和消费方式变化，导致复杂的市场环境变迁②。企业掌握突破性技术及其市场规律，破除传统技术发展惯性，推动技术创新形成和渗透，是形成新的价值战略和获取竞争优势的关键③。

②关于突破性技术创新的特征和影响。

突破性技术创新能创造新的技术轨道，并引起的新经济范式，蕴含着风险与价值创造④⑤，从技术角度，突破性技术是脱离原技术轨道的“激进创新”、非线性的变革，并促使产生新产品、新工艺或服务模式⑥⑦⑧；从市场的角度，突破性技术创新改变了需求特征，重塑产业竞争格局，后发企业有可能获得先发优势⑨⑩；会引发“创造性毁灭”，产生新产品、改变市场竞争结构；对激进技术进行二次创新是重大产品创新中产生的“渐进性”的技术或产品革新。突破性技术创新催生新产品、新技术、新服务，并和渐进性创新（incremental innovation）一起改进现有产品、技术和服务⑪，能为消费者

---

① BABA Y, WALSH J P. Embeddedness, social epistemology and breakthrough innovation: the case of the development of statins [J]. Research Policy, 2010, 39 (4): 511 -522.

② 谢雨鸣，邵云飞．“互联网 +”与消费品制造企业转型——基于架构创新的视角 [J]. 技术经济，2016，35 (2)：14 -21.

③ 詹坤．邵云飞．突破性技术创新的非线性与非连续性演化 [J]. 技术经济，2017，36 (5)：66 -73.

④ KAPLAN S, VAKILI K. The double - edged sword of recombination in breakthrough innovation [J]. Strategic Management Journal, 2015, 36 (10): 1435 -1457.

⑤ BOUNC'KEN R B, KRAUS S. Innovation in knowledge intensive industries: the double edged sword of coopetition [J]. Journal of Business Research, 2013, 66 (10): 2060 -2070.

⑥ 张可，高庆昆．基于突破性创新的企业核心竞争力构建研究 [J]. 管理世界，2013 (1)：180 -181.

⑦ 裴旭东，李随成，黄幸舟．模糊前端参与对突破性创新的影响研究 [J]. 科学学研究，2015 (3)：460 -470.

⑧ 王玉荣，李宗洁，安圣慧．移动互联网下的突破迭代循环创新模式——以交通工具应用软件为例 [J]. 技术经济，2016，35 (4)；37 -43.

⑨ BRONDONI S M. Innovation and imitation; corporate strategies for global competition [J]. Symphonia, 2012, 29 (1): 10 -24.

⑩ CHENG C CJ, CHEN J S. Breakthrough innovation; the roles of dynamic innovation capabilities and open innovation activities [J]. Journal of Business. Industrial Marketing, 2013, 28 (5): 444 -454.

⑪ BOX G E P, WOODALL W H. Innovation, quality engineering and statistics [J]. Quality Engineering, 2012, 24 (1): 20 -29.

提供新的价值，并改变消费、使用模式，创造出新的价值空间[①②]。在激进技术基础上，渐进性创新表现在技术路径扩展等技术局部改进、产品性能改进、通过壁垒建构来阻挡竞争者等[③④]。从组织视角，突破性技术创新可以拓宽组织边界，提升企业资源汲取能力，削弱“能力陷阱”和“核心优势”。

突破性技术创新可能导致整个产业链和价值链的变革，企业需要以突破性技术为引领，提供新产品、新服务等满足新的市场需求，尤其对潜在的市场创造新的需求，创造“新”顾客[⑤⑥]。突破性技术创新能实现新技术产品，将技术成果物化至产品成型、市场实现及企业市场竞争优势和价值创造[⑦]。突破性技术创新革新产品架构并形成新的市场和产业[⑧]。专利前向引用次数可作为衡量突破性技术创新的指标[⑨]。从技术演化和市场应用角度，突破性技术创新存在技术的跳跃、非线性、技术轨道转换和价值跃升，大范围的替代产品创新模式以及市场主流技术[⑩]，重置行业规则和标准，吸引市场潜在

---

① OCONNOR GC, DEMARTINO R. Organizing for radical innovation: an exploratory study of the structural aspects of RI management systems in large established firms [J]. Journal of Product Innovation Management, 2006, 23 (6): 475-497.

② CHRISTENSEN C M, RAYNOR M, MCDONALD R. What is disruptive innovation? [J]. Harvard Business Review, 2015, 93 (12): 44-63.

③ SONG M, DI BENEDETTO C A. Supplier's involvement and success of radical new product development in new ventures [J]. Journal of Operations Management, 2008, 26 (1): 1-22.

④ 李翔，陈继祥. 基于产品属性的新创企业技术创新模式选择 [J]. 技术经济，2016，35 (4)：59-64.

⑤ OACHIMSTHALER E, CHAUDHURIA, KALTHOFF M, et al. How smart, connected products are Transforming Competition [J]. Harvard Business Review, 2016, 94 (12): 24.

⑥ ARTS S, VEUUELERS R. The technological origins and novelty of breakthrough inventions [C]. 35th DRUID Celebration Conference 2013, Barcelona, Spain, June 17-19.

⑦ BRONDONI S M. Innovation and imitation; corporate strategies for global competition [J]. Symphonya, 2012, 29 (1): 10-24.

⑧ 邵云飞，詹坤，吴言波. 突破性技术创新：理论综述与研究展望 [J]. 技术经济，2017 (4)：30-37.

⑨ 杜传忠，金华旺，金文翰. 新一轮产业革命背景下突破性技术创新与中国产业转型升级 [J]. 科技进步与对策，2019 (24).

⑩ 肖海林. 不连续技术创新的风险探究——基于与连续创新的比较 [J]. 经济管理，2011 (9)：51-62.

客户，促进产业层面的深刻变革[①]。

③本文对汽车产业突破性技术创新的定义。

总体而言，现有研究多基于微观、中观或者宏观视角，侧重于技术、产品创新、市场应用等角度，或者分析技术创新形成动因、内涵、类别等特性，多见于技术发展的不确定性、关系与契约治理、产业链和价值链、资本投资和战略决策等领域[②③]。鲜有聚焦于突破性技术创新对产业转型升级影响机理的研究，尤其缺乏从技术与市场的互动的视角研究突破性新技术的发展演变规律，以及缺少从具体产业、现实案例作为抓手来深度分析突破性技术创新发展特征的研究。

对于汽车生产领域，以"智能化、电动化、数字化、共享化"等是公认的汽车产业升级方向，人工智能、新能源、新材料、信息化等突破性技术创新向汽车等传统制造业领域涌现和深度融合，对产业发展释放出乘数效应和转型升级有促进作用。电池、电控、电机等代表的动力革命，以及智能化等为主要特征的技术推动了生产力极大释放，新能源、智能驾驶技术进步正在改变汽车的技术特征，引发汽车产品属性、产业生态的整体变革。

（2）创新驱动（技术创新、制度创新）及相关概念界定。

①工业革命、科技革命和产业革命。

马克思主义著作可见"工业革命""大工业""现代工业"等词汇。马克思、恩格斯将工业化概括为"把自然力用于工业目的，采用机器生产以及实行最广泛的分工"，大工业"把巨大的自然力和自然科学并入生产过程，必然大大提高劳动生产率"[④]。工业革命引发的产业升级伴随着社会结构、治理模式的变革。马克思在对工业化、工业革命进行研究时，并非将工业革命拘泥于技术进步与经济发展上，而是从"生产力与生产关系矛盾运动"的视

① 张可．高庆昆．基于突破性技术创新的企业核心竞争力构建研究［J］．管理世界，2013（6）：180－181.

② 高太山，柳卸林．企业国际研发联盟是否有助于突破性创新？［J］．科研管理，2016，37（1）：48－57.

③ 李文亮，赵息．外部学习、环境不确定性与突破性创新的关系研究［J］．研究与发展管理，2016，28（2）：92－101.

④ 马克思恩格斯选集（第2版第2卷）［M］．北京：人民出版社，2012：125－126.

角来考察工业化进程，对一定技术结构下的劳动方式、雇佣关系、社会治理等进行了考察。

英国《经济学人》在2012年刊发短文《第三次工业革命》中将3D打印作为第三次工业革命的技术标志；德国2013年发布工业4.0报告中提出了“第四次工业革命”概念。“工业革命”主要以关键技术及范式为基础划分经济时代[①]。托马斯·K. 麦格劳（2000）[②]依据技术革命和康德拉季耶夫长波的特征，对历次工业革命的阶段和技术特征进行了归纳，第一次工业革命（1760~1850年）的标志是瓦特改造蒸汽机实现生产机械化；第二次工业革命（1850~1950年）是以电力大规模生产为标志；第三次工业革命（1950年以来）以电子和信息技术推动生产的自动化为标志；第四次工业革命以互联网与物联网、移动互联、大数据、云计算、人工智能等新一代信息技术为特征的社会生产方式变革[③]。图泽尔曼和钱德勒将第一、二次康德拉季耶夫长波合称为第一次工业革命，第二次工业革命由第三、四次长波构成，第三次工业革命则由第五次长波构成[④]。第四次工业革命主要以新能源技术、智能化技术、生物电子、新材料等为核心。从技术特征来看，新工业革命包括了里夫金提出的“新能源革命”、麦基里提到的机器人，以及以3D打印机和新材料为核心的“制造业智能化革命”，具备“非线性”的技术轨迹与价值特征[⑤]，并不是在原有技术轨道上的线性改进或者深化，而是形成发展轨迹异于原轨迹的新的“S”形曲线[⑥]。这些新技术将深刻影响我国工业发展模式。

党的十九大报告中提出了“新科技革命和产业变革”的说法。从学术

① 贾根良．第三次工业革命与新型工业化道路的新思维——来自演化经济学和经济史的视角［J］．中国人民大学学报，2013（2）：43-52.

② 托马斯·K·麦格劳．现代资本主义——三次工业革命中的成功者［M］．南京：江苏人民出版社，2000：14-16.

③ 克劳斯·施瓦布．我们正经历第四次工业革命．商周刊，2016（21）：60-62.

④ 克利斯·弗里曼、弗朗西斯科·卢桑．光阴似箭：从工业革命到信息革命［M］．沈宏亮译．北京：中国人民大学出版社，2007：150.

⑤ 詹坤．邵云飞．突破性技术创新的非线性与非连续性演化［J］．技术经济，2017，36（5）：66-73.

⑥ SOOD A，TELLIS Technological evolution and radical innovation［J］．Journal of Vlarkcting，2005，69：307-321.

视角，科技革命即以突破性创新为特征的新通用性技术引领；产业变革是指技术与实体经济融合而实现的产业变革。因此两者的逻辑关系是，科技革命是通过突破性科技创新产生新的通用性技术，而产业是技术的应用领域。

本书认为，第四次工业革命，是以人工智能、清洁能源、机器人技术、量子信息技术，虚拟现实以及生物技术为主的全新技术革命。对于汽车产业，在“绿色化、网联化、智能化、共享化”的发展趋势下，汽车产品的技术密集度更高，汽车产业的长期竞争优势更依赖于创新驱动。特别是在以“电池、电机、电控”为特征的新能源汽车与网联化智能化技术深度融合的背景下，传统汽车正向新型移动智能终端、节能终端、数字和存储空间等形态演进，产品功能属性、产业制造体系和生态都在深刻变革。

②制度创新。

制度创新是马克思创新思想的重要组成部分。马克思将制度因素纳入经济增长、社会进步、人与自然矛盾和解、人的全面发展等范畴中，制度创新经济学因此才产生萌芽，并为尔后的熊彼特制度创新理论奠定了学理基础[①]。马克思对制度的本质进行了阐释，从物质生产过程中个人彼此之间的交往实践出发，认为“现存制度只不过是个人之间迄今为止所存在的交往的产物”[②]，“人的本质不是单个人所具有的抽象物，它是一切社会关系的总和”[③]，“人们在生产中不仅仅影响自然界，而且也相互影响。他们只有以一定的方式共同活动和互相交换其活动，才能进行生产。只有在这些社会联系和社会关系的范围内，才会有他们对自然界的影响，才会有生产”[④]，在社会性生产中，需要共同的规则来调整关系和冲突。马克思还论述了制度的表现形式，既有宏观层面的生产关系、所有制；也有中观层面对统治集团和统治

---

① 刘红玉，彭福扬．创新理论的拓荒者［M］．北京：人民出版社，2013.

② 中共中央马克思恩格斯列宁斯大林著作编译局．马克思恩格斯全集（第三卷）［M］．北京：人民出版社，1960：79.

③ 中共中央马克思恩格斯列宁斯大林著作编译局．马克思恩格斯全集（第一卷）［M］．北京：人民出版社，1965：80.

④ 中共中央马克思恩格斯列宁斯大林著作编译局．马克思恩格斯全集（第三卷）［M］．北京：人民出版社，1960：344.

阶级的利益，所提出的政治制度、法律制度、国债制度、信用制度、关税制度等；还有微观层面的生产组织制度、经营管理制度等①。制度创新是创新主体为了自身生存和发展，生产力和生产资料方式相互作用的结果，包括制度的创立和变革。

对于制度的定义，托斯丹·邦德·凡勃伦（Thorstein B. Veblen, 1993）提出“制度实质上就是个人或社会对某些关系或某些作用的一般思想习惯”②。康芒斯（1997）把制度理解为“集体行动控制个人行动”③。韦森（2001）认为“制度应该用制序替代，而制序是（这样）一个从习惯到习俗、从习俗到惯例、从惯例到法律制度的动态的内在逻辑发展过程”④。霍奇森认为制度是通过传统、习惯或法律的约束所创造出来的持久的行为规范的社会组织⑤。新制度经济学的著名代表、诺贝尔经济学奖得主道格拉斯·诺斯（1994）则认为“制度是一系列被制定出来的规则、守法程序和行为的道德伦理规范，它旨在约束追求主体福利或效用最大化利益的个人行为”⑥。以上对制度的理解有一个共同点，即都是以制度的表现形式来对制度进行定义。制度既包括宏观层面的经济体制改革、政治制度等宏观制度，也包括微观层面的企业制度；既有法律、规则、规范、标准等正式制度，也有非正式的共同习惯等；此外，制度环境因素主要分为内生的、人为制定和修改，且多由政府主导的可控制度（如政策、法规、标准等），以及外生的、短期难以人为调整的不可控制度（文化习俗等）。

本书认为，本轮汽车产业升级涉及整个产业生态的变化，汽车产业制度创新，是在突破性技术创新驱动汽车产业升级过程中，设立新制度或调整旧制度，为技术创新以及产业升级提供激励和秩序，既包括国家层面的宏观制

---

① 刘红玉，彭福扬．创新理论的拓荒者［M］．北京：人民出版社，2013（06）：84.

② 凡勃伦．有闲阶级论［M］．蔡受白译．北京：商务印书馆，1983：139.

③ 康芒斯．制度经济学［M］．于树森译．北京：商务印书馆，1997：86－89.

④ 韦森．社会秩序的经济分析导论［M］．北京：三联书店，2001：240.

⑤ 张宇燕．制度经济学：异端的见解（载《现代经济学前沿专题》第二集）［M］．北京：商务印书馆，1996：226－228.

⑥ 道格拉斯．C. 诺斯．经济史中的结构与变迁［M］．陈郁，等，译．上海：上海人民出版社，1994：225－226.

度，也包括企业层面的微观组织，涉及政治、文化、法律等。

③创新驱动。

党的十八大报告明确提出实施创新驱动发展战略，把创新驱动作为经济社会发展的新动力[①]，党的十八届三中全会进一步提出，要让一切劳动、知识、技术、管理、资本的活力竞相迸发。党的十九大进一步提出“创新是引领发展的第一动力，是建设现代化经济体系的战略支撑”，大力实施创新驱动发展战略，坚定实施战略性新兴产业和重大产业转型升级战略，我国部分技术、装备达到国际领先水平，提升了核心竞争力。习近平总书记从马克思主义哲学普遍联系的观点出发，围绕实施创新驱动发展战略提出了推动我国经济发展方式实现根本性转变的“科技创新、制度创新要协同发挥作用，两个轮子一起转”等一系列新思想、新论断和新要求。

创新驱动要以马克思技术推动生产力发展为理论支撑，并且要为技术创新营造良好社会环境和制度条件。创新不仅改变了生产要素和生产力形式，还改变了人与自然、人与人之间的生产关系，马克思阐明了创新对资本主义生产力的影响和由此引起的生产关系变革，“随着一旦已经发生的、表现为工艺革命的生产力革命，还实现着生产关系的革命”[②]。

创新驱动是系统性工程，基于科学研究、试验开发、推广应用等阶段均需创新[③]，波特最早提出创新驱动概念，并将创新驱动经济发展的阶段分为要素驱动、投资驱动、财富驱动和创新驱动四个阶段[④]。熊彼特学派的“创新”本质体现了“全面创新”的内涵。在新一轮科技和产业革命背景下，在信息化基础上增加可再生能源革命（绿色技术）、智能化等新内涵[⑤]，带来技术路线、市场环境、商业模式等不确定性。

---

① 人民网．胡锦涛在中国共产党第十八次全国代表大会上的报告［EB/OL］．http：//cpc. people. com. cn/n/2012/1118/c64094 - 19612151. html.

② 马克思，恩格斯．马克思恩格斯全集，第四十七卷［M］．北京：人民出版社，1979：473.

③ 韩江波．创新驱动经济高质量发展：要素配置机理与战略选择［J］．当代经济管理，2019（8）：6 - 14.

④ 迈克尔·波特．国家竞争优势［M］．李明轩，邱如美，译．北京：中信出版社，2007：38.

⑤ 贾根良．第三次工业革命与新型工业化道路的新思维——来自演化经济学和经济史的视角［J］．中国人民大学学报，2013（2）：43 - 52.

创新驱动的本质，是以科技创新（由于本轮科技和产业革命的特征，创新源头更多来源于科学发明，促进企业生产经验积累、技术进步等）为核心[①]，对现有的资本、劳动力等要素进行新组合，以新知识、技术对物质资本、劳动者素质进行科学管理。创新驱动既包括知识创造、技术进步、人力资本提升等技术创新，也包括对降低组织成本和交易成本有利的制度创新和管理创新等，除了科技创新，创新驱动的关键还包括制度创新[②]。此外，创新形式还有基础原始创新、自主创新、协同创新、集成创新[③]，以及商业模式创新、引进消化吸收再创新以及体制机制创新[④]。就过程而言，可以分为科学发现和知识创新上游环节、知识孵化为新技术的中游环节、采用新技术的下游环节等[⑤]。

本书认为，汽车产业升级是一个系统性工程，从马克思“生产力与生产关系”原理出发，创新驱动的核心是科技创新和制度创新，既包括突破性技术创新，涉及汽车产业高级要素对低级要素的嵌套和替代、产品轨道在突破性技术作用下的升级以及产业链和价值链的提升等；也涉及制度创新，需要从要素、企业、政府等几个层面构建适宜的制度环境，来保障技术创新实现和产业升级。

（3）汽车产业。

产业的概念是随着社会生产力的发展和社会分工的深化而不断变化的。马克思所定义的产业，指的是资本主义商品经济条件下的物质生产部门，包括所有按资本主义方式经营的生产部门[⑥]。杨公仆（2005）将“产业”定义为“凡是分工基础上形成的、具有使用相同原材料、相同工艺技术或生产产品用途相同的企业的集合[⑦]。关于产业分类，一是两大部类产业分类法：马克思社会生产分成了生产生产资料的第一部类和生产消费资料的第

---

① 郭英远，张胜．创新驱动发展的内涵和标志［J］．科技管理研究，2018（6）：1－5.

② 洪银兴．关于创新驱动和创新型经济的几个重要概念［J］．群众，2011（8）：18－20.

③ 郭晗，任保平．中国区域结构转换的增长效应——要素流动与技术扩散［J］．经济问题探索，2017（12）：10－17.

④ 张银银，黄彬．创新驱动产业结构升级的路径研究［J］．经济问题探索，2015（3）：108－110.

⑤ 洪银兴．关于创新驱动和创新型经济的几个重要概念［J］．群众，2011（8）：18－20.

⑥ 马克思．资本论（第二卷）［M］．北京：人民出版社，1975：63.

⑦ 杨公仆．产业经济学［M］．上海：复旦大学出版社，2005：3.

二部类；二是三次产业分类法：即第一产业、第二产业和第三产业；三是标准产业分类法：联合国于1971年颁布了《全部经济活动的国际标准产业分类索引》，把全部经济活动分成农业、矿业和采矿业、制造业等十个大类；四是德国经济学家W. 霍夫曼（W. Hoffman）按照产品用途将产业分为消费资料产业、资本资料产业和其他产业；五是按照要素密集程度，可以将产业分为劳动密集型（单位产品中非技术性劳动消耗大、占有资金少）、资本密集型（单位产业中占用资金比重大）、技术密集型（产品中技术含量高、脑力劳动占比重）产业；六是按照产业功能，可以分为主导产业（在区域产业中处于支配地位，是区域经济发展的核心和支柱）、辅助产业（服务于主导产业的协作配套或关联产业）、基础产业（为区域内部的生产发展提供公共服务的部门、设施、机构等）①。七是新中国的产业分类标准。2012年，根据国家质检总局和国家标准委颁布的《国民经济行业分类（GB/T 4754—2011），国家统计局对三次产业的划分范围如下：第一产业：农业（包括种植业、林业、牧业和渔业）；第二产业：工业（包括采掘业、制造业、自来水、电力、蒸汽、热气、煤气）和建筑业；第三产业：除第一、第二产业外的其他各业，它又可以分为两个部分：流通部门和服务部门。

汽车产业属于制造业重要组成部分。2017年10月起执行的国家统计局国民经济行业分类（GB/T 4754—2017）中，将制造业定义为“经物理变化或化学变化后成为新的产品，不论是动力机械制造或手工制作，也不论产品是批发销售或零售，均视为制造”②。根据2017年最新出台的国民经济行业分类，汽车制造业包括以下类别：汽车整车制造、改装汽车制造业、低速载货汽车制造、电车制造、汽车车身、挂车制造，汽车零部件及配件制造等。涉及汽车制造企业、供应商、软件系统服务商合作伙伴、协作厂商、分销商、客户等环节。

为了更好地说明技术、制度影响汽车产业升级的机理，本文研究的汽车产业，主要以乘用车为主（即俗称的“轿车”，不包括商用车、摩托车等），

① 温茜茜. 中国产业发展模式研究［D］. 上海：复旦大学，2013：76.

② 国家统计局. 中华人民共和国国民经济行业分类［EB/OL］. http://www.stats.gov.cn/tjsj/tjbz/hyflbz/201710/P020180720514280616704.pdf.

包括汽车生产制造环节（产品设计、研发、关键零部件生产、组装加工、品牌提升）、服务环节（营销、售后服务）等。本文认为，汽车产业将在一定时期内，以燃油内燃机技术等渐进性技术，与智能化、新能源技术为特征的突破性技术共存，本文在第5章也将重点研究突破性技术推动汽车产业升级的特征、机理和路径。

在当前新一代能源、信息、材料等突破性技术引领下，尤其是智能化技术将新能源内燃机、物联网、移动通讯等分散在不同领域的技术进行横向和纵向整合，汽车产业的驱动原理和技术平台均发生重大变革，新能源（电动、氢能等）等动力驱动方式、汽车智能化生产方式和作为智能终端属性等是对传统汽车驱动方式、汽车产品属性的突破性创新，促使汽车产品朝着新型移动智能终端、数字和存储空间等形态演进展。汽车的功能属性、制造体系、产品形态、产业生态都将进行重塑。

（4）产业升级及相关概念辨析。

①汽车产业转型。

汽车产业升级要以产业转型为基础。汽车产业升级是在国家转变经济增长方式（即由物质资源投入推动转向创新驱动内生增长、由粗放型增长方式转向集约型增长方式）、经济高质量发展的目标下进行升级。从宏观经济层面，在我国从中等收入国家向高收入国家迈进的历史性时期，经济增速换挡、外部环境复杂，经济增长模式面临严峻挑战。为保持经济持续健康发展，党中央做出了“我国经济已由高速增长阶段转向高质量发展阶段”的判断。从中观产业层面，当前汽车产业面临“节能减排”“低端锁定”的严峻压力，产业升级是我国产业结构调整和产业转型的重要内容，也是高质量发展的重要支撑。

在遵循生产力与生产关系的发展规律、产业要素从低端向高端发展的规律和演进方向（详见表1.1）的基础上，以创新驱动实现产业由高能耗高污染向低能耗低污染，由以数量主导、粗放的、以劳动密集型为特征的要素驱动型（尤其是依赖传统的要素禀赋或成本优势）生产模式，向技术创新或知识密集为主要特征的集约型生产方式转变，汽车产业在国际产业价值链向“微笑曲线”两侧转移，实现产业升级。

表 1.1　工业发展阶段与主导要素

发展阶段	工业化前期	工业化中期	工业化后期	知识经济时代
产业结构	劳动密集型	资本密集型	技术密集型	知识密集型
主要产业	轻纺工业	重化工业，如化工、钢铁、机械、船舶等	汽车、电子等	信息、生物、系材料、智能化向汽车等传统制造业的渗透

注：改编自《模式——美国、日本、韩国经济发展模式》

②汽车产业发展方向。

党的十九大报告明确提出，建设现代化经济体系，需要促进中国产业迈向全球价值链中高端，培育若干世界级先进制造业集群①。我国早在“十二五”规划就提出了“制造业转型升级”的战略目标，“中国制造 2025”中明确“坚持创新驱动、智能转型、强化基础、绿色发展，推动产业结构迈向中高端，加快从制造大国转向制造强国”。

在第四次工业革命主导的技术方向下，传统产业实现升级须依靠创新驱动，主要表现在三个方面：以新科技与信息化深度融合、转向节能环保的绿色产业、进入新兴产业链②。结合全球汽车产业发展方向来看，德国、美国、日本等纷纷提出了以智能、绿色、服务、高端为特征的汽车产业发展目标。《中国制造 2025》将汽车列为重点发展领域，明确了“新能源、智能网联”方向。新能源汽车、智能网联汽车是未来技术制高点，汽车产品形态、价值属性、整体产业价值链都将发生深刻变革。

因此本书认为，本轮汽车产业升级中，以“电池、电机、电控”为特征的新能源汽车与智能化技术是最好的结合体，汽车从“信息孤岛”转变为“智能终端”，而制造业与服务业的深度融合在汽车产业中体现也非常充分，汽车使用方式也将从“人工驾驶”“独自拥有”向“自动驾驶”“共享使用”等方向转型。通过兼具“线性”和“非线性”的特征的新一代信息技术、

① 新华网．习近平：决胜全面建成小康社会夺取新时代中国特色社会主义伟大胜利——在中国共产党第十九次全国代表大会上的报告［EB/OL］. http://www.xinhuanet.com/politics/19cpcnc/2017-10/27/c_1121867529.htm.

② 洪银兴．关于创新驱动和创新型经济的几个重要概念［J］. 群众，2011（8）：18-20.

新能源技术等突破性技术与汽车产业深度融合，汽车技术正朝着智能、低碳、信息和网联等“四化”方向升级发展。

③汽车产业升级。

本书探讨的重点，是国家经济高质量发展背景下，通过创新驱动，在“由低附加值生产和产品转向高附加值的产品，由要素驱动发展向创新驱动发展转变，由高污染、高消耗路径向低污染、低消耗路径转变”粗放型向集约型产业转型特征下，以创新驱动推动产业升级。

本书研究的汽车产业升级，既包括生产力方面的技术创新，也包括生产关系层面的制度创新，聚焦于技术创新和制度创新对产业升级的影响。结合新一轮科技和产业革命背景，智能化汽车是节能技术的最佳载体，智能化技术、新能源、网联化等突破性创新技术融合作用于汽车产业。在经典理论和现有文献基础上，对汽车产业升级做出如下定义：

我国汽车产业升级是在新科技革命带来产业变革①背景下，在科技创新和制度创新“双轮”驱动下，汽车产业从汽车产品形态到制造体系再到产业生态整体重塑的过程。整体上可表现为产业轨道跨越（驱动原理和技术平台跨越）的过程，可分为要素升级（数据等新型高级要素嵌套甚至替代初级要素）、流程升级（新的生产方式、流程创新、工艺创新、商业模式创新等）、产品升级（汽车产品朝着新型移动智能终端、数字和存储空间、节能终端转变）、功能升级（从传统制造业转向战略性新兴产业），产业生产效率提升和促进需求升级，实现汽车产业价值链从“大链”向“强链”“新链”升级。

表 1.2　　汽车产业升级的层次和内容

升级层次	升级内容或表现
要素升级	数据等新型高级要素嵌套甚至替代初级要素。
产业内和产业间升级	智能化、新能源改变汽车驱动原理和技术平台，形成“第二种机遇期”的新技术轨道。
流程升级	引进新设备、新工艺，重塑生产流程和生产体系，提升生产效率。

① 新华网．习近平：决胜全面建成小康社会夺取新时代中国特色社会主义伟大胜利——在中国共产党第十九次全国代表大会上的报告［EB/OL］．http：//www.xinhuanet.com/politics/19cpcnc/2017－10/27/c_1121867529.htm.

续表

升级层次	升级内容或表现
产品升级	智能化、新能源改变汽车驱动原理和技术平台，形成“第二种机遇期”的新技术轨道。汽车由传统燃油机械汽车，朝着新型移动智能终端、数字和存储空间、节能终端转变。
生产组织方式升级	引进新设备、新工艺，重塑生产流程和生产体系，提升生产效率。
	不断提升研发、设计、生产、管理和营销能力，由传统制造业转向战略性新兴产业。
价值链升级	价值链向“微笑曲线”中心研发、设计，以及营销服务环节移动，转向技术、资本、知识密集型的产业，提升产业整体附加值。

1.2.2　研究目标

汽车产业升级是一个系统问题，本书将该问题置于马克思主义生产力和生产关系的辩证关系原理展开，提出了研究的核心思路——依靠技术创新和制度创新来推动产业升级。本书试图通过研究达到如下预期目标：

第一，以马克思主义立场、方法和视角，构建研究汽车产业升级的理论分析框架。以马克思主义生产力和生产关系的辩证关系为理论指导，借鉴西方经济学理论和方法，提出创新驱动汽车产业升级的核心在于科技、技术创新和制度创新，即强调本轮汽车产业升级不仅需要由新能源技术、智能化技术等突破性技术创新为引领，而且需要有动态、匹配的制度创新来进行配套支撑；分析了技术创新与制度创新的关系。为全书的分析提供理论基础和研究范式。

第二，详细剖析新科技和产业革命背景下，技术创新驱动产业升级的机理。当前新工业革命正引发全球工业和产业模式深刻变革，要将新科技革命带来的发展机遇转化成现实，必须遵循技术演化规律，对新技术特征和影响产业升级的机理进行全面理解。在此基础上，才能避免再次出现我国过去那种“市场换技术”模式的失败，并有针对性地提出匹配的制度创新建议。

第三，详细剖析制度创新保障技术创新和实现产业升级的机制。为了促进自主品牌的提升、强化自主研发能力和关键核心技术的把控，提出对策建议。

1.2.3 主要内容

本书以马克思主义立场、方法和视角，围绕技术创新、制度创新影响汽车产业升级这一主题，从以下层面对内容进行展开：

（1）理论基础。梳理国内外研究综述及相关理论基础。从马克思主义“生产力与生产关系”辩证关系原理提出汽车产业创新驱动的核心是科技创新和制度创新，分析了技术创新与制度创新的关系。本章梳理了国内外学术界对汽车产业升级、发展的有关研究基础尤其是最新的研究，总结研究重点、主要内容、研究进展，并进行简要评述，找到目前研究中可能的不足，在此基础上确定全文研究的切入点和研究边界。从马克思主义政治经济学入手，结合产业发展理论等，为相关问题的研究提供学理支撑。

（2）研究对象界定。本书选择汽车产业作为研究对象，从技术创新、制度创新层面研究其升级问题，既有汽车产业的属性特征，也具有制造业的普遍性特征。在新一轮科技、产业革命和我国经济高质量发展背景下，汽车产业的驱动原理和技术平台均发生重大变革，新能源（电动、氢能）等动力驱动方式改变了原有汽车发动机械原理和结构，汽车智能化生产方式和作为智能终端属性等是对传统汽车驱动方式、汽车产品属性的突破。结合产业发展的新特征、新趋势，对创新驱动、突破性技术创新、产业升级等本书研究的关键核心内涵进行了界定。

（3）历史分析。从生产力和生产关系两个方面，全面总结和深刻剖析了技术、制度在我国汽车产业发展历程中的作用和问题。汽车产业在不同阶段的深化，总体上是一个生产力和生产关系两者之间“不适应”的桎梏关系状态不断打破，朝着新的状态进行适应演进并达到相对平衡的创新过程，这个过程可视为技术与制度创新驱动产业升级的体现。本章重点从技术创新与制度创新在产业升级中发挥作用的角度，将新中国成立后至今我国汽车产业升级阶段归纳为：计划经济体制下的技术引进和发展阶段、政府与市场共同作用下的“市场换技术”发展阶段、市场经济体制下传统技术“加速追赶”阶段、技术与制度“双轮”驱动产业升级阶段，总结出“生产力与生产关系的动态适应”是逻辑主线、“技术创新”是汽车产业升级发展的关键动力、“制度创新”是汽车产业发展的重要保障、“使用价值”演变是产业发展的内在轴心等发展经验。本章通过历史分析和演化分析，作为本书后续进行“技术创新、制度创新”分析的基础和依据。

（4）现状分析。从国内外、点与面等层面，对汽车产业技术方向、竞争格局、典型国家产业发展经验、我国的机遇和挑战等展开较全面的分析，提出以创新驱动我国汽车产业升级的必要性。梳理了全球汽车产业技术方向、竞争格局的变化特征；总结了德国、日本等汽车产业发展较好的国家的主要经验。分析了当前我国汽车产业的优势和挑战。本书认为，当前全球汽车产业朝着“新四化”方向发展，全球汽车产业发展态势由“转移”转向“竞争”，德国、日本等国家在新技术方向加大研发投入的同时，不断调整制度来推动新技术转化为现实生产力。因此，以创新驱动推动我国汽车产业升级存在必然性和紧迫性，即需要加大自主研发和大力发展自主品牌轿车，打破旧有的产业制度均衡来适应新技术实现。

（5）理论分析。围绕核心命题，聚焦于技术创新如何引领产业升级，以及制度创新如何动态适应和匹配技术创新问题，深入揭示创新驱动我国汽车产业升级的机理。

首先，深刻剖析技术创新推动产业升级的机理。“科学技术是第一生产力”，在马克思主义政治经济学中，技术属于生产力范畴，技术水平是衡量社会形态或时代发展的标志。当前新工业革命正引发全球工业和产业模式深刻变革，要将新科技革命带来的发展机遇转化成现实，必须遵循技术演化规律，对新技术特征和影响产业升级的机理进行全面理解。本书从以下方面展开：受新能源技术、智能化等关键技术影响，以传统喷油式发动机为特征的汽车产品生命周期轨道，将转向以电喷驱动系统、智能网联系统为特征的产品生命周期轨道；数据等高级要素对低级要素的嵌套甚至替代实现产业升级；新技术改变传统汽车产业的生产方式，形成新的产业内部、产业间联结方式，文章从技术范式、价值形态、生产组织三个层面进行了深入分析；从价值链角度，产业升级表现为向产业价值链附加值高的两端、新价值链区域移动。

其次，从理论层面对制度创新影响技术创新和产业升级进行全面分析，为后文进一步从“对策建议”层面提出制度创新建议提供理论基础。针对新技术特征，汽车产业升级面临全新的生态环境，制度创新是由制度非均衡向均衡演进的过程，整体上表现为制度创新规范技术创新、激励技术创新、调节技术创新和影响产业升级。

（6）实证检验。技术创新、制度创新与汽车产业升级之间的动态响应关系。构建基于面板数据的回归模型，选取 2012～2018 年北京、上海、湖北等 6 个主要汽车生产省市区的“R&D 经费投入强度”作为技术创新指标，参考选用同期王小鲁、樊纲编制的“市场化指数”为制度创新指标。结果显示，研发投入强度对汽车产业升级有强推动作用，市场化指数对产业升级的作用为负。实验结果验证了本文的核心命题，即需要加大研发投入、发挥技术创新的引领作用，也需要继续深入推动制度创新，如坚持“竞争性产业政策”、持续发挥政府制度保障作用等。实证结果在佐证理论研究的同时，也为“对策建议”提供决策依据。

（7）对策建议。为实现科技向现实生产力转化和产业升级，从制度创新层面，进一步提出针对性的对策建议体系。结合前文分析的汽车产业升级的技术和制度问题、升级机理、实证分析结果等，从政府、市场、消费端等提出了整体建议。如要更好发挥政府作用，为汽车产业升级提供创新支撑；发挥市场主体作用，激发汽车企业的创新活力；构建创新体系，提升我国汽车产业自主创新的能力和效率；创新商业模式，尤其是新冠疫情影响下加大新模式的创新力度，促进科技向现实生产力的转化等。该部分是制度创新内容的延展，旨在为我国汽车产业升级提供现实建议。

1.3 文献综述

1.3.1 文献回顾

（1）关于产业升级。

①从产业升级的不同维度。

产业升级可以理解为产业链、价值链、创新链等共同升级。产业链升级主要指从边缘环节延伸向核心环节，价值链升级是指从低端向高端价值链延伸，创新链升级是指实现技术的创新[①]。从微观看，Gereffi认为产业升级的基础是通过企业附加价值的创造提升产业竞争力[②]。从中观角度看，产业升级指企业或其他经济体由初级生产要素为主导、劳动密集型向资本和技术密集型转换，提升了整体要素禀赋水平和生产率，形成产业核心竞争力。从宏观角度看，产业升级就是国家在资本和技术密集型产业中发展比较优势[③]，生产要素禀赋从劳动、资本、自然资源向人力资本、知识、技术、制度等演化，资源在各产业之间的移动，生产要素由低效率产业向高效率产业转移，国家整体产业体系层次结构向低投入、高产出的方向转变，形成国家竞争力[④]。从升级的结构看，产业升级包括产业内结构升级、产业间结构升级，主要体现要素、产品形态转换等，是产业结构合理化、高度化的过程。

②从产业升级的轨道和方式。

产业在升级过程中可表现为非线性、跃迁式升级，即产业内、产业间升级交叉进行，表现为从产业链由低价值环节向高价值环节跨越。从优先程度来看，非线性升级表现为产业内优先升级（先是产业链升级，达到一定水平后再跨越价值链）、产业间优先升级（直接跨至新的产业链）。张其仔（2008）认为，中国产业升级的模式属于产业间优先升级路径模式[⑤]。赵西三（2009）认为应按照比较优势、遵循要素禀赋来调整产业和产品技术结构[⑥]。

（2）关于汽车产业升级。

①在突破性技术创新作用下，汽车产业升级是从汽车产品形态到制造体系再到产业生态整体重塑的过程[⑦]，表现为规模经济和总量提高、结构优化[⑧]；以及生产成本降低、产品质量和生产效率等，从而提升整体竞争力。

---

① 蒋兴明．产业转型升级内涵路径研究［J］．经济问题探索，2014（12）：15－16.

② 蔡昉．人口转变、人口红利与刘易斯转折点［J］．经济研究，2010（4）：4－13.

③ Ryoshin M. The Turning Point in the Japanese Economy［J］．Quarterly Journal of Economics, 1968，82（3）：380－402.

④ 徐东华．我国产业转换与产业升级问题［J］．经济管理，1999（5）：45.

⑤ 张其仔．比较优势的演化与中国产业升级的路径选择［J］．中国工业经济，2008（9）：17.

⑥ 赵西三．金融危机背景下中小企业产业升级的路径选择［J］．企业活力，2009（3）：11.

⑦ 赵福全，刘宗巍，郝瀚，史天泽．汽车产业变革的特征、趋势与机遇［J］．汽车安全与节能学报，2018（9）：233－249.

⑧ 薛安伟．要素流动视角下中国产业升级的路径研究［D］．上海：上海社会科学院，2015：54.

②从形式上看，汽车产业升级是将处在国际产业价值链“低端”的汽车制造业推向附加值更高的“微笑曲线”两端，提升产业的知识技术和附加值。技术创新促进劳动生产率、企业利润、附加值提升等，实现产销量提升、产业结构的高度化、合理化。汽车产业升级既要注重从技术端加强投入，也要重视市场的规模优势和潜力，从市场端加强商业模式创新来促进技术成熟。

③从途径上看，产业升级的途径通常有三条，一是重组升级，在激烈的市场竞争中，小规模的车企难以支撑“汽车强国”，通过改造和重组效率低下的产业来实现资源的优化配置，形成有规模、有实力的企业；二是技术创新升级，即通过科技创新等提升产业劳动生产率；三是通过并购升级，即以资本运作调整资本在行业的分配方式。

韩晶[①]提出，我国汽车产业严重依赖国外关键技术，必须要加大自主学习和自主研发。丁志卿、吴彦艳（2009）[②] 提出了我国汽车产业处在全球价值链附加值较低的环节。赵建吉等（2014）[③] 提出，提升自主创新能力、加大企业兼并重组、培育龙头企业是汽车产业升级的方向。凌超，郁义鸿等[④]进一步指出，企业需要依靠技术创新来实现升级。

（3）关于技术创新对产业升级的影响。

不同学者从不同的方面对技术创新进行了研究。Arrow（1962）、Scherer（1980）、Soete（1992）研究了产业组织、企业规模等因素对创新的影响等。学者重点关注企业规模、市场结构等产业组织对创新活动的影响；Rosenberg（1974）、Biondi 和 Galli（1992）等从演化发展视角，分析了产业集群、技术扩散、成长阶段模型等对技术创新的影响；而如 Gort（1991）、Cohen 和 Levin（1992）等学者分析了学习过程、技术特征等对产业创新等影响[⑤]。弗里

---

① 韩晶. 基于模块化的中国汽车产业升级战略研究［J］. 现代经济探讨，2008（5）：63－67.

② 丁志卿，吴彦艳. 我国汽车产业升级的路径选择与对策建议——基于全球价值链的研究角度［J］. 社会科学辑刊，2009（1）：104－107.

③ 赵建吉，祝晶，杨建涛. 承接产业转移与河南汽车产业升级研究［J］. 科技管理研究，2014（18）：152－156.

④ 凌超，郁义鸿. 产业链纵向结构与创新扶持政策指向——以中国汽车产业为例［J］. 经济与管理研究，2015（36）：74－80.

⑤ Paul Krugman. Increasing returns and Economy Geography［J］. The Journal of political economy, Vol. 99, No. 3（Jun, 1991）：483－499.

德曼在20世纪70年代出版的《产业创新经济学》中，对产业技术创新进行了较为系统的论述。产业发展与技术创新的关系随后被广大学者所研究。Geroski和Audretsch（1995）通过经验性分析，认为新技术、产业将取代旧技术和旧产业。21世纪初，Klepper等提出生命周期模型，将企业技术与各阶段环境进行动态联系。在创新效率方面，很多学者进行了实证研究。Triplett等通过产业间模型对投入产出效率进行计算。Fritsch（2002）、Nasi erowki（2003）、Hak－YeonLee（2005）采取不同模型实证研究了技术创新对不同区域产业发展的成效。Aaboen（2005）从内部公司结构入手，分析不同结构下技术创新成效。Raab（2006）认为美国一些地区高新技术产出率较低。Akihiro（2008）实证分析R&D投入对日本医药的影响。20世纪末全球生产网络逐步构建，学界兴起了基于全球产品分工的产业价值链升级理论。迪特尔·恩斯特（Dieter Ernst）在研究韩国电子产业发展时引用了"价值链"理论来分析韩国产业升级问题[①]。杰里菲（Gereffi G.）对产业升级进行了定义，即生产过程按照如下流程演进：代工生产—初始设计生产—创建自有品牌[②]。汉弗莱等（Humphrey J. and Schmitz H.）基于全球价值链视角将产业升级划分为工艺流程、产品、功能、跨链条四个逐层递进式的升级[③]。这一中微观思路看似清晰，却并未揭示产业升级内在动力和目标方向，以及路径选择和制约条件，甚至忽视了"价值链攀升"之外的产业内部以及产业之间的扩散影响机制等。

（4）关于汽车产业升级的方向。

在汽车产业升级的技术趋势和特征研究方面，丁伟（2017）提出汽车产业链面临整体性的变革，其中智能化、网联化将成为主要的方向[④]；凌云（2018）通过研究认为汽车产品方向将朝着电气化、电子化、智能化、互联

---

① Ernst，D. Global production network and Industrial Upgrading－knowledge－centered Approach［R］. East－Wester Center Working Paper：Economic Series，2001.

② Gereffi，G. International Trade and Industrial Upgrading in the Appareal Commodity Chains［J］. Journal of International Economics，1999（48）.

③ Humphrey J. and Schmitz H. How does Insertion in Global Value Chains Affect Upgrading in Industrial Cluster［J］. Regional Studies，2002，9（36）.

④ 丁伟. 让汽车连接世界［J］. 中国公共安全，2017（10）：183－188.

网化方向发展①；赵福全（2018）分析了汽车产业的变革特征和发展趋势②；万钢（2018）则提出了智能化、能源技将成为引领汽车产业变革的关键技术③；吕理舜（2017）研究认为电动化趋势将推动汽车的电池、产业的变革④；白曼（2018）认为，汽车产业是引领性行业，主要体现为能源、智能网联和生产制造模式革命⑤；陈清泰（2018）认为，汽车融合了新能源、网联化、智能化、共享化，产业升级是底层性的变革⑥。

（5）关于汽车产业升级的制度创新。

产业政策是汽车产业制度的重要内容，是国家为了引导产业发展、推动产业升级而制定的政策。《现代中日经济事典》认为“产业政策是国家或政府实施的产业保护、扶持、调整和完善，积极或消极参与某产业、企业生产、营业、交易活动等过程，以及直接或间接干预商品、服务、金融等的市场形成和市场机制的政策的总称”⑦。小宫隆太郎认为产业政策制定者是政府为了弥补资源配置的“市场失灵”，改变产业间资源配置和企业经营活动⑧。林毅夫（2010）也指出产业政策可以克服“潮涌现象”，矫正正向溢出效应和负外部性⑨。张维迎认为产业政策是政府干预、歧视性对待私人产品生产领域，如市场准入限制等，但不包括公共产品投资以及整体性的产业干预。林毅夫则认为产业政策是各级政府采取倾斜性政策、选择性干预和推动产业的发展⑩。广义产业政策包括政府出台的所有产业政策；狭义产业政策仅仅

---

① 凌云．汽车产业的变革趋势探讨［J］．西南汽车信息，2018（11）：7－20.

② 赵福全，刘宗巍，郝瀚，等．汽车产业变革的特征、趋势与机遇［J］．汽车安全与节能学报，2018（3）：233－249.

③ 万钢．能源技术和智能化发展引领汽车产业大变革［J］．中国科技产业，2018（8）：8－9.

④ 吕理舜．电动化推动电池与汽车产业变革［J］．电子产品世界，2017（12）：8－30.

⑤ 白曼．汽车产业革命与制造强国建设［J］．中国国情国力，2018（3）：22－24.

⑥ 陈清泰．我们正在经历一场伟大的汽车革命［J］．企业观察家，2018（2）：60－62.

⑦ 下河边淳，等，马洪，等．现代中日经济事典［M］．北京：中国社会科学出版社，1982：192.

⑧ 小宫隆太郎，等．日本的产业政策［M］．黄晓勇，等，译．北京：国际文化出版社，1988：2－4.

⑨ 林毅夫，巫和懋，邢亦青．“潮涌现象”与产能过剩的形成机制［J］．经济研究，2010，45（10）：4－19.

⑩ 中国新闻网．林毅夫 VS 张维迎：一场产业政策的“世纪之辩”［EB/OL］．http：//www.chinanews.com/cj/2016/11－15/8062957.shtml，2016－11－15/2013－03－05.

指政府扭曲价格来进行资源配置①。产业技术政策是为了引导和促进产业技术发展，提升技术创新能力的政策总和②。

关于汽车产业政策的效果，学界主要从内容、执行角度展开。路风认为我国汽车产业政策是失败的，主要是由于政策过于重视集中度、规模效益，却忽视了以自主产品开发与竞争能力提升，反而成为“劣币驱逐良币”机制③。张航燕等（2015）认为我国汽车产业政策侧重市场准入、核准等计划色彩浓厚的制度，削弱了市场竞争的程度④。孙东升（2012）研究认为，汽车产业面临来自各省市、多部门的多环节管理，管理效率低，企业成本负担重⑤。此外，我国产业政策与日本相比，日本兼顾了大中小企业的发展⑥，我国产业政策数量偏少、政策的配套措施不足⑦。刘坚（2017）认为，中国的新能源汽车政策，推动全球汽车产业的电动化变革⑧。王洪涛（2019）通过分析我国汽车产业现状及问题，提出应重新认识和尽快制定我国汽车产业发展战略⑨。王元彬等（2019）认为，我国汽车产业高质量发展需要依托对外开放，以及改革和完善制度环境⑩。邱国栋，田杨，巩庆波⑪认为，政府扶持政策具有创新激励作用。

关于汽车产业未来的发展模式，徐树杰等（2015）提出“互联网+”能够引致技术、产品和商业模式的变化⑫；刘杰豪等（2017）提出了类似的

---

① 平新乔．产业结构调整与产业政策［J］．中国经济报告，2016（12）：71－74.

② 徐望．我国文化产业区域布局政策优化路径［J］．经济界，2019（1）：19－27.

③ 陆风，封凯栋．造中国自己的汽车［J］．商务周刊，2004（6）：25－30.

④ 张航燕，江飞涛．我国汽车产业竞争力现状及产业政策的调整［J］．中国经贸导刊，2015（12）：39－42.

⑤ 孙东升．中国汽车产业发展研究［M］．武汉：武汉理工大学出版社，2012：41.

⑥ 唐玲丽．日本汽车产业政策分析及对我国借鉴意义的研究［D］．沈阳：沈阳工业大学，2008：35.

⑦ 刘家磊．中日韩汽车产业政策对比［J］．时代汽车，2012（21）：40－43.

⑧ 刘坚．全球汽车产业的电动化变革［J］．中国投资，2017（21）：58－59.

⑨ 王洪涛．我国汽车产业发展现状及建议［J］．合作经济与科技，2019（3）：24－25.

⑩ 王元彬，汪春雨，郑学党等．中国汽车产业的全球价值链地位及新形势下的发展路径［J］．国际商务（对外经济贸易大学学报），2019（3）：59－68.

⑪ 邱国栋，田杨，巩庆波．基于价值链视角的汽车产业链升级研究——以本土企业与全球产业链的协同与隔离为例［J］．辽宁工程技术大学学报社会科学版，2015.17（3）：142－154.

⑫ 徐树杰，王攀．变革与创新——“互联网+”时代下的中国汽车产业［J］．中国科技信息，2015（23）；73－74.

观点，认为互联网 + 能促进汽车产业形式全新的产业生态，成为汽车产业未来发展的大趋势①；董扬等（2018）在对国内外汽车产业分析后提出，我国未来汽车产业发展应以企业为主体、采取多链条交叉式的模式②；乔英俊等（2019）提出了自主创新、跨界融合、政策支持、商业模式创新四种产业升级路径③。

（6）关于汽车产业实证方法。

唐杰等（2009）认为要提升我国汽车产业自主创新能力、构建创新体系，需要企业、宏观政策两个层面努力④。朱承亮（2014）认为我国车企的技术创新和进步的路径有自主研发、技术引进、FDI 技术溢出。运用 DEA - Malmquist 生产率指数对全要生产率测度后发现，自主创新是影响我国汽车产业全球分工的关键性动力⑤。张峥（2013）通过动态战略地图法提出合理的并购、加大产学研力度、提升专利申请数量、提升政府扶持等能推动创新能力的提高⑥。何琳（2013）构建了“学习链”“技术链”模型，提出企业内部资源数量积累、结构优化可以提升技术整合能力⑦。钟志博等（2017）解析了辽宁省创新内涵，从基础、投入、产出、环境四个维度分析了省内产业创新能力⑧。王羽等（2017）运用 SAE International 方法建立汽车智能化评价体系，计算汽车智能化综合评价得分⑨。

---

① 刘杰豪，王冬云．互联网 + 汽车变革产业全生态［J］．互联网经济，2017（10）：58 - 63.

② 董扬，许艳华，庞天舒等．中国汽车产业强国发展战略研究［J］．中国工程科学，2018（1）：37 - 44.

③ 乔英俊，延建林，钟志华等．我国汽车产业转型升级研究［J］．中国工程科学，2019（3）：41 - 46.

④ 唐杰，杨沿平，周文杰．中国汽车产业自主创新战略［M］．科学出版社，2009（2）：45.

⑤ 朱承亮．自主创新 VS 技术引进——中国汽车产业技术进步评价［M］．社会科学文献出版社，2014（11）：76.

⑥ 张峥．基于持续创新能力的中国汽车产业并购整合模式研究［M］．上海交通大学出版社，201（12）：51.

⑦ 何琳．我国汽车产业的技术整合与技术能力成长［M］．经济日报出版社，2013（6）：90.

⑧ 钟志博，郭艳秋．辽宁省汽车产业创新驱动指标体系构建［J］．中外企业家，201（9）：17.

⑨ 王羽，宋瑞，杨晨光，郑碧琪．汽车智能化指数及评价方法研究［J］．摩托车技术，2017（11）：4.

1.3.2 文献述评

马克思的相关论述中可见“创新”思想，熊彼特对创新理论进行了较系统的论述，不可否认，学者对于创新驱动制造业发展有了深入的研究和成果，对我国汽车产业升级有了重要指导意义。但总体而言，对于创新驱动汽车产业等制造业发展的相关研究还有进一步提升的空间。

在理论层面上，西方主流产业升级理论存在静态或强调单一因素的问题，缺乏全面性和普遍性。在技术方面，对于创新驱动制造业的发展还主要运用计量方法，从应用的角度研究居多，缺乏站在新技术背景下，从生产力、生产关系视角，对汽车产业的技术、制度对产业升级的影响进行全面系统分析的文献，而且研究没有统一的共识；无法真正揭示出汽车产业升级的内在机理，导致现有的产业转型升级理论缺乏系统性和完整性。

当前智能化、电动化已经开始快速运用于汽车制造领域，新一轮科技革创新驱动汽车产业升级的内在机理是什么？在技术层面，在当前我国高质量发展背景下，技术创新产业升级的机理是什么？而制度如何保障技术创新实现，两者如何互动推动产业升级？

综上所述，以上学者对产业升级的研究多局限于技术创新、比较优势、政策等局部、静态视角，缺乏针对新科技革命时期和突破性技术背景下，从生产力、生产关系层面，对汽车产业的技术、制度对产业升级的影响展开全面系统的研究，这也是本研究努力的方向。

1.4 研究创新

1.4.1 将汽车产业“升级”这一片段性问题纳入“生产力和生产关系动态适应”的框架中展开研究

本书规避了现有研究中多为从中微观层面研究汽车产业发展的局部问题的局限，没有孤立的看待汽车产业的升级问题，而是在“生产力和生产关系的矛盾运动是产业升级的总推动力”这一动态地、辨证的视角下，提出汽车产业升级的总体上是一个以科技创新为引领，同时制度不断动态调整适应技术（或科技）创新及推动产业升级的过程。因此，无论是对我国汽车产业升级发展历程的梳理，还是在当前以数字化、智能化、新能源等突破性技术为特征的背景下，对新技术、制度影响汽车产业升级机理的分析，都是在这一核心命题和理论框架下展开。

1.4.2 对技术创新、制度创新促进汽车产业升级的机理进行了理论剖析

本书将影响本轮产业升级的智能化技术、新能源技术等抽象为“突破性技术创新”，认为汽车产业的驱动原理和技术平台均发生重大变革，新能源（电动、氢能）等动力驱动方式改变了原有汽车发动机械原理和结构，汽车智能化生产方式和作为智能终端属性等是对传统汽车驱动方式、汽车产品属性的突破性创新，而以“电池、电机、电控”为特征的新能源汽车与智能化技术是最好的结合体。结合技术、产业发展的新特征和新趋势，本文从产品轨道升级、要素升级、生产组织方式升级、产业链和价值链重塑等四个维度，探索技术创新影响产业升级的机理，划分层次较为全面。同时，从理论、对策等层面，分析了制度创新对技术创新、产业升级的影响机理和对策建议。

1.4.3 从技术与制度相互影响的动态视角，梳理了我国汽车产业升级发展的历史变迁路径

关于汽车产业升级的历程，现有研究多从时间、典型事件等入手静态的分析产业发展的历史，缺乏以发展、反思的眼光来审视产业发展历程和问题。本书认为，汽车产业在不同阶段的深化，总体上是一个生产力和生产关系两者之间“不适应”的桎梏关系状态不断打破，朝着新的状态进行适应演进并达到相对平衡的创新过程。这个过程可视为技术与制度创新驱动产业升级的体现。

为了刻画我国汽车产业发展的过程，本书从动态视角，对新中国成立后

尤其是改革开放以后我国汽车产业发展历程进行阶段性划分，计划经济体制下的技术引进和发展阶段、政府与市场共同作用下的“市场换技术”发展阶段、市场经济体制下传统技术“加速追赶”阶段、技术与制度“双轮”驱动产业升级阶段，整体上是一个产业从无到有、从技术引进和模仿到自主创新和自主品牌创建的变化过程，是从数量型向质量型升级发展的历程。在历程梳理的基础上，总结出“生产力与生产关系的动态适应”是逻辑主线、技术创新关键动力、制度创新是重要保障，“使用价值演变”是内在轴心等发展经验，并指出了制约产业升级的模式问题、制度问题。

| 第 2 章 |

理论基础及分析思路

本章将基于“生产力与生产关系”原理，重点对马克思主义技术创新和制度创新关系理论进行梳理，并结合熊彼特创新理论、产业分工、产业升级等理论，为汽车产业升级研究找准学理支撑，奠定本文的理论分析的基础。

2.1 理论基础

2.1.1 马克思主义技术创新与制度创新关系理论

马克思将技术创新视为现实生产力，将制度创新视为对生产关系的调整。更进一步，马克思认为生产力范畴中劳动者、生产资料往往与科学技术紧密相关。技术创新内容隶属于生产力范畴，科技创新或者技术创新对劳动对象革新、生产工具的发明与更新等起到重要甚至关键作用，从而推动生产力发展。而马克思所论述的生产关系内容指的是人们在社会生产中形成的生产、分配、交换和消费关系，也可以视为各种制度安排，因此制度可归为生产关系的范畴，制度创新可视为生产关系变革过程。

本节内容，将从生产力与生产关系的矛盾运动原理，来重点论述技术创新和制度创新的关系，以此作为本书分析汽车产业升级的理论基础和依据。首先分析创新的本质与内容，其次重点剖析技术创新和制度创新的关系理论。

(一) 马克思主义创新思想及中国特色社会主义的创新发展理念。

马克思比熊彼特更早提出了创新思想，创新思想可见于其各时期的著作中。

(1) 马克思主义创新思想。

创新是贯彻马克思主义系统理论的内容[①]，马克思运用辩证的方法来认识事物发展的规律和本质。虽然马克思并没有对创新进行定义，但在马克思、恩格斯的经典著作中，出现了“发明”“发现”“创造”“创立”“变革”“革命”等高频词语，可以从中归纳出较为完整的创新思想体系，如创造和改善生产工具、创新生产方式、改造自然与社会等。马克思认为，生产工具显示出“直接生活的物质生产”的发展程度，“不仅是人类劳动力发展的测量器，而且是劳动借以进行的社会关系的指示器”[②]。虽然当今时代已与马克思所处时代发生巨大变化，但是马克思主义关于创新的本质、方式、基本构成等仍具有理论指导意义。

概括而言，科技创新、技术创新和制度创新是马克思主义创新理论体系的主要内容[③]。

第一，创新的本质。

马克思提出，创新是一项没有发生过、没有经验可循的实践活动，充分发挥人的主观能动性和意志品质，需要消耗人的精神活动、体力劳动来打破旧的理论和观念，付出更加复杂和高级的劳动，因此可以在同样的时间内，创造出新的社会关系和物质产品，物化出更多价值。总体而言，创新具有以下特征：

①人是创新的主体。在一定的社会和历史条件下，只有人，现实的人，活生生的人才能够创造一切，拥有一切，并为一切斗争，既不是神仙，不是自然，也不是历史[④]。人们改造自然并且创造了大量的劳动工具，因此，人的发明、创造、劳动是改造世界的主推力，人类是创新的主体。

---

① 庄志彬．基于创新驱动的我国制造业转型发展研究［D］．福州：福建师范大学，2014：25.

② 马克思，恩格斯．马克思恩格斯全集．第 23 卷［M］．北京：人民出版社，1972：23.

③ 彭福扬，刘红玉．关于产业的概念及其分类［J］．湖南大学学报（社会科学版），2008（6）：64－67.

④ 马克思，恩格斯．马克思恩格斯全集．第 42 卷［M］北京：人民出版社，1979：76，73.

②创新是人类的实践活动。有了目标，人的意志和行动会选择工具、方法，依照规律进行生产。但是缺乏有针对性、有计划的目标，创新很可能难以付诸实践及取得实效。

③创新属于高层次的实践。马克思指出，人们进行创新，既要借鉴前人成果，更要投入大量的智慧、知识。对于未知的、开创性的事物更需要投入长时间的体力和脑力劳动。

④创新活动的结果能彰显创作者、劳动者的价值。马克思说过，“我在我的生产中物化了我的个性特点”。人们在劳动中形成的关系是人类集体关系的一种补充形式，共同的劳动创造物质基础、满足相互需求①。创新在这个过程中形成的价值是有活力的，不仅实现了经济价值，还体现了主体属性。

第二，创新的形式：科学创新、技术创新和制度创新。

如前文所言，马克思主义创新内容可以划分为科学创新、技术创新和制度创新等三个基本形式。

①科学创新。科技创新驱动生产力发展思想是马克思创新思想重要组成部分。马克思曾提出“生产力中也包括科学”“一种不费资本分文的生产力，是科学力量”②，他认为科学是一种潜在的生产力，科技创新具有基础性作用，只有将科学引入生产过程，才能大幅度提高劳动生产率，转化为现实的生产力。

马克思一方面阐述了科学创新的基础作用，更强调了科学创新与现实生产力之间的密切关系。马克思在《机器自然力和科学的应用》手稿中对两种新旧织布机的生产效率进行对比后发现，新机器代替旧机器后，更为坚固耐用，自动化程度更高且单位时间内能生产出数量更多的产品。这可以视为劳动生产效率的提高，也可以直接体现为生产力水平的提升，仍是现代意义的科技创新。此外，科学是能够推动历史、革命的力量③，社会科学对无产阶

---

① 马克思，恩格斯．马克思恩格斯全集．第42卷［M］北京：人民出版社，1979：76，121.

② 马克思，恩格斯．马克思恩格斯全集．第46卷（下）［M］北京：人民出版社，1972：211，287.

③ 马克思，恩格斯．马克思恩格斯全集．第19卷［M］北京：人民出版社，1963：375.

级领导革命的成功、转化成人民群众物质力量有重要意义[①]。“哲学作为无产阶级的精神武器”“理论变成物质力量”“社会智慧的一般生产力的积累”都包含了丰富的人文社会科学创新的思想[②]。

②技术创新。技术是马克思主义政治经济学中生产力的范畴，他从劳动过程中说起，技术创新是将新的技术、工艺、发明等转化为现实生产力的过程，技术创新是资本主义社会演进的主要特征。马克思从辩证唯物主义和历史唯物主义出发，详细剖析了 19 世纪资本主义凭借技术发展与进步实现产业革命的动力和原因，强调了技术创新重要性。资本家在追逐剩余价值中进行技术创新、变革生产方式及改变劳动生产力，是资本主义大工业生产的起点。“必须变革劳动过程的技术条件和社会条件，从而变革生产方式本身，以提高劳动生产力……。”[③]“怎样生产，以及用什么劳动资料生产”，选择什么样的劳动工具是一个社会形态的标志，“在劳动资料中，机械性的劳动资料比只是充当劳动对象的容器的劳动资料更能显示一个社会生产时代的具有决定意义的特征”。马克思生产活动中生产工艺及劳动资料所含的技术水平、复杂程度所体现创新能力[④]。

马克思将科技创新与生产力提高、工业发展联系起来，大工业的发展和财富创造“取决于在劳动时间内所运用的作用物的力量，而这种作用物……取决于科学的一般水平和技术进步”[⑤]。“技术变革”“以机器为基础的生产方式”“劳动条件、资料的革命”等马克思著作中常出现的词汇都是可以用于指导现代生产的“技术创新”。18 世纪至 19 世纪 60 年代，依次发生在英国、法国、美国、德国的工业革命是以蒸汽动力为标志，并随之快速渗透到各个部门，改变了生产体系及极大地推动了资本主义生产力发展。马克思指出，现代工业通过机器、化学过程（也是熊彼特说的技术创新过程）和其他方法，使工人的职能和劳动过程的社会结合不断地随着生产的技术基础发生

① 吴刚．论马克思恩格斯的科技创新思想［D］．武汉：华中师范大学，2007：4－30.

② 周小亮．技术创新与制度创新的互动关系：理论比较分析与现实理论假说［J］．福建论坛，2008（3）：20－23.

③ 马克思．资本论第 1 卷［M］．北京：人民出版社，1975：350.

④ 马克思．资本论第 1 卷［M］．北京：人民出版社，1975：204.

⑤ 马克思，恩格斯．马克思恩格斯全集．第 31 卷［M］．北京：人民出版社，1998：100.

变革[①]。马克思运用劳动价值理论等对技术推动资本主义生产变革进行了预测，指出资本家会主动进行技术变革（如引进新生产线）、改善生产方式来缩短社会必要劳动时间。技术的本质是资本家获取更多剩余价值的方式，技术的改善能推动人类社会进步。

③制度创新。制度属于生产关系的范畴。人类增加财富既需要自然恩赐，更需要人们不断提升改造自然的能力，通过发明和使用新的技术、采用新技术、对旧制度进行变革等。正如马克思指出，“每一项发现都成了新的发明或生产方法的新的改进的基础……科学获得的使命是：成为生产财富的手段，成为致富的手段”，科学技术是生产力中的重要因素。在生产过程中，技术与劳动资料、劳动对象、劳动者结合进而转化为现实生产力，技术用于生产、管理可促进劳动生产率和管理效率的大幅提升。

马克思提出的制度是广义的，如工厂股份制、信用制度等，也包括生产关系变革等，他从制度变革、新生产组织形式对经济社会发展的影响等方面论述了制度创新，“一旦工厂制度达到一定的广度和一定的成熟程度……一旦与大工业相适应的一般生产条件形成起来，这种生产方式就获得一种弹性，一种突然地跳跃式地扩展的能力”[②]。

“为了进行生产，人们相互之间便发生一定的联系和关系，只有在这些社会联系和社会关系的范围内，才会有他们对自然界的影响，才会有生产”[③]。制度源于社会关系，是在生产、人的交往等动态活动中发展的产物，随着生产力、物质资料的变化而变化，也会反过来会影响生产力。制度的发展方向应符合生产力的性质及其发展方向，制度创新表现为制度调整、建立或者废除等过程。

（2）中国特色社会主义的创新发展理念。

马克思对科技创新在生产力发展过程中的作用和功能的深入认识，为我国高质量发展指明了方向。中国特色社会主义创新发展理念是对马克思创新理论的拓展。概括起来，我国创新思想可以分为以下阶段：一是新中国成立

---

① 马克思，恩格斯．马克思恩格斯全集．第46卷（下）［M］．北京：人民出版社，1980：217.

② 马克思，恩格斯．马克思恩格斯全集．第44卷［M］北京：人民出版社，2001：518.

③ 马克思，恩格斯．马克思恩格斯选集．第1卷［M］北京：人民出版社，1995：344.

之前，我国发生了土地革命、抗日战争和解放战争，创新的重心随之由农业、军事转向社科；二是毛泽东主张自力更生、“学中干”等；三是邓小平提出“科学技术是第一生产力”，在依靠自身的同时，强调积极对外开放，将科技与经济社会发展紧密结合；四是江泽民提出了实施科教兴国战略，建立新型科技创新体制等；五是胡锦涛提出了科学发展观，加大创新型国家建设；六是习近平提出一系列关于创新的重要论述，全面阐述了“实施创新驱动发展战略，推进以科技创新为核心的全面创新”①，指出“一些重要科学问题和关键核心技术已经呈现出革命性突破的先兆，带动了关键技术交叉融合、群体跃进，变革突破的能量正在不断积累”②。创新发展理论和思想是推动我国产业发展的重要支撑。

（二）生产力与生产关系范畴下的技术创新与制度创新关系。

马克思从未将技术创新、制度创新进行割裂研究，而是辩证、动态地看待生产力与生产关系之间的互动关系，认为生产关系适应生产力是一个由适应（稳定）到排斥（变革）再调整适应（稳定）的动态过程。生产力和生产关系的矛盾运动影响着制度的创立、革新与变更。无论是企业的生产组织形式，甚至是国家的上层建筑，制度的动态调整和变革总是与一定阶段的生产力发展水平发展程度相适应。此外，制度创新是科技创新的重要保障。马克思指出，“必须变革劳动过程的技术条件和社会条件，从而变革生产方式本身，以提高劳动生产力”。③ 这里的“社会条件”指的就是制度。制度的创新能增强要素与环境的联系，优化整体运行流程，提升运行效率。

从长期发展规律来看，技术创新起到决定性作用，技术创新推动生产关系变革（制度创新），而生产关系变革（制度创新）会影响、保障技术创新功能实现。

（1）技术创新与制度创新属于生产力与生产关系范畴。

“随着一旦已经发生的、表现为工艺革命的生产力革命，还实现着生产

① 习近平．习近平关于科技创新论述摘编［M］北京：中央文献出版社，2016：7.

② 本报编辑部．敏锐把握世界科技创新发展趋势切实把创新驱动发展战略实施好［N］．人民日报，2013－10－02（001）.

③ 马克思恩格斯选集：第 2 卷［M］．北京：人民出版社，2012：200.

关系的革命”[①]，“社会的物质生产力发展到一定阶段，便同它们一直在其中运动的现存生产关系或财产关系发生矛盾。于是这些关系便由生产力的发展形式变成生产力的桎梏，那时社会革命的时代就到来了”[②]。在马克思的相关理论中虽并未清晰而明确地提出技术创新、制度创新的概念，但马克思所揭示的生产力和生产关系之间的辩证关系，实际上是关于技术创新与制度创新关系的理论[③]，因此可以从马克思“生产力与生产关系”原理中可以看出技术创新与制度创新的矛盾、互动关系。

在《资本论》第1卷中，马克思对生产力—生产方式—生产关系的复杂关系进行了论述。在论述绝对剩余价值生产向相对剩余价值生产转变时，马克思指出“对于由必要劳动变成剩余劳动而生产剩余价值来说……必须变革劳动过程的技术条件和社会条件，从而变革生产方式本身，以提高劳动生产力”[④]。依照马克思生产力和生产关系基本原理，技术是生产力的关键内容，技术创新反映了生产力发展的趋势和体现了内在规律，技术创新对经济社会发展起到首要推动作用。同时，资本主义生产关系是影响技术创新方向的根本因素，当生产力发展到一定程度时，固有的生产关系会成为阻碍生产力发展的障碍。

新的生产方式能促进生产力的发展，但新的生产方式并非是一个自发的过程。那些适应原有生产方式的思想、准则、惯例等进行动态调整，是新生产方式普及的基础。帕蕾兹认为新的生产方式并不与生产关系形成冲突，而是通过“技术—经济范式”这一技术原则和制度原则与“社会制度框架”形成冲突，即与旧的“社会制度框架”（惯例、准则、规章等）不协调[⑤]。贾根良教授（2000）也谈到此问题，他认为“关系是通过规则（制度）而定义的……凡勃伦将制度定义为社会中占支配地位且习惯例化的思想与行为习惯……马克思的生产关系概念实际上是指惯例化行为所产生的人们已经习

---

① 马克思，恩格斯．马克思恩格斯全集，第四十七卷［M］．北京：人民出版社，1979：473.

② 马克思，恩格斯．马克思恩格斯全集，第二卷［M］．北京：人民出版社，2009：43.

③ 袁庆明．技术创新与制度创新的关系理论评析［J］．中州学刊，2002（1）：51－53.

④ 马克思，恩格斯．马克思恩格斯全集．第二十三卷［M］．北京：人民出版社，1972：358.

⑤ Carlota Perez. Technological Innovation and Financial Capital，Cheltenham，U. K.［M］．Edward Elgar，2002：15.

惯了的产权关系结构[1]。

（2）技术创新决定制度创新，而制度创新影响技术创新。

第一，技术创新决定制度创新。

马克思认为，生产力是生产中最活跃也最具有革命性的因素，技术创新推动了生产力的发展。劳动者、生产资料、劳动工具都与科学技术紧密相关，科技创新或者技术创新对劳动对象革新、生产工具的发明与更新、劳动者的科学技术知识更新等起到关键作用。

生产力、技术的持续发展进步是社会发展的常态，生产力的发展（技术创新）过程也是劳动者与劳动工具相互作用的过程，发展的内在动力也源于劳动者、劳动工具等生产力构成要素之间的矛盾，构成了生产力发展的初始动力。如在生产中起到主导作用的劳动者为了提升劳动效率和降低劳动强度而不断改革生产工具，就是一个技术创新的过程。伴随生产工具的改进，劳动者的经验与技能也在提升，会进一步改进生产工具，如此反复，推动生产力的发展和技术的进步。

在劳动者改进生产工具的过程中，如果原有的制度制约了劳动者生产和创新的积极性，则会减缓技术创新的效率，变革制度成为客观和必要的要求。因此，制度创新能够促进技术创新和生产力发展，成为检验制度是否有生命力的标准。一旦构建起能够适应和促进生产力发展的制度，会对技术创新起到重要的甚至是决定性的推动作用。从这个层面上来说，技术创新决定制度创新。

马克思在考察人类社会历史、资本主义制度变迁时提出了技术发展决定制度变迁的理论。在社会生产中，人与自然、人与人之间都在发生关系才能形成生产，以新工艺、方法、发明等为特征的技术创新助推了生产力进步甚至是变革，同时也带来社会生产关系的动态调整及对应的变革，“随着新生产力的获得，人们改变自己的生产方式，随着生产方式的改变，人们也就会改变自己的一切社会关系[2]。马克思的生产关系中包含的生产关系（如直接生产过程中狭义的生产关系）、分配关系、交换关系和消费关系等规约，都

① 贾根良. 马克思经济学研究传统与“中国经济学”的研究纲领［J］. 天津社会科学，2000（4）：55.

② 马克思，恩格斯. 马克思恩格斯全集（第四十七卷）［M］. 北京：人民出版社，1979：473.

属于各类制度安排。生产关系受生产力的内在变化而出现外在不适应，进而发生改变。一定时期内，制度遵循生产关系适应生产力的规律，与一定的生产力水平保持相对稳定，随着生产力与生产关系的发展变化，经济基础也会随之变化，作为上层建筑的制度也会进行调整。生产力发展后，生产方式会随之改变，产生新的社会关系，影响生产力发生新的变化，又会带来新的生产关系。

第二，制度创新对技术创新的作用与影响。

技术创新实践活动往往是在具体的生产关系、一定的社会条件和生产方式中展开的，因此会受到生产关系变革的影响。除生产力对生产关系的决定性作用外，马克思还论述了生产关系对生产力的反作用，我们可以理解为制度创新对技术创新的作用与影响。在微观层面由技术创新促进了企业层面的“简单协作、工场手工业分工、机器大工业、股份公司”等类型的制度创新[①]，新的企业制度则提升了劳动生产率；在中观层面，马克思论述了工厂及贸易立法、信用和公债制度等，工厂立法“通过对工作日的限制和规定，造成对技术的巨大刺激”[②]，这些都是随着生产力提高而出现的制度创新，有助于扫除影响生产力发展的障碍。当生产关系适应生产力的发展时，会对生产力的发展起到促进作用，反之，生产关系成为生产力的桎梏时，制度创新开始成为动力。在技术创新、制度创新的动态发展过程之中，技术创新是决定性力量，推动制度调整；反之，制度动态创新也会对技术创新起到影响。

遵循生产关系适应生产力的规律，制度与一定的生产力水平保持相对稳定，当生产力发展，这种源于创新主体适应外部发展、有强制力的规则也会发生新的调整，即制度创新。从长期发展规律来看，技术创新与制度创新在波动中动态相对同步发展，技术创新推动制度创新，而制度创新会保障技术创新功能实现，制度的创新变化为技术创新提供保证和支撑[③]、塑造经济活动中的组织和行为方式[④]，甚至在某些层面来说是解放生产力、产业升级中

---

① 马克思．《资本论》第1卷，中央编译局译．北京：人民出版社，2004：501.

② 马克思，恩格斯．马克思恩格斯全集，第二卷［M］．北京：人民出版社，1957：118－119.

③ NELSONRR. The coevolution of technology, industrial structure, and supporting institutions［J］. Industrial and Corporate Change, 1994.3（1）：47－63.

④ Greenwood, R., & Meyer, R.E.. Influencing Ideas A Celebration of DiMaggio and Powell（1983）. Journal of Management Inquiry, 2008, 17（4），258－264.

的首要因素[①]。为了促进生产力发展、促进技术创新的实现，需要打破旧的生产关系、对旧有制度体系进行创新。

(3) 在所有涉及技术、制度创新关系的理论中，马克思的生产力与生产关系原理是从动态、辩证的视角来看待两者的关系。凡勃仑、阿里斯强调技术创新对制度创新起到决定性作用；诺斯则持相反态度，从静态视角出发，认为制度创新是经济增长、技术创新的决定性因素。运用马克思生产力与生产关系原理来分析技术创新与制度创新的关系理论显得更加科学与全面。

2.1.2　西方学界对创新理论的发展

(1) 熊彼特的创新理论。

美籍奥地利经济学家熊彼特（1912）继承和发展了马克思的创新思想，是较早提出创新理论的学者，其核心思想是将技术应用于经济活动引起生产要素、生产条件重组。熊彼特在《经济发展理论》对创新进行了定义，并且较为详细地论述了创新主体、创新对经济社会发展的作用等。熊彼特创新理论体系完整，认为创新是一种生产函数的转移，是变化发展的原动力，旨在收获潜在超额利润。创新往往由企业家实施，具体的形式有生产新产品、引进新生产方式、开辟新市场、采用新组织方式和利用新的材料[②]。熊彼特非常重视企业家的作用，塔尔德、柏格森等学者提出了企业家的创新活力是促使经济体系从均衡走向另一种均衡的关键因素[③]，从社会、文化、制度等多个层面展开对企业家的分析。

①技术创新与制度创新。

熊彼特提出，制度、技术变革等创新是推动资本主义发展的关键，“熊彼特创新”核心要义指的也是通过知识的累积来提升资源的利用效率，进而促进经济增长。在社会关系中人和人的关系是本质，制度是维系人与人之间生产、交换、消费的制约或者规则。当生产力发展，这种源于创新主体适应外部发展、有强制力的规则也会发生新的调整，即制度创新。从技术与制度

① 刘志迎．现代产业经济学教程［M］．北京：科学出版社，2007：142.
② 熊彼特．经济发展理论［M］．何畏，等，译．商务印书馆，1990：74.
③ 熊彼特．经济发展理论［M］．何畏，等，译．商务印书馆，1990：75.

两者的总体趋势看，两者在波动中动态协调发展，促进资本积累，推动生产力发展。

②创新活动与资本主义经济周期。

创新活动强度直接影响资本主义经济（周期）起伏[①]。企业家的经营活动目的是为了获取利润，因此才有动力进行生产线、管理方法改造等，推广有效的经验和打破旧有模式以促进经济发展。但是创新活动本身也有周期，如在高潮期，企业家受利益驱使会蜂拥入场，增加信贷活动频次和生产资料投入，但过多的创新又会导致一定的盲目性，致使生产过剩和浪费，这时创新活动减退。新、旧创新活动周而复始，影响资本主义经济周期。熊波特从时间上对资本主义创新活动划分为短期（3 年）、中期（9～10 年）、长期（50～60 年）三个阶段。

③企业家是承担创新的微观主体。

熊彼特提出，经济变化源于创新。企业家为了追逐超额利润，会将资本、劳动等生产要素进行整合，采取的新技术、新生产方式组合开展生产创新。由于创新活动带有一定的偶然性、群聚性特征，当利润下滑甚至消失，企业家会将生产要素组合至新的领域，开始新一轮创新活动。

（2）西方学界对创新理论的发展。

以新古典经济增长模型为基础的增长理论，代表性的方法有拉姆齐模型、柯布道格拉斯生产函数等。哈罗德和多玛从投资、产出稳定角度构建 H－D 经济增长模型。索罗—斯旺模型则考虑了多生产要素、技术进步等影响。20 世纪 50 年代，彼得·德鲁克阐释了“管理创新”的概念。阿罗（1962）通过分析大量制造业企业数据得出企业存在“干中学”效应的结论，Posner（1961）和 Vernon（1966）从国家间贸易与技术差距的角度提出了技术差距理论、产品生命周期理论，提出了发达国家主要发明创造知识密集型产品，并通过标准化形式向其他国家转移产品或者生产。Solow（1957）分析了技术进步对国家经济增长的作用，Romer（1986）和 Lucas（1988）在此基础上建立了内生增长模型，提出技术扩散对长期均衡的技术进步率起

① 施建生．伟大的经济学家熊彼特［M］．北京：中信出版社，2006：46．

决定性作用，进而影响经济增长率①。卢卡斯提出了人力资本积累是经济增长的真正根源②。罗默于 1990 年引入 R&D 理论、不完全竞争框架，提出以技术变革为分析点、外生技术变量内部化的增长模型。阿吉翁和豪伊特（1992）在熊彼特“创造性破坏”基础上构建熊彼特质量阶梯模型。巴罗与萨拉·伊·马丁提出双部门技术扩散模型，认为落后国家可通过技术模仿缩小与发达国家经济增长的差距，政府政策等变量在其中起决定性作用③。影响经济增长的变量由资本、劳动到劳动力、资本、技术等，并进一步提出了技术决定论。市场是一个非均衡的过程，奥地利学派经济增长理论提出了“企业家精神”的重要性。米瑟斯认为，“企业家利润的唯一来源，是他对消费者将来的需求预测得比别人更正确④”。柯兹纳认为市场环境处于知识分立、不完全信息状态，市场上存在无知、获利机会，这正为企业家发现、利用机会提供了空间⑤。熊彼特核心思想是创新决定增长。企业家只有不断“创造性破坏”，推动产品创新、生产工艺创新、发掘新市场或者原材料供应来源、组织形式创新等，才能获得超额利润并推动经济增长⑥。

①知识创新学派。

巴伯（1952）认为客观、相对独立的科学发现或发明是创新。社会因素、科学思想都会影响科学的深度。科技也会影响社会财富、政治等问题，因此需要在探索自然科学、社会科学的相互影响中来寻求造福人类的平衡点。国际学术界认为知识创新研究可以划分为两个阶段：第一，对知识创新概念的界定（20 世纪 90 年代）。艾米顿（1993）认为知识创新是不同领域的科学家通过学科和行业的协同研究，将新思想、新成果运用于产品和服务

---

① 罗伯特·J·巴罗，夏威尔．萨拉·伊·马丁．经济增长［M］．夏俊译．上海：上海三联出版社，2010：15.

② 罗伯特·J·巴罗，夏威尔．萨拉·伊·马丁．经济增长［M］．夏俊译．上海：上海三联出版社，2010：189.

③ 罗伯特·J·巴罗，夏威尔．萨拉·伊·马丁．经济增长［M］．夏俊译．上海：上海三联出版社，2010：226.

④ Holcombe R. G. Entrepreneurship and Economic Growth［J］. The Quarterly Journal of Austrian Economies，1998. 2（1）：45－62.

⑤ 伊斯雷尔．柯兹纳竞争与企业家精神［M］．刘业进译．杭州：浙江大学出版社，2013：31－40.

⑥ 熊彼特．经济发展理论［M］．邹建平译．北京：中国画报出版社，2012：87－94.

并形成市场化的过程[①]。第二，对创新概念的深入认识、作用机理研究（20世纪90年代末）。如Szulanski提出知识创新包含启动、实现、接收、集成四个阶段。

②技术创新学派。

技术创新学派的发展阶段可概括如下：第一，1960年以前。索洛创建了索洛模型，测量并得出了技术进步对经济增长起着重要作用的结论，对熊彼特创新思想进行了实践研究，提出技术创新对提高生产力的重要作用。第二，1960~1990年，学界从创新动力、来源和扩散对创新进行了更深层次的研究。弗里曼提出在商业中运用新的产品、工艺、系统等都属于创新。索罗斯提出技术创新是技术、组织、金融和商业整体性的变革。施莫克乐认为市场引导影响创新活动[②]。第三，1990~2000年，主要学者多研究可持续的技术创新，如马歇尔、弗罗施、哈皮尔等，包括环境友好理论、循环经济、工业可持续发展等[③]。第四，21世纪以来，对于技术创新的研究除了经济价值外，还关注生态平衡、外部效应正向化等生态化问题和社会价值问题。

③制度创新学派。

新制度经济学者强调制度变迁就是某种程度的制度创新，其中诺斯建立了制度变迁理论。制度创新源于1970年后，由戴维斯、诺斯、舒尔茨等学者创建，该理论是新制度对旧制度的替代。舒尔茨将制度定义为政治、经济、社会等各个方面的行为规则。戴维斯提出，制度创新的主体可以是组织单位、个人。制度创新旨在获取经济效益，克服市场失灵等。制度创新的目的在于获取规模经济，克服市场失灵带来的利润。制度创新对技术创新、经济增长的影响已经取得了实践效果，如公司股份制改革、政府财政税收制度等[④]。

---

① D. M. Amidon Rogers. Innovation Strategy for the Knowledge Economy: the Ken Awakening. Boston: Butterwort h – Heineman, 1997 (7).

② ROTHWELLAND R. Technology. London: Longman Group Limited, 1985: 47.

③ Rosenberg N. Perspective on Technology London: Cambridge University Press, 1976: 108 – 125.

④ North D. Economic Performance Through Time. American Economic Review, May, 1994: 1 – 19.

2.1.3　产业分工和价值链理论

（1）马克思主义分工理论。

马克思的分工理论剖析了分工的生产力效应和生产关系属性。马克思认为，分工是一种各种经济形态共有的生产方式，分工的发展变化是生产力发展的表现与结果。

马克思在研究商品时，就分析了商品交换和分工的关系，科学的分工能够推动生产力的进一步发展，如相较于工厂手工业生产，机器生产所形成的分工更精细化，促进了生产力极大发展。“单就劳动本身来说，可以把社会生产分为农业、工业等大类，叫作一般的分工；把这些生产大类分为种和亚种，叫作特殊的分工；把工厂内部的分工，叫作个别的分工”，“工场手工业分工通过手工业活动的分解，劳动工具的专门化，局部工人的形成以及局部工人在一个总机构中的分组和结合，造成了社会生产过程的质的划分和量的比例，从而创立了社会劳动的一定组织，这样就同时发展了新的、社会的劳动生产力”[①]。马克思通过对具体现象的抽象，概括了分工的特点、意义和优势。

马克思认为，长时间从事一类劳动的工人可以节约时间，改进劳动方式，分工可以提升产业规模、效率。对于现代企业而言，专业化分工的生产方式有助于降低成本、提高效率。产业集群是产业内部、企业内部和外部所形成的更细致的分工形态。大型企业中形成基础性、服务型的部门也是高级分工形成的结果，能够保障生产的顺利进行。产业分工中形成协作，是资本主义生产中的劳动方式，马克思认为协作是在同一或关联生产过程中所形成的计划性劳动模式，是一种整合劳动力的方式，也是企业间常见形式。根据复杂程度，又可以分为简单协作、复杂协作。分散的经营者或者劳动者在空间上达成协作，可以有效缩小经营空间和链条，形成集体生产力和连续、秩序性生产。

分工促使社会再生产规模扩大。马克思在研究资本主义社会分工时把社

---

① 马克思：《资本论》第 1 卷［M］. 北京：人民出版社，2018：377 - 378，388.

会生产划分为生产资料生产和消费资料生产两大部类，两者之间按比例协调平衡发展的基础是社会分工。从价值创造角度，全球化带来的分工创造了经济剩余，发达国家生产者因掌控技术密集型环节而占有更多的“剩余”，而欠发达国家则更多被锁定在劳动密集型环节。这点很好地解释了全球主要汽车企业到我国进行市场布局，却对核心技术进行严格控制的原因。

马克思、熊彼特都强调了大企业、垄断厂商在创新中的巨大作用。“社会生产力的发展怎样以大规模的协作作为前提，怎样只有在这个前提下，才能组织劳动的分工和结合，才能使生产资料由于大规模积聚而得到节约，才能产生那些按其物质属性来说只适于共同使用的劳动资料，如机器体系等等，才能使巨大的自然力为生产服务，才能使生产过程变为科学在工艺上的应用。[①]” 马克思认为技术创新主要在大厂商之间进行。大厂商具有技术创新的资本和人才等要素优势。劳动分工在产业生产中递增，大厂商积累率更快、生产更先进的机器，并由此获得更多利润。

马克思通过对工场手工业内部生产过程的研究，发现生产过程内部各个生产阶段、生产工序存在着空间分离现象，“在这种场合，不同的结合的工场手工业成了一个总工场手工业在空间上多少分离的部门，同时又是各有分工的、互补依赖的生产过程”[②]。有机工场手工业“是依次经过一系列互相关联的过程和操作而取得完成的形态”[③]。不同类型和规模的企业数量和产值占比、联结方式和分工协作关系，对于传统产业升级起到至关重要的作用。分工与交易成本的降低可以解释其网络关系，由劳动分工体系建立经济关系增加了沟通机会，提升知识和技术等高级要素的扩散，并反过来提升对经济关系的影响程度。

（2）国际分工理论和价值链理论。

①分工理论。

亚当·斯密（2009）在《国富论》提出劳动分工创造增长，即分工可以提高劳动者熟练程度、缩短时间及提高劳动产出率[④]。总体概括起来，分

---

① 马克思．资本论第 1 卷［M］．北京人民出版社，1975：684.

② 马克思．资本论（第 1 卷）［M］．北京：人民出版社，2004：403.

③ 马克思．资本论（第 1 卷）［M］．北京：人民出版社，2004：397.

④ 亚当·斯密．国富论．［M］．胡长明译．北京：人民日报出版社，2009：7.

工理论可以从全球、市场、国家、企业和个人视角进行概括。

a. 从全球视角。世界是一个生产体系，伊曼纽尔通过依附理论将世界生产体系分为核心、半外围、外围，也就是最上层的核心国（技术附加值高、产品品种多）、中间的半外围国（介于上层和下层中间）和最下层的外围国（生产的产品低技术含量）。

b. 从市场层面。不同市场之间的成本差异可以通过市场机制显现，魁奈首次提出"普通自由贸易"，斯密、李嘉图分别从市场范围限制分工、各个国家的绝对和相对成本差异影响分工等对该理论进行了进一步研究[①]。俄林在此基础上提出了 H－O 理论。而新李嘉图主义者提出的国家贸易适合理论为比较利益论。

c. 从国家层面。李斯特（1997）在批判斯密主义的基础上，提出国家、民族是个人利益与世界利益协调的中介者，国家之间要形成分工[②]。国家引导的分工比社会分工、企业内分工更能被拉美国家等接受。

d. 从企业层面。海默发现跨国企业参与国际分工需要"特定优势"。在此基础上，弗农提出了产品周期理论、国际分工调整战略。邓平论述了企业内分工、企业机制以及企业的特定优势等对国际分工的影响。

e. 从个人分工层面。杨小凯（2001）、黄有光提出了新兴古典微观经济学，认为消费者也是生产者[③]。

②全球价值链理论。

全球生产网络在 20 世纪 90 年代逐渐形成，"价值链"由迈克尔·波特于 1985 年提出，认为企业内部功能不同、相互联系的环节创造价值并构成价值链。杰里菲认为产业升级的过程是代工生产、原始设计、自有品牌生产[④]的过程。寇伽特提出了价值增值链；格雷菲将全球企业视为"产业网"，并提出了"全球商品链"；格里芬从治理体系的视角研究价值链；斯特恩提

---

① 李嘉图．政治经济学及赋税原理［M］．北京：商务印书馆，1976：67．

② 李斯特．政治经济学的国民体系［M］．北京：商务印书馆，1997：43．

③ 杨小凯．张永生．新贸易理论、比较利益理论及其经验研究的新成果：文献综述［J］．经济学季刊，2001（1）：18．

④ Gereffi，G. International Trade and Industrial Upgrading in the Appareal Commodity Chains［J］. Journal of International Economics，1999（48）．

出，全球价值链的主体包括零售商、领导厂商等生产和服务型全部主体[①]。从全球价值链的内容上看，主要有技术（研发、设计、技术创新）、生产（组装、加工、控制）、营销（销售、售后服务）等。围绕以上三个方面，可以将学者的研究概括如下：Gereffi 等提出跨国公司依据强大的核心技术和生产网络，以生产、营销等方式掌握了全球价值链的核心控制地位[②]。

当前汽车产业出现了产品结构性过剩、而有效产品供应不足的矛盾，研究区域汽车产业结构理论对推动产业结构优化意义重大。霍普曼定理揭示了工业化进程中工业结构的演变规律；美国经济学家罗斯托（W. Rostow）论述了主导产业交替更迭的规律[③]。钱纳里（1995）和赛尔奎因总结出经济结构的“标准模型”[④]。法国经济学家朗索瓦·佩鲁（Francois Perroux）第一次提出了“增长极”概念，论述了推进型产业（Propellent Industry）与增长的关系[⑤]。赫希曼的不平衡增长理论提出“不均衡的链条”生产的过程，建议要有选择性的开发某些行业或领域，从而达到提升资源配置效率、促增长的效果。日本经济学家次松要考察了日本纺织业进口—国内生产—出口的发展模式，于 1935 年概括提出了雁行形态理论。美国经济学家弗农提出了几个关联产品的循环、更新换代、区域产业结构优化升级的过程：新产品开发—国内市场形成—出口资本与技术出口—新产品开发，解释了随着产品技术含量的变化而出现的生产区域转移与技术传播的规律。赫克歇尔（Eli F Heckscher，1919）在《对外贸易对国民收入之影响》、俄林（Bertil Ohlin）在《区域贸易与国际贸易》中，提出了资源禀赋学说，他们提出的 H－O 模型是国际贸易理论的开端。面对“里昂惕夫之谜”，博纳斯（Holger Bonus）提出了技术差距理论（1916）、林德（S. B. Linda）提出了偏好相似理论、小岛清提出了协议分工理论等。英国经济学家威廉·配第（Willian Petty，1978）

---

① 汪斌，侯茂章．经济全球化条件下的全球价值链理论研究［J］．国际贸易问题，2007（3）：13.

② 池仁勇等．全球价值链治理、驱动力和创新理论探析［J］．外国经济与管理，2006（3）：7.

③ 华尔特·惠特曼·罗斯托．经济增长的阶段：非共产党宣言［M］．北京：中国社会科学出版社，2001：278.

④ H. 钱纳里，S. 鲁滨逊．M. 赛尔昆．工业化和经济增长的比较研究［M］．上海：上海三联出版社，1995：4－9.

⑤ 吴传清．区域经济学原理［M］．武汉：武汉大学出版社，2008：35.

提出：工业比农业收入多，商业又比工业的收入多，这种收入的差距会促使劳动力由低收入部门向高收入部门转移[①]。

通过对产业演进理论的梳理，如要素角度（资源禀赋、劳动力流动规律）、技术流动、产业转移等，对我国汽车产业的发展及升级有重要理论指导和参考价值。更为重要的是，从 1886 年汽车诞生以来，世界汽车产业历经多次变革，在新一轮科技和产业革命，我国汽车产业如何运用产业理论和适应产业发展规律，打破产业链“低端锁定”，值得进一步研究。总体而言，汽车产业需要通过产业升级来与汽车制造业发达国家竞争，而国际分工的指导性理论要从比较优势转向竞争优势[②]。

2.1.4　产业升级相关理论

产业升级理论，既包括马克思的产业升级理论与思想、产业竞争力理论，也包括西方的相关理论。

（1）马克思关于产业升级的论述。

从马克思相关论述中，可以概括出产业升级的理论，总体而言，可以分为表现形式、生产力与产业升级、生产关系与产业升级。

①产业升级的表现形式。

产业升级通过社会再生产的过程实现，既包含了分工的深化与生产规模扩大，也是一个资本在空间和时间上不断扩展的过程[③]。资本流动引起资本有机构成的变化，推动了各产业之间的比例和产业部门的调整，从而实现产业转型与升级。从不同层次来看，资本流动发生在整体经济结构、产业间或产业内各个部门之间：

第一，从宏观层面：由新技术促生的新兴产业部门，促进了整体产业结构的调整。由于新技术的发明使用或者生产关系的调整，带来了利润率更高的空间，为形成新的资本有机构成带来了可能。产业之间的资本流动引起资

① 威廉，配第．政治算术［M］．马妍译．北京：商务印书馆，1978：18－19.

② 洪银兴．产业创新与新增长周期［J］．经济学动态，2007（3）：22－25.

③ 王朝科，谢富胜．建设现代化经济体系——基于政治经济学视角的研究［J］．内蒙古社会科学（汉文版），2019，40（5）：127－133.

本有机构成的变化，进而引起社会两大部类结构比例关系变动，实现了产业结构整体性的调整变化。如新能源技术、智能化技术吸引资本、劳动力要素的集聚，国家对产业发展的宏观调控、产业政策也会相应调整，从而引导整个产业结构调整。

第二，从中观层面：由不同产业部门间的竞争，导致某些利润低的产业部门退出。由于利润率在不同产业部门之间呈现不均衡状态，资本往往会追逐高利润率部门，伴随着生产规模扩大、资本投入增加和现金生产方式的改进与调整。利润率低的产业部门，如长期缺乏资金保障、生产方式改进，则会导致无法进行再生产，最终会被新的产品部门取代及逐渐退出市场。本轮汽车产业升级的过程，是新能源汽车、智能化汽车生产部门逐渐取代传统燃油汽车的过程。

第三，从微观层面：原产业内企业等加大资金、新型要素、技术、管理等要素投入，加之生产方式的不断改进，可以促进劳动生产率与利润率的提升，使产业内部的资本流向利润率更高的领域，促进部门内部的资本有机构优化和实现部门内部产业升级，推动了该产业部门的调整升级。

②生产力与产业升级。

《资本论》提出，在产业革命和机器大工业崛起之后，以生产力进步为前提的相对剩余价值生产便成为居于主导地位的生产剩余价值的方法。这意味着，剩余价值的增长是和生产力进步携手并进、合二为一的过程[①]。汽车产业升级本质上是以技术创新追求相对剩余价值生产的过程。技术创新使传统汽车制造业生产力发生变革，体现在扩大了生产要素的范围、提高了生产要素的质量和配置效率等。

第一，受生产力发展影响，资本在同一产业部门内流动并推动产业转型和升级。资本为了追逐更多的剩余价值，就必须通过改进工艺、引进科学技术、优化管理、提升工人技能等方式提高劳动生产率，以超越该产业部门的平均劳动生产率来获取超额剩余价值。但其他资本会模仿跟进，从而形成产

---

① 孟捷.《资本论》与现代市场经济——纪念卡尔·马克思诞辰200周年［EB/OL］. https://www.sohu.com/a/231048023_739032.

业技术或生产组织方式的产业内扩散机制[①]，进而推动产业部门内部资本转向劳动生产率更高的生产环节，促进产业部门资本有机构成和产业部门结构的转型升级。第二，受生产力发展影响，资本在不同产业间流动和转移。通过重组兼并等方式，资本实现在产业部门间的流动，对其他部门投入资本、改进生产工艺、扩大生产规模起到激励作用。资本在流向利润高、劳动生产率高的部门后，旧部门受到竞争冲击而逐渐退出市场，实现产业结构转型。第三，新技术、新需求等带来的新兴产业部门推动产业转型升级。资本对剩余价值的追求使"游离出来的资本和劳动创造一个在质上不同的新的生产部门"[②]。受新技术影响，新兴工业领域生产力极大提高，"使工人阶级中越来越大的部门，有可能被用于非生产劳动"[③]，精神层面和非物质生产领域受到越来越多的重视，第三产业部门增多。

③生产关系与产业结构转型升级。

"随着一旦发生的、表现为工艺革命的生产力革命，还实现着生产关系的革命。[④]"产业结构受到所有制、所有制组织形式的影响，公有制经济（国有经济、集体经济）等往往从事协同度高、投资高、高技术的领域；私有制经济（民营经济）则涉足灵活多样的领域。产业升级方向受到生产力水平影响，也受到生产力水平下所有制结构的影响。机器大工业体系是在工场手工业无法满足市场需要时出现，如福特制、丰田制等都是后来发展起来的生产组织方式。当前，人工智能、物联网、5G 等新一轮技术革命，将推动形成新的所有制组织形式，推动产业进一步转型升级。

（2）西方学者关于产业升级的研究。

Gereffi（1999）把产业升级分为产品层次上的升级、经济活动层次上的升级、部门内层次上的升级、部门间层次上的升级四个方面[⑤]。Ernst（2001）将产业升级方式划分为产业间升级（低附加值产业向高附加值产

① 魏旭．马克思的产业升级思想及其对当代中国结转转型的指导意义［J］．毛泽东邓小平理论研究，2018（6）：40－48.

② 马克思，恩格斯．马克思恩格斯全集（第 30 卷）［M］．北京：人民出版社，1995：389.

③ 马克思，恩格斯．马克思恩格斯全集（第 44 卷）［M］．北京：人民出版社，2001：153.

④ 马克思，恩格斯．马克思恩格斯文集（第 8 卷）［M］．北京：人民出版社，2009：340.

⑤ Gereffi G. International Trade and Industrial Upgrading in the Apparel Commodity Chain［J］．Journal of International Economics，1999，（48）.

业）、要素间升级（从自然资源和非熟练劳动力向物资资本、人力资本及社会资本移动，如汽车产业的数据要素、高层次专门人才等）、需求升级（在消费层级上从必需品向便利品再向奢侈品移动、功能升级（在价值链层级上从销售、分配向组装、测试、零部件制造、产品开发和系统整合移动）及链接上的升级（在前后链接的层级上从商品类生产投入向知识密集的支持性服务移动）[①]。以 Gereffi 的分类为基础，Humphrey 和 Schmitz（2002）基于全球价值链视角提出一种以企业为中心、由低级到高级的四层次升级分类方法，即流程升级（process upgrading），即通过重组生产系统或引入高级技术提高生产效率；产品升级（product upgrading），即通过引进新产品、改造老产品，转向更高端生产线增加单位产品价值；功能升级（functional upgrading），重新组合价值链环节以提升整体技能水平；跨产业升级（intersectoral upgrading），把特定能力转向一个新价值链。其中前三者属于产业内升级，跨产业升级属于产业间升级[②]。总体上看，这两种分类方式是当今学界从事产业升级研究的基础，国际经验普遍认为产业升级会遵循：流程升级—产品升级—功能升级—产业间升级的路径[③]。也有学者将产业升级过程划分为 OEA - OEM - ODM - OBM，即组装、贴牌生产、自主设计制造和自有品牌制造阶段[④]。

（3）马克思关于竞争的阐释。

资本主义时代开启后，经济竞争逐渐发展起来。奴隶制社会与封建社会时期，统治阶级占有生产资料，没有商品交换的动机，缺乏经济竞争的基础。到了资本主义社会，资本家在追逐资本原始积累、扩大生产规模的过程中展开了货币资本、生产资本等形式的经济竞争。“价值由劳动时间决定这同一规律，既会使采用新方法的资本家感觉到，他必须低于商品的社会价值来出售自己的商品，又会作为竞争的强制规律，迫使他的竞争者也采用新的

① Emst D. Global Production Network and Industrial upgrading Knowledge centered Approach ［Z］. East - Wester Center Working Paper; EconomicSeries, 2001.

② Humphrey J, Schmitz H. How Does Insertion in Global Value Chains Affect Upgrading in Industrial Cluster? ［J］. Regional Studies, 2002, 9 (36).

③ 韩江波．基于要素配置结构的产业升级研究［J］．首都经济贸易大学学报，2011（1）：29 - 38.

④ Humphrey. Upgrading in Global Value Chains ［EB/OL］. http://www.ilo.org/publns.

生产方式。”[①] 在生产条件基本相同的情况下，除了占有绝对剩余价值的方式，资本家还不断采用最新、最先进的生产方法、工艺和管理等，以此获取超额剩余价值。

马克思对于竞争在市场经济中的作用持肯定态度。他在研究部门内生产者之间、部门之间的竞争后，从价值理论对竞争进行了阐释，认为竞争是资本主义内在经济规律的外在推动者，“只有通过竞争的波动，商品生产的价值规律才能得到贯彻，社会必要劳动时间决定商品价值这一点才能成为现实”[②]。资本规模变动导致资本有机构成变动，不同部门间资本形成比例差异，进而形成利润率差异。资本主义生产方式要求等量资本获取等量利润，因此资本会由利润低的部门流向利润率高的部门，其中就包含新增资本流入和原有资本转移，逐步形成全社会平均利润率，促进产业间技术、方法的扩散。马克思竞争理论的基本内容包括以下几个主要方面：一是成本竞争，单个资本家为追逐超额剩余价值而提升劳动生产率；二是质量竞争，通过提升使用价值、改善商品质量而实现商品价值；三是部门竞争。为提升资本流动性而展开的竞争。竞争以个别企业提高劳动生产力为前提，又对所有企业提高劳动生产力提出要求，实现部门生产力的普遍提高[③]。

本书研究的技术创新也来源于资本家之间的竞争，属于竞争的结果。资本主义生产方式形成过程中，竞争促进现代工业取代手工业生产方式，提升资本对劳动的控制，加速了非资本主义生产方式的瓦解。要在竞争中取得优势，需要“必须尽可能增加劳动的生产力”，以及“竭力设法扩大分工和增加机器，并尽可能大规模地使用机器”[④]。竞争既包括以“贱卖”等为主要表现形式的价格竞争，即通过竞争将对手逐出市场；也包含技术创新、分工、质量等领域的竞争。由此可以生产出更多的产品并转化为价格优势。资本家之间的竞争加快了对机器的使用规模和分工程度，也加速了机器的创新。资本家继续深化分工，创新和改进机器技术，以此降低生产费用、赢得价格优势、获取暂时的优势地位，直到使用新的技术。“这个规律一次又一

① 马克思．资本论第 1 卷［M］．北京：人民出版社，2004：683.

② 马克思，恩格斯．马克思恩格斯全集（第 46 卷下册）［M］．北京：人民出版社，2019：65：47.

③ 张薰华．生产力与经济规律［M］．上海：复旦大学出版社，1989：251 - 258.

④ 马克思，恩格斯．马克思恩格斯选集第 1 卷［M］．北京：人民出版社，1972：374.

次地把资产阶级的生产甩出原先的轨道，并迫使资本加强劳动的生产力……这个规律不让资本有片刻的停息”[①]。当新技术的引进并逐渐替代旧技术，资本家会进一步扩大生产、弥补降价损失，也直接或间接加剧了竞争，“资本家总是想方设法在竞争中取胜，孜孜不倦在采用价钱较贵但能进行廉价生产的新机器，实行新分工，以代替旧机器和旧分工”[②]。

技术被广泛使用是一个在竞争过程中与环境相适应的过程。“社会生产方式的变革，生产资料改革的这一必然产物，是在各种错综复杂的过渡形式中完成的。这些过渡形式的变化，取决于缝纫机占领这一或那一工业部门的范围的大小和时间的长短，取决于工人当时的状况，取决于工场手工业生产、手工业生产或家庭生产三者谁占优势，取决于劳动场所的租金等等[③]。在技术适应市场的过程中会创造性破坏作用并进而引发生产方式变革和加快分工，会进一步向全球范围进行拓展，在更大范围内加剧竞争。

（4）西方古典竞争理论和现代竞争理论。

古典经济竞争理论认为通过自由竞争可以形成市场均衡。亚当·斯密提出了自由竞争理论，在市场上“看不见的手”的支配下展开自由竞争、分工和交换，实现个人利益的同时促进社会福利增长。新古典经济学的“完全竞争理论”、英国经济学家罗宾逊和美国经济学家张伯伦等学者提出了不完全竞争或垄断竞争理论、德国弗莱堡学派提出了“新自由主义竞争理论”等，认为发展现代技术会增强竞争趋势，但以上学者的分析方法多为静态。

现代经济竞争理论体系主要由熊彼特、克拉克、梅森、贝恩、谢勒等经济学家创立，该理论与古典竞争理论最大的区别在于认为竞争是动态变化的过程。1970 年，谢勒在贝恩“市场结构—市场绩效”理论的基础上提出了“市场结构—市场行为—市场绩效”模型[④]。迈克尔·波特在《竞争优势》《全球产业的竞争》等著作展示了“波特四因素”模型，创立了新的竞争力研究框架，认为一个国家或地区在国际上的竞争力主要源于创新机制与能力。

① 马克思，恩格斯．马克思恩格斯选集第 1 卷［M］．北京：人民出版社，1972：375.
② 马克思，恩格斯．资本论第 3 卷［M］．北京：人民出版社，1975：323.
③ 马克思，恩格斯．资本论第 1 卷［M］．北京：人民出版社，1975：519 - 521.
④ 杨公仆．产业经济学［M］．复旦大学出版社，2005：464 - 472.

汽车产业转型升级也是产业的竞争力提升的过程，是一个受多元、多维因素综合影响的过程，需要从宏观、中观和微观角度综合分析。尤其在高质量发展阶段，以要素扩张、数量增长为主导的发展模式已经难以为继，需要加大创新驱动，综合考虑技术、制度、消费需求等影响因素，既要发挥市场配置资源的决定性作用，也要发挥政府作用，如调整改变产业政策。通过对我国“市场换技术”的反思，以及对日本、德国等国家经验的借鉴，我国既要加大“外部竞争”，在加大对外开放的同时，要提升出口替代，加大汽车产品出口，以此倒逼产业质量和竞争力提升。同时还要提升“内部竞争”，提升民营资本、外资进入汽车产业比例，促使我国自主品牌汽车产业价值链环节延伸至高附加值环节。

（5）我国汽车产业竞争力不同发展阶段。

第一，初级要素驱动汽车产业竞争力阶段。

亚当·斯密的绝对和李嘉图比较成本优势理论，马歇尔的集聚优势理论，都提出了竞争优势取决于产品成本的观点。在初级要素驱动阶段，产品生产主要呈现资源、劳动密集型特征，实物性资源为该阶段首要的资源。产业发展主要依靠自然禀赋、区域内劳动力资源等，通过发展整体技术层次较低的资源或劳动密集型产业，产品价格低廉是该阶段主要采取的竞争方式。在该阶段，由于区域性要素差距对竞争力影响有重要影响，差异导致要素空间分布的不平衡，生产要素会发生集聚，形成专门化的生产区域或者部门。

第二，投资驱动汽车产业竞争力阶段。

投资驱动的汽车产业竞争力主要以资本要素为主，资本积累是主要的核心优势，资本密集型产业属于该阶段具备竞争优势的产业。在投资驱动产业竞争力的阶段，大规模投资和生产是这个阶段的主要竞争性优势，国外技术的引进、资金的投入等，帮助企业提升生产效率和降低生产成本，并形成规模经济。与初级要素驱动阶段不同，影响该阶段竞争力的重要要素呈现新特点，即投资环境、创业环境起到重要作用。

第三，创新驱动汽车产业竞争力阶段。

创新从根本上决定了区域性产业的竞争优势。熊彼特的创新理论认为技术与组织的创新带来竞争优势；波特提出技术创新决定竞争力，各类资源结合和要素分工协作影响竞争力；诺斯等提出的制度创新理论则认为制度安排产生创新，制度创新能有效促进技术进步。当前，汽车产业已经进入了创新驱动主导阶段，要素需求主要从土地、资金、劳动力等资本投资型为主到以技术、高级人才驱动为主的竞争性阶段，知识、技术、高级人才已然成为影响区域产业竞争力的决定性、主导型要素。

2.2 理论启示

2.2.1 汽车产业升级的动力：生产力和生产关系的矛盾运动

通过对马克思技术创新和制度创新关系理论的概括可知，产业升级发展往往受到技术创新、制度创新的影响，即受到生产力发展规律、生产关系的影响。生产力和生产关系的基本原理提示，科学技术对生产力发展具有最重要的作用，因此技术创新（尤其是突破性技术创新）对本轮汽车产业升级具有决定性推动作用。同时，制度创新对技术创新具有能动作用，两者之间相互依存和促进。技术创新会决定制度创新，而制度创新反过来会保障技术创新得以实现。因此，从马克思主义的观点，尤其是生产力和生产关系的基本原理来分析，本轮汽车产业升级需要技术创新和制度创新协同作用。

本书将在第 3 章、第 5 章和第 6 章，围绕“生产力与生产关系原理”，重点从技术创新和制度创新维度探索创新驱动对汽车产业升级的作用，既在这个理论框架下回顾发展历史，也探索新技术条件下产业升级的机理。

2.2.2 汽车产业升级的关键：以技术创新生产相对剩余价值

《资本论》提出，在产业革命和机器大工业崛起之后，以生产力进步为前提的相对剩余价值生产便成为居于主导地位的生产剩余价值的方法。这意味着，剩余价值的增长是和生产力进步携手并进、合二为一的过程①。汽车

① 孟捷.《资本论》与现代市场经济——纪念卡尔·马克思诞辰200周年［EB/OL］. https://www.sohu.com/a/231048023_739032.

产业升级是以技术创新追求相对剩余价值生产的过程。生产力是人类改造自然、利用自然的能力，并伴随科技进步而提升。技术创新使传统汽车制造业生产力发生变革，体现在扩大了生产要素的范围、提高了生产要素的质量和配置效率、改变了产业生产组织方式等。以电池、电控、电机等为代表的动力革命，以及智能化等本轮工业革命背景下汽车产业新的技术特征，又推动了生产力释放出极大的潜力。

关于科学和工业的关系，马克思曾论述为："一方面，直接从科学中得出的对力学规律和化学规律的分析和应用，使机器能够完成以前工人完成的同样的劳动……在这种情况下，发明就将成为一种职业，而科学在直接生产上的应用本身就成为对科学具有决定性的和推动作用的要素。"[①] 如本书第 3 章将对我国汽车产业发展历程进行回顾，我国汽车产业发展经历了从技术引进、学习与模仿，逐步到自主设计、研发，直至知识创造、生产的过程，其本质是通过技术引领来对剩余价值量追求的过程：资本基于对剩余价值追求的动机，积极与技术结合，由初级的加工组装转向凝结着更多价值量的研发、关键零部件生产等高端产业，从而实现一定单位资本在一定单位时间内创造出更多的剩余价值，提升剩余价值率和剩余价值量。从长期来，马克思曾指出，资本有机构成（资本和劳动比）在技术推动下得以提升，但从另外一方面会导致一般利润率下降，进一步影响资本积累意愿下降，破坏了相对剩余价值长期的生产机制，商品二因素的矛盾由统一发展成对立关系。

我们可以从当前汽车产业发展困境同样看出这一理论的适用性：中国已然是全球最大的汽车产销量国家，但是中国汽车尤其是自主品牌汽车单位商品价值量或者说剩余价值量是下降的，我国汽车产销量从 2018 年开始出现了近 30 年的首次同比增长下滑，自主品牌乘用车一直在朝着高端产品挺进，但是整体上我国乘用车整车价格缺乏竞争力。汽车要通过销售环节来实现其使用价值，才能达到价值增殖。假如排除掉垄断等因素，则由技术创新带来的产品创新，比如无人驾驶汽车、新能源汽车，则是新的、稀缺的使用价值创造的过程，而这是引导资本投向更为重要的生产环节、摆脱相对剩余价值

① 孟捷.《资本论》与现代市场经济——纪念卡尔·马克思诞辰 200 周年［EB/OL］. https://www.sohu.com/a/231048023_739032.

长期生产机制困境的有效出路。受技术革命引发的技术轨迹影响和约束，由技术革命引发的经济范式，创新在其生命周期的前期得到投资力度往往更大。

汽车产业升级可以看作剩余价值生产，而新技术是实现相对剩余价值生产的前提和途径。本书将在第4章讨论汽车产业新技术方向时对相关内容进行论述，互联网、大数据、云计算、人工智能等新技术渗透和引领下，未来汽车产业发展的技术无不是新技术的引领：第一，低碳化：汽油机、柴油机、替代燃料及变速器等传统动力总成技术，朝着混合动力技术、新能源技术发展，尤其是纯电动技术、插电式混合动力汽车技术、燃料电池技术等；第二，智能化：自动驾驶技术、人工智能技术越来越广泛应用于汽车产业；第三，信息网联化：车联网技术（设计、制造、服务一体化）、智能网联汽车①。产业总体上将发生以下变化，即由信息共享化、驾驶自动化、移动储能供能单元、共享化、智能化及服务化等方向发展。新的汽车技术特征为新一轮相对剩余价值生产提供了方向。

2.2.3 汽车产业升级的保障：以制度创新促进技术创新实现

在前文“生产力与生产关系范畴下的技术创新与制度创新关系”中，分析了技术创新与制度创新的交互影响、动态演进关系。技术创新决定制度创新；而为了促进技术创新的实现，制度创新对技术创新起着反作用。除生产力对生产关系的决定性作用外，马克思指出，当生产关系适应生产力的发展时，会对生产力的发展起到促进作用，反之，当生产关系不适应生产力发展时会起到阻碍作用。我们可以理解为制度创新对技术创新的作用与影响。

第一，制度创新受生产力发展、技术创新决定。伴随新的技术出现，旧有的制度难以适应新的环境，不适宜的制度会影响劳动者劳动与创新的积极性、阻碍产业进一步发展。这就必然要求调整、变革原有制度，而制度创新

---

① 赵福全，刘宗巍，郝瀚，史天泽．汽车产业变革的特征、趋势与机遇［J］．汽车安全与节能学报，2018（9）：233－249.

的方向及成效，要以是否促进生产力发展、是否能促进技术创新为依据。

第二，制度动态调整后，会促进技术进步。过去40年内，制度对汽车产业“形成规模”起到了决定性作用，但是“选择赢家”的产业政策、股比限制等制度设计，却对自主品牌发展、自主研发能力提升、建设“汽车强国”等方面一定程度起到了阻碍作用。为了加大自主研发、提升自主品牌建设，需要进行制度创新：如，优化“市场换技术”模式、发挥市场机制在资源配置中的决定性作用、放开汽车产业股权占比限制、将汽车产业“选择性产业政策”调整为“竞争性产业政策”等。对制度进行创新，能更好地保障新技术在汽车产业领域的运用，促进产业竞争力的提升与产业升级。

2.3　本章小结

创新理论的思想可以追溯到马克思《资本论》等相关著作，西方学者也展开了相关论述。从对经典理论和主要学派的理论脉络中可以总结和梳理出，创新驱动可以分为技术创新（科技创新）、制度创新两个主要维度。

正是通过对创新理论、产业升级理论等基础理论的梳理和分析，本书将汽车产业升级置于“生产力和生产关系的矛盾运动是产业升级的总推动力”这一观点和视角下，提出“汽车产业升级的总体上是一个以科技创新为引领，同时制度不断动态调整适应技术（或科技）创新及推动产业升级的过程”这一核心命题，提出了文章的理论研究框架，用以作为指导新时代我国汽车产业乃至制造业整体转型升级的理论基础。

全文也将抓住“技术创新”“制度创新”这两个创新驱动的核心层面，在后文从影响机理、对策建议等层面展开较全面的分析和论述。

第3章 我国汽车产业发展的历程、经验和创新的作用

新中国成立以来，我国选择了独特的汽车工业化及技术进步道路。其中，既有生产力的发展，也有生产关系的调整适应。本章通过历史演化分析，指出我国汽车产业发展历程总体上是一个生产力和生产关系两者之间“不适应”的桎梏关系状态不断被打破①，朝着新的状态进行演进并达到相对平衡的创新过程。

为了刻画我国汽车产业发展的过程，本文在生产力和生产关系的适应和动态调整关系视角下，从技术创新、制度创新等几个影响产业升级发展最关键的维度，对新中国成立后尤其是改革开放以后我国汽车产业发展历程进行梳理，试图找出不同阶段技术、制度创新对汽车产业升级的影响，分析“市场换技术”模式不足的深层次原因，总结产业升级发展的总体经验。为第5、6、7章奠定分析的基础。

3.1 我国汽车产业发展的历程和创新的作用

从1949～2050年这100年的时间，大体上是中国工业化从启动到完成

① 马克思对生产力和生产关系变革的论述，如“在整个历史发展过程中构成一个有联系的交往形式的序列”，“已成为桎梏的旧的交往形式被适用于比较发达的生产力，因此适应于更进步的个人自主活动类型的新的交往形式所代替”（中共中央马克思、恩格斯、列宁、斯大林著作编译局．马克思恩格斯选集（第一卷）［M］．人民出版社：1972：79.）

的历史时期。在这个世纪巨变中，我国工业化在不同阶段，有不同的重点任务，伴随不同的体制机制及产业结构，总体呈现国家主导型和市场主导型两种工业化体制。而汽车产业既符合我国工业发展的整体特征，也有部门自身特质。

3.1.1　1949～1977 年：计划经济体制下的技术引进和发展阶段

这个阶段，我国工业管理体制、计划经济体制在“收放”间反思和调整，整体上呈现出以国家主导为主、以赶超为目的的重工业发展战略思路，发挥了集中力量办大事的优势。如在科技领域发挥了国家对资源的动员和调度的优势，攻克了我国在工业化发展初期资金短缺、基础薄弱、技术人员匮乏等短板。受此影响，虽然在微观领域牺牲了一定的效率，但我国工业化程度快速提升，初步建成门类齐全、有一定实力的工业化国家，为改变我国贫穷落后的局面做出了历史性贡献。在这个阶段，我国通过“市场换技术”模式，实现汽车产业规模的快速扩张。产业发展的背后，是我国汽车生产技术的引进与自主研发创新、生产组织方式、制度的变化。

（1）汽车产业发展以政府主导为主。

世界上首台汽车诞生于 1886 年，早在 1901 年汽车已进入中国。1920 年孙中山先生在《建国方略》中提出了“使用和建设汽车”构想，我国开始了汽车工业的尝试，1931 年“民生”牌汽车在辽宁制造，1936 年秋，我国第一家汽车制造业公司在南京筹建，并在湖南株洲、上海设立总厂、分厂。后由于抗日战争，导致我国汽车工业并未形成[①]。

新中国成立后，我国汽车工业实现了“从无到有”的升级。在汽车产业发展的初始阶段，政府对资源的集中配置起到关键核心作用。新中国成立以后，在当时重工业发展严重滞后、极端落后和国内外政治经济环境的影响下，我国选择了优先发展重工业的社会主义工业化道路，参照苏联社会主义工业化模式，依靠自身力量和苏联援建，在第一个五年计划提出了建立包括汽车、钢铁、飞机等在内的独立工业体系的目标。汽车工业正式开启了规模

① 路跃兵等．中国汽车产业成长战略［M］．北京：清华大学出版社，2014：2.

化建设的步伐，一直到改革开放前这段计划经济时代逐渐形成了初步规模，经过近 30 年的艰苦奋斗建立起一套相对独立、较为完整的重工业体系。

但该时期，国家并未将汽车产业列为支柱型产业。此外，由于汽车产业以政府主导为主，在微观领域牺牲了一定的效率，市场力量不足，出现了散乱的发展格局。1976 年，我国汽车生产厂家数量达到 53 家①，但平均产量仅为几百台，大多属于低水平、分散化的重复建设。

（2）汽车生产组织方式呈现高度计划的特征。

这个时期我国汽车产业高度国有化，汽车工业是在封闭的、高度集中的环境中进行生产。在计划经济管理体制下，国家计委统一协调和管理汽车产业整车、原材料等，国有企业是汽车生产的主要承担者，国家集中资源对一汽进行发展建设，通过关税限制等严格限制外商进入我国市场。

政府的计划作用可以从几个关键时点和事件看出：中央政府于 1949 年后将汽车工业提上日程并着手整合各方力量；1950 年和当时苏联商定由苏方援建一家载货汽车工厂，同年 3 月中央重工业部成立汽车工业筹备组，7 月建立首个汽车实验室；1950 ~ 1965 年，为了筹建和发展汽车工业，我国实施了计划融资制度；1951 年完成了我国首个汽车工业技术标准和检验规范；1952 年于清华大学设置了汽车专业；1953 年长春第一汽车制造厂奠基；1956 年 7 月一汽制造了首台“解放牌”载货汽车（苏联 ZIS - 150 四吨卡车）；1965 年，在政府的规划下，我国形成了以南京、上海、北京、济南为主导的大规模生产基地，并逐步建立起零部件配套生产体系；1966 ~ 1978 年，国家重点建设二汽等汽车工业，由第一机械工业部汽车总局行使管理职能；20 世纪 60 年代末至 80 年代初期，中央对地方放权，各省市区开始生产汽车，在南京、上海等主要厂商提升产能的同时，新建了二汽、四川及陕西汽车制造厂，生产规模进一步提高。

（3）以单纯的技术引进和消化为主。

我国最初制定的汽车产业、产品标准主要是参照苏联有关标准。在该时期主要是单纯的引进技术来进行本土化生产，缺乏知识产权，国外提供的多为陈旧技术甚至临近淘汰的产品线。1967 年，旨在由国内自行设计、自行生

---

① 李永均．中国汽车工业 50 年回顾（一）（1953 ~ 2003）［J］．上海汽车，2003（5）：3.

产装备的第二汽车制造厂动工，代表着我国汽车工业走出了“独立自主”的道路，逐渐拥有了技术设计能力。建成后的二汽拥有2万台设备、100多条自动生产线，在关键设备中引进设备仅占1%，代表我国汽车工业迈上了新台阶。

从产品的使用价值来看，我国生产的汽车产品类型经过了以下转变过程：20世纪50年代以载货车、军用车、民用救护车、消防车等为主；60年代以军用改装车、自卸车、牵引车和团体客车等为主，再逐渐过渡到以自主品牌轿车、越野车、工程用车等多种类型为主。整体而言商用车多于乘用车（载货车多于载客车），其中一汽累积生产汽车约100万辆[①]。这个时期我国汽车厂商多、产量低，轿车市场等几乎为空白。另外，我国汽车进口多于出口，出口主要以低端零部件为主，外贸对我国市场影响不大。我国汽车技术和管理水平与世界整体水平存在非常大的差距，产量规模小、重复建设、品种单一、质量问题较多。

（4）我国汽车产业整体处在世界汽车产业链的低端。

1971年中国汽车产量第一次突破10万辆，建成了初具规模的汽车产业体系，奠定了改革开放后产业快速发展的基础。到1978年改革开放前，我国整车制造企业发展到65家，多家零部件企业和销售服务企业应运而生；员工数量也快速增加至100多万。

整体来看，我国汽车生产的环境是封闭的，并没有与世界接轨，生产层次低、生产水平低、产业集中度低，“小而散”的特征非常明显。“三五”期间，我国汽车制造厂数量达到45个，相关企业总数为1228个；此时全世界汽车的总体产量已经达到了4230万辆的规模，但我国的总产量不到15万辆（其中轿车仅为4125辆），远远低于几乎同期起步、但产量已经达到100万辆以上的巴西、西班牙，也比墨西哥的40万辆、韩国的15万辆低[②]。

3.1.2　1978～1997年：政府与市场共同作用下的“市场换技术”发展阶段

改革开放以后，我国社会主义计划经济体制逐渐调整，资源配置方式也

① 李永均．中国汽车工业50年回顾（一）（1953～2003）［J］．上海汽车，2003（5）：2.

② 路跃兵等．中国汽车产业成长战略［M］．北京：清华大学出版社，2014：4.

从政府主导的计划经济方式逐渐向由市场主导的指令性计划转变，这个阶段我国工业化水平快速发展。国家力量与市场力量协调配合，成为我国工业发展的引擎。1992 年党的十四大提出建立社会主义市场经济体制，国家主导工业化发展的方式逐步发生改变，市场机制初步成为主导资源配置的方式。

我国汽车工业发展特征也发生改变。我国将汽车产业明确为“支柱型”产业，汽车产业实现了从计划性、短缺型向着规模化、数量型转变。汽车产业一改“缺重少轻”局面，实施“市场换技术”战略，大力引进技术和资金发展轿车工业，科技实力和现实生产力都得到了巨大提升，汽车品种、质量和规模大幅提升，产量由 1978 年的 15 万辆增加到 1996 年的 150 多万辆①，成为我国汽车工业新旧时代交替的分水岭。

（1）束缚产业发展生产组织方式有所改进。

生产方式改革起到了重要作用。“七五”期间，我国整车厂达到 122 家，汽车工业企业总数超过 3000 家。国家政策的逻辑和目的都比较一致：一是将汽车产业列为国家“支柱型产业”来重点发展；二是提升产业集中度和规模经济；三是对外资实施准入制度来加以限制，鼓励技术引进，支持本土汽车企业加大自主研发和生产销售。

①鼓励技术引进和企业合资，推动我国汽车产业融入全球体系。

“引进来”制度持续发挥重要作用。我国在 1978 年十一届三中全会做出了改革开放重要决策，市场经济逐渐取代计划经济，市场机制发挥更加重要的作用。政府提出一系列汽车产业政策，扶持产业朝着数量型、规模化方向发展。1986 年第七个五年计划开始，提出了“把汽车制造业作为重要支柱产业和高起点、大批量、专业化和联合发展的原则”②。对外开放、“三减两免”等税收优惠政策吸引了外商来华投资。该时期，共有德国、日本、法国、美国等多家国外公司来华投资，不完全统计，当时我国北京、上海、广州、天津等地主要汽车企业都与国外车企开展合资合作，一汽大众、上海大众、东风雪铁龙等是早期较成功的案例。如 1983 年克莱斯勒与北京汽车制

---

① 薛凤旋，刘卫东．中国汽车工业——改革开放后的重整与国际化［M］．地理研究，1997（3）：1－11.

② 中国网．中华人民共和国国民经济和社会发展第七个五年计划［EB/OL］．http：//www.china.com.cn/cpc/2011－04/12/content_22343510.htm.

造公司合资；1985 年标致、大众分别与广州、上海汽车工业公司开展合作；1986 年日本大发与天津汽车工业公司合资合作；1991 年大众与一汽集团合资合作，雪铁龙、铃木也随后分别与东风汽车和长安汽车合作，促进了产量大幅提升（详见表 3.1）。除了量的提升，车型种类也实现了突破，1981 年，国务院批准了上海轿车开展外资合营项目，1983 年第一辆上海桑塔纳轿车在我国组装诞生，后来成为我国的流行轿车。

表 3.1　　　　1983～1991 年国外车企来华合作的主要情况

年份	国外车企	国内合作企业
1983 年	克莱斯勒	北京汽车制造公司
1985 年	标致	广州汽车工业公司
1985 年	大众	上海汽车工业公司
1986 年	日本大发	天津汽车工业公司
1991 年	大众	一汽集团

②生产集中度大幅提高，经济规模初见效果。

a. 逐渐放权：激发企业生产活力。国有企业两权分离、放权让利等改革赋予了国有企业更多自主权和活力。中央政府对汽车生产和经营进行放权，出现了隶属各工业部门、地方政府的集团和企业。这个时期国有企业的“所有权与经营权分离”的市场化改革特征初现，高度集中的企业经营权慢慢向自主经营、自负盈亏转变，激发了企业活力。

b. 适度集权：控制过于分散的生产布局，明确产品生产重点方向。我国汽车空间分布分散，除西藏、甘肃、宁夏等少数省区市外，27 个省区市建有 122 家整车厂。为改变汽车产业“散而不强”的布局态势，1988 年，我国成立了产业政策司，国务院颁布《关于严格控制轿车生产点的通知》，对汽车产业布局进行了规范，提出了“三大三小两微”战略，“三大”是上汽、一汽和二汽，而“三小”指的是北京、天津、广州，“两微”则是长安奥拓汽车公司、贵州云雀汽车公司。为了提升规模化效应，1989 年出台了《中国产业政策大纲》《目录管理暂行规定》，对汽车生产、准入实行管制，提出了 7 项投资汽车产业的规模标准。同年，我国第一部汽车产业领域的《汽车工业产业政策》出台，延续了《90 年代国家产业政策纲要》汽车生产报批的标准，明确提出 1995 年前不再对新申请的轿车、轻型车项目进行审批。

此外，还鼓励产业重组以及跨地区和跨行业发展，“六五”期间，由国家牵头组建了解放（一汽）、东风（二汽）、南京（跃进）、重汽、上海和京津冀等6个汽车工业联合公司[①]，旨在提升集中度，打破条块分割。1987年，为了达到轿车生产占比75%左右的世界平均水平，我国政府将汽车工业的生产重点转向以生产轿车为主。1996年，通过企业重组等方式推动生产向大企业集中，1996年4厂、8厂集中度达到46.3%和65.5%，比1994年提升了2%、3.8%。而上海、长春、天津和北京4地汽车总产量达29万辆，占全国轿车产量89%[②]。

③规范汽车技术标准，引导产业规范发展。

通过法律法规提升汽车行业标准化程度。采用国际标准和国外先进标准，出台《汽车整车产品质量评定方法》、ISO9000质量管理体系认证、《车辆识别代号（VIN）管理规则》《机动车排放污染物的技术政策》等。

④设置贸易壁垒及股权比例，保护本土企业发展。

出于对我国汽车工业的保护，1994年中央政府颁布了《汽车工业产业政策》，通过行政审批制等方式，对投资规模、外资进入等进行了限制。《汽车工业产业政策》明确在合资、合作企业中，中方的股比不得少于50%。在推动技术引进的同时，防止外资企业对我国车企的过度冲击。政府通过股比限制（外方股份不能超过50%）来加强对民族品牌的保护和扶持，避免在巴西、墨西哥、西班牙等国家出现的外资品牌大面积兼并或收购本土企业、垄断市场的情况。

（2）调整技术发展战略，重视自主研发。

①通过市场开放来加大技术引进。

1978年改革开放以后，我国逐渐实施了开放为主、进口替代的技术战略。以合资、许可生产、引进设备等形式吸引国际技术转移是我国提高整车生产技术、关键零部件生产技术的主要方式。20世纪80年代初期，我国有针对性地引进了100多项来自德国、美国、日本、法国、英国等国家的技术，包括10多项整车设计制造技术、15项总成、35项关键零部件技术、21

---

① 李洪．中国汽车工业经济分析［M］．北京：中国人民大学出版社，1993：53.

② 中国国家计委技术经济研究所．中国家用轿车发展战略构想．经济日报［N］．1994－10－24.

项工艺装备和道路模拟试验、8 项计算机辅助开发技术[①]。此外，“六五”期间以购买、合资（北京吉普、上海大众和广州标致等）、许可证等形式引入整车技术 22 项[②]。“七五”“八五”时期，进口了 59.3 万辆汽车（含 17.6 万辆轿车）。截至 1995 年底，我国轿车整车合资项目 5 个，总投资 45.5 亿美元，占 43.3%[③]。世界上主要汽车生产企业都在这个时期到中国进行合资生产。其中，日本以技术转让、许可证生产形式提供的技术总数占国外技术的 40%，如五十铃轻型卡车生产技术等。美国、德国、法国等采取合资经营为主。一汽大众、上海大众在 1995 年的轿车量占 61.5%，国产化率达到了 88.56%、62.35%[④]。1996 年，德国博世与中联汽车成立联合公司，全球顶级的关键零部件技术—汽油发动机控制系统（EMS）开始在我国生产并实现了 120 万套/年的生产规模。美国通用 1997 年在上海组建合资公司，生产发动机、传动装置等核心部件和组装别克牌轿车；美国 ITT 与上海汽车总公司合资，引进了技术含量高的关键技术—防抱死刹车系统（ABS）。此外，法国标致、意大利菲亚特等、韩国大宇等都与我国开展了合资合作。

汽车生产技术主要以引进成套或部分核心技术设备为主，缺少对关键技术的消化吸收和自主研发。我国获得国外汽车品牌的组装权，在引进、消化、吸收中进行创新。我国开始花巨资引进国外的零部件和生产线，尤其是重车、轿车的生产技术，在我国进行组装生产，关键零部件靠的是合资经营。由于外方将技术紧紧攥在自己手中，我国也开始尝试买断品牌和产权，在此基础上进行自主研发。

②外方对技术的封锁迫使我国反思“市场换技术”的效果。

跨国公司在中国享受市场规模利润、劳动力成本优势的同时，并未将核心技术拱手相让。他们在中国建立的研发基地，只是其全球研发中心的一个补充，关键核心技术仍放在母国研发和生产，如当时东风汽车的核心技术零部件仍然严重依赖进口。跨国公司为了赚取最大的“剩余价值”，从利润最

---

① 李永均．中国汽车工业 50 年回顾（一）（1953－2003）［J］．上海汽车，2003（5）：3.

② Richard M. Auty. Industrial Policy and Market Structure: Korean Auto Assembly, Tijdschriftvoor Economischeen Sociale Geografie, 1996, 87 (5).

③④ 薛凤旋，刘卫东．中国汽车工业——改革开放后的重整与国际化［J］．地理研究，1997（3）：1－11.

大化的角度，迟迟不进行产品迭代更新，如桑塔纳长达 13 年不更换车型，这样也与我国“市场换技术”、加快产品创新和更新换代的原则初衷相违背。到了 20 世纪 90 年代，我国引进更多的车企，迫使其加大技术创新和技术转让力度，世界综合实力前 9 的车企进入到中国市场，纷纷以其先进的技术争夺市场份额。在环境冲击和影响下，本土汽车企业加大自主研发、自主生产销售。我国本土企业人员技能、管理水平和工艺有所提升，但是整体而言，合资品牌中的中方企业，还是多以进口轿车散件组装（CKD）为主，我国企业在管理经验、人才培养、资本积累等均取得了进步，奠定了自主创新的基础，但自身的研发水平、技术水平则并没有得到实质上的提高。

③数量型生产方式推动我国汽车规模和产业链整体提升。

基于“技术换市场”“进口替代”战略，我国制造业逐渐进入数量型生产方式阶段，以不变价格计，我国汽车工业总产值，从 1978 年的不到 100 亿元迅速增加至 1997 年的 2668.7 亿元[①]。我国汽车产量占世界汽车产量的比重从 1980 年的 0.58% 提升至 1997 年的 2.88%。

a. 产业规模大幅提升。1978 年我国汽车产业整体生产水平、技术能力，尤其是乘用车领域的水平远低于国外，难以满足市场需求。受改革开放、国家将汽车产业定位“支柱型”产业、轿车的市场需求大幅提升等影响，1983～1997 年，我国轿车年产量增长了近 80 倍，由 6046 辆跃升至 48.8 万辆[②]。我国车企提升了合资品牌国产化进度，虽然这个阶段我国整车设计和制造能力偏弱，但在零部件制造领域不断提升技术研发实力。1981～1995 年，我国汽车产量增长率为 16.3%，大大超过前 20 年的增长率，在各类主要的合资汽车产品中，实现了国产化率占比从个位数跃升至超过 80%，1996 年底中国汽车工业的生产能力已超过 220 万辆[③]。

b. 我国在全球产业链中整体处于中低端、缺乏全球话语权。我国获得国外汽车品牌的组装权，实现引进、消化、吸收和再创新的过程。但是在合资公司中，中方仅获准装配授权，CKD（Completely Knock Down）是主要的生

---

① 据 1978 年、1997 年《中国汽车工业年鉴》数据整体得出.

② 据 1983 年、1997 年《中国汽车工业年鉴》数据整理得出.

③ 薛凤旋，刘卫东. 中国汽车工业——改革开放后的重整与国际化［J］. 地理研究，1997（3）：1－11.

产方式，设备、零部件甚至是人员培训，主要都以外国车企进口为主，在技术、品牌和市场方面话语权较少。外方有意限制技术转移等，主要的研发也放在国外研发中心进行，直接削弱了技术扩散效应，我国车企整体技术能力提升有限。如德国大众与上海汽车工业公司联合生产桑塔纳，按照当时的协议，车辆仅可标注德国大众公司的标识，直至2006年，才改为“上海大众”和“上海·SANTANA”。

c. 我国汽车企业生产能力较低。经过10多年努力，我国上海大众轿车、一汽和二汽中型卡车基本达到规模经济水平。截至1995年，我国整车厂达到122家，但每个厂平均产量仅1.19万辆；产量排名前25、前10的企业也仅为5.1万辆/厂、10万辆/厂，未达到规模经济效益。小型轿车企业、零部件企业生产能力和产量更低。1995年我国共有1671个零部件企业，平均产值仅为2382万元/厂（折合287万美元）[①]。

3.1.3　1998~2012年：市场经济体制下传统技术“加速追赶”阶段

在该时期，国家支持工业发展的方式开始发生变化，工业化主导制度调整为市场经济制度。国家在大国博弈与竞争中发挥指导性、宏观性的把控作用，而非以行政手段来调配资源，包括汽车产业在内的工业化发展动力机制发生变化。

（1）我国汽车产量实现大幅增长。

伴随发达国家市场饱和、中国等新兴超级消费大国经济的快速发展，汽车巨头开始加快在中国、印度、巴西等发展中国家布局。中国正是凭借巨大的消费市场和要素成本低廉等优势，吸引几乎全球所有知名汽车厂商在中国布局汽车产业链，中国成为全球最大的生产中心、消费市场。

大众、丰田、通用、本田等纷纷以合资的方式建立整车厂，我国形成了以东北、华东、华南、西南、华中、西北等区域性的生产中心和供应体系。大众集团在上海、长春、成都、佛山建设了9个整车合资厂、11家零部件生

---

① 薛凤旋，刘卫东．中国汽车工业——改革开放后的重整与国际化［J］．地理研究，1997（3）：1-11.

产企业；丰田汽车则在广州、天津、长春、成都布局了4家整车厂、8家零部件企业；本田汽车在广州和武汉两个生产中心布局3家整车厂、3家零部件生产基地。此外，北京、上海、广州等中心城市都是各大汽车厂商竞相角逐的重要区域，相继建设了研发设计、营销、物流等上下游企业。我国逐渐形成了六大汽车产业集群区域[①]（详见表3.2）。

表3.2　我国六大产业集群区域及代表性企业

区域	代表性汽车企业
东北地区	一汽集团、一汽大众、哈飞汽车、华晨汽车集团
京津冀地区	北汽集团、北京现代、北京吉普、北汽福田、北京奔驰、天津一汽丰田、天津一汽夏利
长三角地区	上汽集团、上汽大众、上汽通用、吉利集团
中部地区	东风集团、神龙汽车、长丰汽车、奇瑞公司
珠三角地区	广汽集团、广汽丰田、广汽本田、东风日产、海马集团
西部地区	长安集团、一汽大众成都公司、众泰集团、成都王牌公司

这个阶段是我国汽车产业数量急速攀升时期。1998～2012年，我们城镇居民家用汽车数量净增长40倍，居民消费主要以5万元以下的小型车及10万元以下的中型车为主。2008年，我国汽车销量达到了200万辆，国际排名陆续超越韩国、意大利、法国、德国等汽车大国，2007年我国产销量仅次于美国、日本，排名全球第三。2009年，中国汽车产量、销量分别为1379.10万辆和1364.48万辆，同比增长48.30%和46.15%，产销量首次超越美国，跃居全球第一[②]。

（2）技术进步是我国汽车产业规模升级的推动力。

①以劳动密集型为主、自动化水平提升为特征的数量型生产方式。从技术特征看，汽车传统燃油发动机技术较为复杂，但是也具备了标准化程度高、容易形成规模经济等特征。因此燃油发动机适合在汽车市场规模大的国家或者区域布局生产或者供应环节。我国加入世贸组织（WTO）后，大量外资、技术、设备进入中国市场。这一阶段以自动化为特征的新生产组织方式极大地提升了生产能力，带动了生产效率和汽车数量、品种的供给能力。与

① 符钢战．汽车产业分析［M］．上海：同济大学出版社，2018：66.

② 郑龙军．中国汽车市场十年回顾［EB/OL］．http：//auto.sohu.com/20091231/n269315941.shtml.

上一个发展阶段机械式生产方式相比，自动机床和生产线、组合机床等自动化技术和设备改变了工人与机器结合的方式，生产管理流程、管理方式改变，促进了规模化生产。但是由于设备的自动化程度还不高，尤其是与工业 4.0 在德国汽车生产领域的普及相比，我国汽车生产领域生产力发展特征仍然表现为人力占比偏高。这也刚好契合了我国劳动力数量多、成本低的优势特征，汽车产业生产方式呈现以劳动密集型为主的数量型生产方式。

②产业研发投入显著提升。1998 年我国汽车研发投入不足 1%，到 2007 年 R&D 经费跃升至 308.8 亿元，占主营业务收入的 1.8%；产业研发人员、汽车产业总产值都增长了 5 倍以上[①]，绩效份额（R 值）保持较高水平（见表 3.3）。

表 3.3　　1997～2004 年我国汽车产业 R&D 投入比例

年份	R&D 经费（A）（亿元）	销售收入（B）（亿元）	R = A/B（%）
1997	36.3	2635.0	1.38
1998	38.2	2742.5	1.39
1999	57.4	3114.7	1.84
2000	67.7	3560.4	1.90
2001	58.6	4253.7	1.38
2002	86.2	5947.7	1.45
2003	107.3	8144.1	1.32
2004	129.5	9134.3	1.42

注：数据来自《中国汽车工业年鉴（2005）》。

此外，我国自主品牌汽车市场份额从 20% 增加至 26%，百辆新车问题数下降了 2 倍。对于国际上衡量汽车产业创新程度的“专利申请数”，据国家知识产权局中外专利数据库服务平台数据显示，我国一般车辆总体发明专利年申请数从 1998 年的 400 件大幅增加至 2007 年的 3300 件。中小企业也加大研发投入，2007 年底奇瑞公司已拥有发明专利数量 452 件，研发投入一直处于 6% 的水平[②]。

① 据所涉及年份的《中国汽车工业年鉴》数据整理得出.

② 中国知识产权报．奇瑞公司：创新路上的知识产权奇兵［EB/OL］. http：//ip.people.com.cn/n1/2016/1102/c136655－28828344.html.

③自主创新开始占据重要地位。汽车市场竞争加剧，跨国公司针对我国消费需求实施本土化战略，开展有针对性的研发。自主创新在这个阶段迎来创新的活跃期，国外品牌都有意识地加强技术封锁，促使我国车企在模仿的过程中加大自主研发。吉利、奇瑞等率先打破引进—吸收—创新的模式，开启了以内资驱动自主创新的全新模式，虽技术还相对比较落后，但是生产的汽车产品自主研发程度提高。从 2002 年开始，我国先后拥有了吉利 JL6330、豪情 HQ、北京吉普切诺基 BJ2020 等自行设计的车型，此外还有华晨汽车控股有限公司旗下的中华、骏捷，长安汽车公司的奔奔、哈飞汽车股份旗下的赛马、路宝。国有企业加速向参与市场竞争的主体转型，一汽轿车旗下的奔腾、红旗，天津一汽夏利的夏利、威乐，上海汽车有限公司的荣威等自主品牌开始发力。吉利汽车公司建立了自主研发平台及生产自主品牌轿车，产量也相应地由 1994 年的 15.4 万辆迅速增长到 2003 年的 201.9 万辆，于 2010 年以 18 亿美元收购沃尔沃轿车公司全部股权。我国该时期的专利数量也在大幅提升（见表 3.4）。

表 3.4　　1995～2004 年我国汽车产业专利申请量

年份	专利总数（件）	发明专利（件）	实用新型专利（件）	外观设计专利（件）
1995	1193	212	956	5
1996	1267	301	959	7
1997	1209	346	862	1
1998	1292	408	869	15
1999	1981	377	1594	10
2000	1935	419	1493	23
2001	2005	569	1414	22
2002	2170	581	1556	33
2003	2798	855	1872	71
2004	3241	984	2199	58

注：数据来源于中华人民共和国知识产权局。

（3）生产方式的改善促进了生产力发展。

这一时期是我国汽车产业加速发展、成为全球汽车产销数量领先大国的关键时期。

①国家采取以需求侧为侧重的宏观调控政策。

1998 年亚洲发生金融危机，为应对危机带来的风险和不良影响，我国采取积极的财政政策和稳健的货币政策来刺激投资、消费、出口。我国“十五”期间，将轿车列为消费品，对轿车消费给予政策支持。汽车整体属性由贵重品向日常消费耐用品领域渗透，这个时期汽车开始走入普通家庭，需求因素（家庭消费）是汽车产业发展的重要拉动力。

②不断调整生产关系。

a. 政府实施简政放权。国务院在 1998 年撤销了机械工业部，淡化行政管理，实施政企分开，减少对汽车产业的直接干预，仅行使监督管理、制定政策、立项和审批等。汽车金融市场等服务业开始发展，我国产业链得以延伸，逐渐形成了供给、需求、管理、服务等产业体系。随着我国加入 WTO，汽车产业在竞争中逐渐开始多元化发展。

b. 面对以信息化、电动化为特征的生产力发展客观要求，在制度方面，党的十四届三中全会后，国有企业开始加快现代企业制度改革的步伐，上汽、一汽等国企加大市场化改革力度，朝着市场竞争主体的角色进行转变，实行混合所有制经济，进行股份制改革。上汽、一汽等国企的生产能力、规模不断壮大，并于 1997 年在上交所上市，开启了汽车产业资本市场融资时代。奇瑞、吉利等地方性国有资本、民营企业也进入汽车市场。

c. 政府加大了财政、金融、投资等领域的制度改革。产业政策不断调整，主要体现在渐渐放宽了对各类资本，包括内外资的限制，政府的管理也由直接管理逐渐转向以宏观调控为主。通过深化改革进一步激发了市场活力，为汽车生产领域数量型生产方式的发展奠定了有力的制度支撑。

③调整产业政策，强调自主创新。

随着 2001 年我国加入 WTO 后，国内外汽车集中度明显提升。《汽车工业产业政策》（1994 年）主要条款已难以适应产业发展形势，为适应国内和国外汽车产业发展特征，我国开始酝酿新的产业政策。2004 年出台的《汽车产业发展政策》强调自主创新、加大自主品牌建设的导向和目标，鼓励产业重组并且形成以经济为纽带的大型产业集团或者企业联盟。此外，还对汽车行业的准入、退出、新批准的项目进行了详细规定。与 1994 年的产业政策相同，外方股比仍不能超过 50% 。

在产业技术上，鼓励自主研发与引进相结合的方式。为实现技术的转移，我国要求合资企业内部必须建立技术研发机构。外国主要汽车生产企业加大了对中国市场的布局，通用、福特、丰田、本田、日产、大众等跨国公司在1998~2007年纷纷在上海、天津、广州、南京等城市建立了研发中心，加大产业研发投入力度。

④各级地方政府加大对产业的扶持。各省市区都纷纷将汽车产业列为地方的主导型产业，“九五”期间，全国有22个省（市、区）将汽车产业列为主导产业，并制定符合地方利益的产业规划来扶持本土企业发展。

（4）我国在全球汽车产业链占据重要位置，但“大而不强”的特征突出。

①国外车企纷纷在我国布局研发中心，加大核心技术的封锁力度。国际知名汽车企业在进行全球产业价值链布局过程中，有意识将发动机和变速箱等最核心的技术以及决定产业技术的基础研发和系统设计留在母国进行。即便是出于成本考虑需要在外国生产，跨国公司也将发动机、模具等最核心的技术和零部件的研发生产尽可能放在独资公司进行，给我国汽车产业带来极大挑战。我国与美国、德国和日本等车企合作，业务主要聚焦在从国外一级供应商采购模块及关键零部件，在中国的生产中心进行组装，我国负责生产部分低端的零部件。

②我国汽车产量规模快速提升，但销量优势并不能掩饰我国核心技术、关键零部件严重依赖进口的被动局面。2003年，我国有整车厂115家、改装厂551家。我们销量排名前三的车企1956年、1975年、1983年、1996年、2003年总体产量在逐渐降低，分别为96%、62%、58%、41.7%、50%①。由美国次贷金融危机引发的全球金融危机对全球汽车市场造成负面影响，而我国汽车产业却逆势成为全球产销量第一大国。2009年，我国汽车销量突破1364万辆，同年美国为1060辆，我国位列全球第一。快速增长的势头并没有停止，2010年、2011年、2012年汽车销量为1800万、1850万、1930万辆②。

---

① 李春林．中国汽车工业发展问题报告——走出困惑［M］．沈阳：沈阳出版社，1998：63.

② 国家统计局．2012年国民经济和社会发展统计公报［EB/OL］．http：//www.stats.gov.cn/statsinfo/auto2074/201310/t20131030_450316.html.

据业内估算，我国在关键设备、零部件、关键技术等方面与发达国家主要车企还至少存在 10 年以上的差距。国产零部件缺乏配套体系，仍然维持在中低端领域，且主要占据维修市场而非配套体系。我国本土车企在合资的温室中，技术创新的进度并不如意，散件组装（CKD）仍然是一种较为常见的方式，这种要求严格按照外方图纸、技术流程进行组装和设计，否则就视为侵权，对促进我国本土品牌自主研发实力的提升作用不大。总体而言，这个阶段我国汽车产业仍处于不利地位，核心技术缺失的问题没有得到根本性解决，汽车产业“大而不强”的问题突出。从 2001～2007 年我国汽车四大模块三资企业生产比例可以看出，整体占比在 50% 上下徘徊[①]，没有实质上的突破。

③全球汽车产业竞争加剧。该时段全球汽车产业竞争加剧，汽车企业纷纷进行兼并或者重组，产业集中度进一步加强，所形成的汽车集团将生产、组装环节转移至中国等发展中国家，形成了少数汽车公司主导的全球价值链体系[②]；其他跨国公司出于利益追求目标，加快来华投资进度，各国都将中国市场视为全球价值链布局的重中之重，该时期我国经济和汽车产业呈现“井喷式”发展态势，国有汽车企业借助合资进入由国际知名汽车生产企业所主导的全球价值链中。此外，我国加大生产和研发力度，供应商的能力在这个过程中快速提升，带动我国汽车产业在全球产业链和价值链的潜在竞争实力提升。

3.1.4　2013 年至今：技术与制度“双轮”驱动产业升级发展阶段

党的十八大提出了“创新驱动”战略，强调必须坚持走具有中国特色的自主创新道路。汽车在经历了机械、自动化生产方式后，迎来了新技术革命的机遇期，新能源汽车、智能化、轻量化也纷纷成为发展方向。从外部环境来看，道路拥堵、能源消耗与环境污染、交通安全与制度健全等成为经济社会发展中的新问题。从消费需求角度，随着我国人均 GDP 的快速提升，消费者对汽车消费需求向高端化、个性化方面发展。这都对我国通过创新发展

① 杨月喜．中国汽车产业对外技术依存度研究［D］．武汉：华中科技大学，2009：79.

② 周煌，聂鸣．我国汽车产业 R&D 投资及创新绩效的动态博弈分析［J］．汽车工程，2008（11）：138.

来加快汽车产业升级提出了需求。

（1）制度引导生产方式改革。

通过一系列制度改革，我国工业体系、规模日趋成熟并整体进入工业化后期。上一阶段我国汽车产业的快速发展且自 2008 年开始成为全球产销量第一的大国，但是在“数量型”生产方式背景下也出现了环境、产能过剩等现实问题。2013 年，我国 GDP 增速下降为 7.7%，经济增速进入“新常态”，在经历了 10 余年的超高速发展后，我国汽车产业也迎来了阶段性的调整和回落，我国汽车产销量在 2018 年开始出现下滑态势①（图 3.1、图 3.2）。

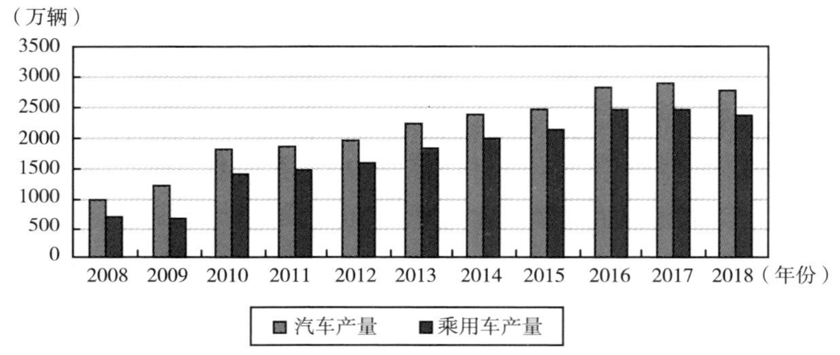

图 3.1　2008～2018 年全国汽车及乘用车产量

数据来源：根据公安部数据整理。

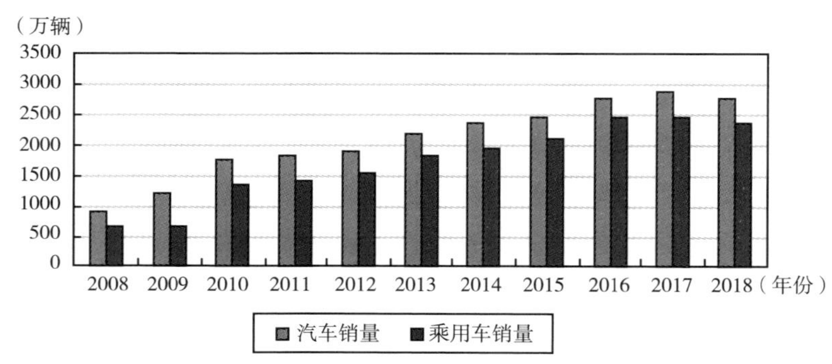

图 3.2　2008～2018 年全国汽车及乘用车销量

数据来源：根据中华人民共和国工业和信息化部公开数据整理。

---

① 根据历年公安部、工信部公开数据统计得出。

①我国推动供给侧结构性改革。为了解决生产领域效率不高、结构失衡、产能过剩等问题，我国开展了供给侧结构性改革为核心的制度改革。《中共中央关于全面深化改革若干重大问题的决定》（2013 年）、中央财经领导小组第十一次会议（2015 年）对供给侧结构性改革的主线、要求进行了明确和落实，要求推进“质量变革、效率变革、动力变革”。为了推动生产质量提升，我国加大了创新驱动战略（如《关于深化体制机制改革，加快实施创新驱动发展战略的若干意见》《国家创新驱动发展战略纲要》等）、生态文明建设（如党的十九大提出的建立绿色低碳循环发展的经济体系）、国有企业改革（如 2015 年《关于深化国有企业改革的指导意见》）等。

在汽车生产领域，出台《汽车产业中长期发展规划》（2018 年）、《新能源汽车产业发展规划（2021～2035 年）》《乘用车企业平均燃料消耗量与新能源汽车积分并行管理办法》。国家出台稳增长、促消费的相关政策措施，进一步深化与欧盟、德国、日本等国在新能源汽车、智能网联汽车等领域的交流合作。尤其是 2018 年出台了《汽车产业中长期发展规划》，替代了 2004 年出台的《汽车产业发展政策》，提出了“创新中心建设工程”“关键零部件重点突破工程”“新能源汽车研发和推广应用工程”“智能网联汽车推进工程”“先进节能环保汽车技术提升工程”“‘汽车 +’跨界融合工程”“汽车质量品牌建设工程”“海外发展工程”①。

在新产业政策的影响下，我国产业体系，尤其是自主创新模式得以快速发展并取得一定的成绩，一些国有汽车企业实现了整车出口，纷纷赴海外建厂。2018 年，吉利以 90 亿美元收购戴姆勒集团 9.69% 股份，一举成为戴姆勒集团的最大股东。2019 年长城汽车位于俄罗斯的、集冲压、焊接、涂装、总装一体图拉工厂正式竣工投产。

②逐渐放开股比，加大市场竞争。2017 年，我国政府出台政策，明确了降低汽车关税、逐渐放开汽车外资股比限制等，推动汽车产业全方位参与国际竞争。2018 年我国发改委提出将对“中外合资汽车企业的股份比例、最高仅能注册两家公司”的限制进行逐渐放开，政策最先指向新能源车企，然

① 工业和信息化部，国家发展改革委，科技部．三部委关于印发《汽车产业中长期发展规划》的通知［EB/OL］．http：//www.miit.gov.cn/n1146295/n1652858/n1652930/n3757018/c5600356/content.html.

后是专用车、商用车企，最终在 2022 年正式面向乘用车企。国家多年来对于汽车产业的政策支持、扶持自主品牌的发展的政策并未取得如期的效果。股权比例逐渐对内、对外放开，将对推动产业竞争、加大产业集中度、提升产业质量创造机会。宝马集团在 2018 年以 36 亿欧元收购华晨宝马 25% 后持股比例上升至 75%①，成为我国首家外资股权占比大于 50% 的外国车企。

（2）新技术指引产业未来发展的方向。

习近平总书记指出，发展新能源汽车是迈向汽车强国的必由之路②。数字化、信息化与工业化融合程度提升，在汽车生产领域的作用发挥更加明显。汽车产业正朝着智能化、绿色化、信息化等方向升级，数字化转型是其中的关键。以内燃机、发动机为主要驱动方式时期，以“福特制”为特征的标准化生产满足了传统消费者的需求和厂商的利润。而在当前信息化时代，消费者的需求更加多样化，全球知名的大型汽车厂商纷纷转向布局汽车研发平台，降低管理难度和提升管理能效。在过去 10 年中，汽车企业一直在建设数字化工厂，如德国大众的横置发动机模块化平台（Modular Querbaukasten），日本丰田汽车的全球架构（Toyota New Global Architecture）等，实质是把各种系统的信息进行互联互通。在汽车产业链中，设计、生产、物流、营销都基本贯穿了信息化，提升了产业升级进度。据中国信息化百人会、中国两化融合服务联盟等发布的《中国制造信息化指数》（MCII）显示，我国制造业信息化指数在 2016 年达到了 36.9③。另据《国家信息化发展评价报告（2016）》，我国工业信息化水平居世界第 25 位，超过了 G20 平均标准④。信息化在汽车产业的普及，很大程度上解决了资源和能源浪费的问题，提升了产业绿色化程度，加之锂电池技术、氢气能源、人工智能技术等技术的使用，减少了污染物排放，优化了生产流程，产业更加绿色高效。

---

① 央视财经．宝马集团将 36 亿欧收购华晨宝马股权，持股提升至 75%！［EB/OL］．https：//baijiahao. baidu. com/s？ id = 1615763299223767216&wfr = spider&for = pc.

② 新华网．习近平：发展新能源汽车是迈向汽车强国的必由之路［EB/OL］．http：//www. xinhuanet. com//politics/2014 －05/24/c_1110843312. htm.

③ 中国信息化百人会与中国两化融合服务联盟．2016 中国制造信息化指数［EB/OL］．http：//www. e－gov. org. cn/article－162268. html.

④ 中国互联网络信息中心（CNNIC）．国家信息化发展评价报告（2016）［J］．中国智慧城市导刊，2016（10）：7.

3.2　我国汽车产业升级的经验启示

我国的汽车产业用了 70 多年的时间，完成了从新中国成立后的极端落后，到全球汽车产销量第一的壮丽转变，走完了欧美、日本 100 ~ 200 多年的汽车工业化道路。从发展经验上，“生产力与生产关系的动态适应”是逻辑主线、“技术创新”是汽车产业发展的关键动力、“制度作用”是汽车产业发展的重要保障、“使用价值”演变是产业发展的内在轴心。

3.2.1　“生产力与生产关系的动态适应”是逻辑主线

以马克思对生产领域变革的观察，生产关系先进、科学与否，取决于其动态的适应性[①]。新中国成立后我国从苏联引进货车生产技术，通过国有形式小规模生产，逐渐建立企业工业体系；到改革开放后，我国逐渐向地方省市进行“权力下放”，通过扩大对外开放和“市场换技术”策略，推动技术进步和实现规模生产。我国发挥了劳动力等初级生产要素的比较优势，通过汽车组装、低端零部件生产等参与全球生产网络，但长期被局限于附加值低的产品加工环节。中国加入 WTO 后，汽车产业越来越受到“需求侧”的影响，我国加大对国际汽车公司的引进力度，引进先进的技术、管理、资本，同时加大自主研发程度，形成六大产业集群和企业竞争格局，满足市场的需求到我国调整产业政策，解决束缚产业发展的生产关系等，无不体现了生产力与生产关系的动态适应。

顺应新生产力发展要求，破解生产关系中的制度障碍，一直贯穿于我国汽车产业发展的过程中。改革开放是我国汽车工业发展的重要时期，我国汽车工业在改革开放的浪潮中高速发展[②]。新中国成立之初，我国计划经济体制下，生产关系难以适应生产力发展，以行政方式主导产业发展缺乏活力，

---

① 王琳，马艳，张思扬．改革开放 40 年我国生产关系演变的现实路径与理论机理［J］．上海财经大学学报，2018（6）：17.

② 马符讯，刘彦．中国汽车工业 70 年的成就、经验与未来展望［J］．理论探索，2019（6）110.

专业人员不足、生产资料匮乏、汽车工业整体基础薄弱，产品质量和种类难以满足市场需求。我国 1997 年、2004 年两版国家级汽车产业政策，都有以行政手段代替市场竞争、以选择性产业政策来选择赢家的特征。受此影响，我国汽车产业自主研发能力低，在关键核心技术上一直没有实现对国外的赶超，结果与“市场换技术”的初衷相违背。

我国汽车产业在实现“量”的飞跃后，新工业革命促进了生产力的极大发展，新能源、智能化等新技术，正快速应运到汽车领域，整体改变汽车产品、产业和生态属性。为了适应要求，我国在 2017 年出台的汽车产业中长期发展规划中，对汽车进口关税、外资股比限制等条件进一步放宽，在高质量发展阶段倒逼产业改革与开放发展，一系列扶持新能源汽车、无人驾驶汽车的制度设计也相应出台，旨在提示我国在新技术轨道上的自主研发能力和国际竞争力。因此，生产力引领产业发展方向、生产关系动态适应生产力发展要求，将是汽车产业升级的内在的逻辑主线，也是指导我国汽车产业升级的关键理论基础。

3.2.2 “技术创新”是汽车产业发展的关键动力

新中国成立之初，无法生产基础汽车零部件，苏联协助中国建立初步的研发和生产能力，在极其艰难条件下，我国研发了“解放”“红旗”等起步阶段产品。改革开放后，我国汽车工业以合资形式引进技术，并通过“引进—消化—吸收”等逐步提升研发设计、管理等能力，我国在模仿的基础上逐渐培育和创建自主品牌，我国自主品牌产品质量、科研水平、产品性价比等都有较大提升。加入 WTO 后，我国上汽、长安、吉利、长城等自主品牌竞争力有所提升。总体上，我国汽车产业进入全球市场网络的主要道路有：以北京现代、华晨宝马、长安福特、上汽大众、上汽通用等为代表“引进 + 学习”的道路；以奇瑞、力帆为代表的“自主创新 + 出口”的道路；以吉利为代表的“创新 + 并购 + 出口”的道路。无论哪种模式，都要以技术创新，尤其是自主研发创新为关键动力。在传统燃油驱动为主的技术领域，国外车企国际知名汽车企业通过把握关键技术来掌控全球产业价值链的核心环节，有意识将发动机和变速箱等最核心的技术以及决定产业技术的基础研发和系统设计留在母国进行，以此获得更大的“生产剩余”。

习近平总书记 2020 年 7 月在吉林省考察中国一汽时指出：“一定要把关键核心技术掌握在自己手里……把民族汽车品牌搞上去。”新一轮科技和产业革命，以电池、电控、电机等代表的动力革命，以及智能化等为主要特征的技术推动了生产力极大释放，新能源汽车兴起和智能驾驶技术进步正在改变汽车的技术特征，汽车的驱动原理、产品属性、产业生态均将发生重大变化，我国汽车产业进入了一个新发展机遇期。因此，必须加大在新能源、智能化等新技术轨道上的技术创新力度，提升对新技术的掌控能力，才能更好地把握汽车产业未来的主动性、主导权。

3.2.3　“制度作用”是汽车产业发展的重要保障

制度理论表明，以政府为主导制度变迁是改革的主要形式。在“生产力与生产关系的动态适应”过程中，“制度作用”是汽车产业升级中的重要现实保障。从我国建立汽车工业体系之初，政府是持有权力并支配经济资源，从“集权”“放权”来推动产业集中、促进产业规模，政府一直积极实施产业政策、财税制度、要素制度等。

我国曾经实施了以“发放牌照”“选择赢家”为特征的产业政策，“劣币驱良币”的方式影响了竞争和创新，“市场换技术”模式并未达到预期，但政府一直在积极调整其产业政策。从 1994 年、2004 年到 2017 年，我国先后出台了三个国家级纲领性的产业发展政策、规划文件，都体现了在生产关系难以适应生产力发展要求时，以新的制度来动态适应新技术发展需求。包括政府在该时期将汽车产业上升到国家“支柱型产业”高度，以及在对外开放发展、保护本土企业发挥了重要作用；政府还组织力量对技术难题进行攻关，加大了人员走出去和引进来，营造了良好的对外开放环境，直接或间接促进汽车产业整体技术能力的提升，在新一轮科技和产业革命背景下，我国在新能源汽车领域实现了全球市场规模第一的成效。近两年，政府出台了《外商投资准入特别管理措施（负面清单）》《汽车产业投资管理规定》《道路机动车辆生产企业及产品准入管理办法》，汽车产业股比、准入、产品分类等标准放宽，加大开放力度。同时，政府作用并不是无边界干预，而是顺应生产力发展方向，向“现代有为政府”“服务型政府”方向的转型。在本轮汽车产业升级中，产业生态将发生重大变化，政府在其中的作用更加不可或缺，需要制度创新来保障技术创新的实现和产业升级。

3.2.4 “使用价值”演变是产业发展的内在轴心

从机械式的代步工具，到安全舒适的出行选择，再到体现生活品质的象征以及智能安全的终端，汽车产业升级的历程也是汽车产品使用价值发展变化的过程。依据马斯洛需求层次理论，汽车产业的演变，是随着人均 GDP 的不断提升，不断满足人民对高质量汽车产品和服务需求的过程。

党的十九大提出了人民对美好生活的向往，也是马克思所提出的“人的自由全面发展”的重要内容。汽车产业的问题高度契合党的十九大报告提出的“我国社会主要矛盾已经转化为人民日益增长的美好生活需要和不平衡不充分发展之间的矛盾”。我国汽车产业目前所面临的主要和紧迫矛盾是：人民群众对汽车产品质量和出行服务日益增长的需求，和汽车产品同质化、低端化以及道路交通等社会资源承载能力有限存在矛盾。

当前面对汽车发展与人民群众需求、经济社会整体发展之间的不平衡、不充分的矛盾，创新是根本支撑，针对新的技术条件下汽车产业、产品属性在内涵和外延上的新变化，探索产业发展的发展和竞争规律，通过加大技术创新和制度创新，为产业发展制造良好的发展环境，改变汽车产业长期以来表面强大实则羸弱的情况。因此，汽车产业升级、产品演化的过程，以人民为中心的“使用价值”演变是其内在轴心。

3.3 我国汽车产业升级的问题梳理

3.3.1 “市场换技术”模式下系列制度设计限制创新能力

（1）“选择赢家”的产业政策制约了产业竞争。

我国汽车工业起步较晚，新中国成立初以引进苏联技术为主，改革开放后大力推进对外开放，引进国外车企来华投资建厂。1994 年、2004 年出台的产业政策，对外资股权比例进行了限制，初衷是保护民族汽车工业，但是从实际效果来看，“市场换技术”模式下，“选择赢家”的牌照发放方式、在限制股比的情况下并没有相应的竞争性政策跟进，以及产业集中度低等，这一系列“制度”问题，并没有适应技术创新的需求，导致我国自主品牌研发能力低。

1994 年出台的《汽车工业产业政策》限制了整车与发动机项目的准入，阻挡了资本进入汽车产业，对汽车企业积极创新产生负面影响。2004 年出台的《汽车产业发展政策》以备案制、核准取代审批制，我国民营资本占比长期较低，跨国汽车企业掌握着合资汽车企业的实际控制权，对我国自主品牌研发和竞争力的提升极为不利。很长一段时间，我国汽车生产领域实施了积极的产业政策，成为全球最大的汽车产销国，但这种在选择性或者干预型产业政策导向下扶持的汽车产业，即由政府来选择“赢家”并配置资源的方式，如限制发放号牌、直接补贴、限制民间资本等，导致信息不对称甚至是寻租等问题。在我国汽车产业战略制定中，曾经出现过以发放牌照的方式限制产业准入、限制产业充分竞争的情况，牌照资质甚至成为寻租产品。反观美国，在汽车产业发展之初，美国汽车之城“底特律”最多时有数百家汽车企业，而最后剩下的三大车企，是汽车产业发展中历经竞争、兼并重组后形成。最后形成的汽车企业，并非是政府一开始就“选择”出来的。如奇瑞、吉利等我国现在发展较好、创新能力较强的自主品牌车企，并非是一开始就获得生产牌照的企业。吉利汽车在发展之初，只能通过购买四川德阳一个接近倒闭的国有汽车厂才以打“擦边球”的方式获得了生产的资质，奇瑞也经历了曲折发展的历程。

（2）顶层设计不明确，多头管理的问题明显。

①国家对于汽车产业的整体发展战略不明确，直接导致对汽车产业发展定位的模糊，影响创新要素配置的数量和效率。伴随智能化、新能源等新技术在产业的快速应用，我国汽车产业的内外部环境、发展条件都发生了变化，因此产业升级亟须战略、战术指引。各部委出台的局部性的产业政策难以适应全局发展问题，需要国家层面出台整体性的战略体系。除了产业政策，我国汽车产业法律也不够健全，针对汽车产业发展的文件、政策多是一

般性法规，缺乏系统性、全面性，生产环节、服务环节存在一定程度的割裂。

我国实施了20多年的外资股权比例限制将逐渐放开。国家发改委和商务部联合发布《外商投资准入特别管理措施（负面清单）》（2018年版），提出2018年汽车行业取消专用车、新能源汽车外资股比限制；2020年取消商用车外资股比限制；2022年取消乘用车外资股比、合资企业不超过两家的限制。但上述产业政策，还缺乏系统的、阶段性的指导方案。

②汽车产业长期存在多部门多头管理的问题。汽车产业发展演化的历程，包括了由集权向放权逐渐过渡的过程，但是这个过程中也伴随了制度惯性下的多头管理问题。国务院发展研究中心产业经济研究部一项数据研究显示，当前与汽车产业有关的监管部门、机构多达18家（见表3.5）[①]。多部门对于同一企业进行交叉管理，既会影响产业战略目标的实现，也会抑制企业的创新效率，影响产业健康发展。

表3.5　　我国汽车产业各主要环节与涉及管理部门一览表

管理部门	投资	生产	产品	研发	进口	新车销售	二手车销售	金融	维修召回	车险	往期年检	损废	回收拆解	再制造
国家发改委	√	√	√	√		√	√	√		√		√	√	√
工信部	√	√	√	√	√							√	√	√
商务部	√				√	√	√	√		√		√	√	√
工商行政管理局	√					√	√	√		√		√		
国资委	√													
质监局			√		√				√		√			√
环保部	√	√	√		√	√			√		√	√	√	√
科技部				√		√							√	
交通运输部			√						√					
财政部	√			√	√	√						√	√	√

① 国务院发展研究中心产业经济研究部中国汽车工程学会，大众汽车集团（中国）. 中国汽车产业发展报告（2015）[M]. 北京：社会科学文献出版社，2015：76.

续表

管理部门	投资	生产	产品	研发	进口	新车销售	二手车销售	金融	维修召回	车险	往期年检	损废	回收拆解	再制造
税务总局	√			√	√	√								
海关总署	√				√									
国土资源部	√													
公安部						√	√			√	√	√	√	
中国人民银行								√						
银监会								√						
保监会										√				
认监委			√		√									

（3）汽车税制不合理，不利于技术创新。

我国汽车税制结构呈现“重有用，轻使用”的特征，不利于激励企业进行技术创新。

①从生产层面，现有的汽车产业税收政策，往往是由财政部、国家和地方税务部门等发布的各类文件，缺乏长期、连续和系统性。中央、地方税种导向，导致了地方政府重视生产的数量而非销售的数量；对于发展新能源、智能化的指导性不强，如对新能源汽车政策采取“补贴动力电池数量”的“重结果”做法，从最终的产出结果来给予补贴，曾经一度出现新能源汽车骗补问题。对于汽车生产研发过程的创新活动不够重视。我国出台了支持新能源汽车购置的补贴政策（减免购置税），但是缺乏新能源汽车建设过程的税收优惠。创新往往伴随着市场化失败的风险，大部分企业都会经历试错的过程，企业因研发失败承担损失，往往更需要“雪中送炭”，而现有“重结果”的政策往往会产生创新“挤出”效应。

②从消费层面，缺乏特殊时期有效、及时的消费刺激政策。汽车在新冠肺炎疫情期间的销售低迷，给生产端带来极大压力。据中国汽车工业协会统计，2020 年 1 ~ 3 月，我国汽车累计产销量仅为 347.4 万辆、367.2 万辆，同比下滑达 45.2%、42.4%。其中，1、2 月乘用车销量同比下降 43.6%；新

能源汽车销量同比下降59.5%[①]。疫情期间，缺乏从商业模式、消费环节入手的有效的刺激性政策。未来新的商业模式将是产业升级的重要方向，但政策上的引导不足。

（4）汽车产业人才等要素制度存在问题。

我国汽车技术研发人才匮乏，难以满足新技术条件下产业升级的紧迫需求。我国汽车制造业中，人员的知识、学历、比例结构与汽车发达国家存在较大差距。2015年，我国汽车制造业从业人员数量规模达360万，但其中技术人员不到50万人，仅占总人数的13.7%，而美国、德国、日本汽车制造业技术人员占比往往超过30%，是我国的2倍以上。此外，与产业技术水平紧密相关的研发人员数量、占比，我国仅仅为21.7万人、占6%，而世界主要车企的占比都在10%以上。在研发人员中，我国、国外车企研发人员中高级技术人员占比分别为15%、40%[②]，呈现出显著差距。

制度安排有效与否的检验标准在于能否发挥人力资本或专业人员的积极性。为了促进产业发展，我国制定了《关于在重大项目实施中加强创新人才培养的暂行办法》《关于进一步加强引进海外优秀留学人才工作的若干意见》《关于企业实行自主创新激励分配制度的若干意见》等，但整体而言人力资源不足，在人工智能、新能源技术领域，我国的科学家、高级工程师还非常稀缺。

从专业设置看，我国开设车辆工程、热能与动力工程、机械设计、智能车辆工程等专业的高校不多。企业方面，企业培育的人力资本属于准公共物品，人才培养周期长、见效慢，企业在开展员工培训时，往往只注重从公司利益出发，从某类有用的技术和知识的入手，而忽略对员工的潜能挖掘、综合能力和素质的提升。部分国有企业建立了人力资源部，但功能上不健全。对于当前汽车领域亟须的人工智能技术、新能源驱动技术等，许多车企并没有从专业人才引进和培养、人力资本技术提升这个角度给予足够的关注，汽车协会等中介机构也没有真正发挥联系协调和资源整合作用。

---

① 北京商报．销量“触底”车企转型求生［EB/OL］．http：//www.bbtnews.com.cn/2020/0419/349953.shtml.

② 钟志华，等．新时代汽车强国战略研究综述（二）［J］．中国工程科学，2018（20）：11－19.

（5）汽车产业协同创新机制不畅。

国外学术将科技制度置于公共管理和公共政策等学科视角中来加以研究，没有形成准确的科技制度概念。本书认为科技制度的概念是指为了科学研究和成果产业化，国家或地方政府对科技活动的组织方式、体制机制等进行的安排和规则设计。对于汽车产业而言，则包括了技术研发与扩散、产品生产知识产权保护等方面的制度①。我国从“十五”期间开始，出台了系列扶持包括汽车产业在内的新兴产业发展的政策和制度，重视企业主体的创新地位和体系建设，推动了新能源汽车发展。但由于我国核心科技制度还存在不足，如企业创新主体地位的强化、科技长期投入机制的稳固、科技服务经济的契合度、科技管理和运行机制有待优化等，导致了汽车产业创新不足、核心技术没有大的突破。政、产、学、研、用创新链条运行不畅等问题普遍存在，高校和科研机构的科研成果能在产业化过程中发挥实效的较少，科技成果转化率、专利转化率远低于发达国家。从国家级研究平台视角，我国缺少国家级汽车研究智库。

3.3.2　对技术创新机理认识不足，创新投入强度不高

如前文所言，我国汽车产业是在参与全球价值生产的过程中构建起来的，但是受到“选择性”产业政策、国外汽车股权占比限制等政策的影响，我国汽车产业“市场换技术”的预期并没有得到实现，国有汽车品牌在“50%”合作收益中逐步减缓甚至放弃了研发力度，导致我国在传统燃油技术领域的关键技术始终没有取得实质性突破。

（1）我国对汽车技术创新机理的认识不足。

由于我国是汽车产业后发国家，对于传统燃油发动技术轨道的技术创新机理认识不足。我国希望以“市场换技术”战略，提升汽车产业自主研发能力。但是受制于外商对核心技术的严格封锁，我国长期出在追赶的被动局面，也导致了我国对于技术创新驱动产业升级的机理认识不到位，并没有将自主研发和创新放在首要重要的位置，因此也导致了制度偏差，错失了自主

① 白永秀．我国高新技术产业发展的制度创新研究［D］．西安：西北大学，2002：108－110.

研发创新的黄金时期。

正是由于对技术创新对产业升级的机理和重要性认识不足，我国在以传统燃油驱动为主导的汽车市场中，本土企业普遍缺乏基础研究和动力总成的核心技术，受制于核心技术水平不强、供应体系实力不高等，在关键技术领域与国外差距明显，与汽车制造紧密相关的智能化技术、感应测量、认知等核心技术远不及国外，如与世界工业机器人先进水平相比，我国在该领域的关键部件的质量、可靠性水平落后 5 ~ 10 年，70% 部件依赖进口①。国内先进的中高端数控机床和数控系统，主要从德国西门子、日本马扎克、发那科等进口②。CAD（计算机辅助设计）、CAE（计算机辅助仿真）与国外技术差距大。电动汽车的电池技术标准未形成、技术不完善。我国与美国、德国、日本在制造业自动化、标准化、智能化水平上还存在差距。以德国工业 4.0 为例，我国大部分汽车企业的技术水平尚停留在 2.0、3.0 层面。因此只有不断提高我国本土车企技术创新水平，才能从根本上获得汽车产业升级发展的不竭动力。

我国这也给我国发展新能源、智能化汽车提出了反思的方向：要先厘清技术创新的机理、特征，进而匹配动态、合适的制度，在“生产力与生产关系矛盾运动”的原理下，让制度更好保障技术的实现与发展。

（2）我国汽车研发投入与发达国家存在差距。

研发是提升汽车生产领域高端要素比例和生产效率的重要因素，是汽车企业保持领先地位、实现颠覆性技术发展、产业转型升级的最基础、关键的要素③。全球汽车生产商研发经费达 1000 亿美元/年，是国防、航天经费投入的 4 倍④。汽车研发耗费资本周期长，据行业估算，在平台和发动机投入方面，研发一款 A 级主流车需投入 5 亿元、B 级需要 7 亿 ~ 8 亿元。而产业平台的研发周期更是长达 10 年以上，如日产 KR20DDT 发动机的研发周期超

---

① 中国社会科学院工业经济研究所．中国工业发展报告（2017）［M］．北京：经济管理出版社，2017：67.

② 中国社会科学院工业经济研究所．中国工业发展报告（2017）［M］．北京：经济管理出版社，2017：68.

③ 蒋兴明．产业转型升级内涵路径研究［J］．经济问题探索，2014（12）：5.

④ Chapman K，Cross G，Foster J，et al. The 2017：The relentless desire to advance Analytics，2017 of innovation report［R］．London：Clarivate.

过 20 年。高强度的研发也是特斯拉、谷歌等科技公司在智能驾驶领域跻身于无人驾驶产业链高端环节的重要原因。

我国汽车整体研发投入与发达国家存在较大差距。2017 年全球汽车产业研发支出规模达 3491.2 亿美元，较 2016 年增长 8.57%，全球 20 家主要车企研发投入占营收平均值为 3.18%（德国 5.73%、美国 5.06%、日本 4.00%、韩国 2.82%）。其中德国平均每家车企研发投入达 93.18 亿欧元，为全球最高水平①。其中，大众集团在 2017 年 8 月至 2018 年 7 月之间，营收为 2770 亿美元，而研发投入达到了 158 亿美元，研发营收占比达 5.5%。我国主要车企的研发投入最高依次是上汽集团、比亚迪、广汽集团、长城汽车、北汽股份，但其研发投入离大众等国际巨头仍存在差距。从 2016 年全球主要车企研发投入数量对比来看，我国汽车企业与顶级车企之间的研发投入存在巨大差异（图 3.3），我国上汽、比亚迪、广汽、长城、北汽、长安等排名前 10 车企总研发投入不到丰田的 50%，不及大众的 1/3②。此外，我国汽车企业对技术的引进吸收投入比也偏低，仅为 1∶0.07，远远低于日韩同期 1∶8 的水平③。

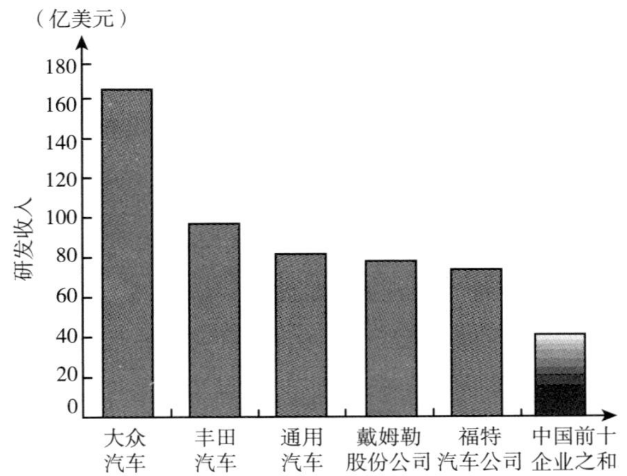

图 3.3　2016 年国内外部分汽车企业研发投入比较

① 中国产业信息网. 2019－2025 年中国汽车研发行业市场行情动态及未来前景预测报告［R］. http：//www.chyxx.com/research/201809/681057.html.

② Rainoldi A，Gracia R A，Hernandez H，et al. 2016 EU industrial R&D investment scoreboard［R］. Spain：European Commission 2017.

③ 李显君. 汽车理想国［M］. 北京：中国工人出版社，2017：57.

（3）我国汽车关键技术仍然受制于人。

我国汽车产业仅仅用了不到60年就走完了欧美上百年的发展历程，在技术积累方面存在差距，核心技术是需要几年、几十年的长期积淀才能建立。目前整体上技术差距还较明显。

传统燃油技术仍然在追赶。我国在全球汽车产业链和价值链中话语权不强。吉利、奇瑞、江淮、比亚迪等企业多依靠全球供应商、汽车产业进行产品研发和生产。

表 3.6　　中国部分汽车制造商的核心供应商类别

年份	汽车制造商	外资供应商占比（%）	中国供应商占比（%）
2016	一汽丰田	58.1	41.9
	广汽丰田	83.4	16.7
	大众	60.4	39.6
	上海通用	50.0	50.0
	奇瑞	31.8	68.2
2006	2家欧洲车企平均	80.3	19.7
	2家美国车企平均	68.2	31.8
	2家日韩车企平均	93.0	7.0
	2家中国车企平均	39.2	60.8

资料来源：2006年数据根据 sturgeon 和 biesebraeck（2011），2006年数据由计算得到。

如表3.6所示，2006年美国、欧洲、日韩在我国合资车企中，本土核心供应商占比依次仅为31.8%、20%、7%，2007～2016年，我国汽车零部件产值年平均增幅达25%。2016年，我国供应商在一汽丰田、上汽通用的占比达50%。除了比例提升，我国在动力总成、底盘、车身、电子和模具等模块化领域，上中下游供应链的研发能力、核心零部件技术上均有提升，产业链趋于完善，上汽华域、一汽富奥、中信戴卡和德昌电机跃升成为全球供应体系的大型供应商①。

新技术的关键环节仍然存在差距。中国工信部副部长辛国斌在“2018国家制造强国建设专家论坛”上介绍，据工信部对我国30多家大型企业、

① 陶涛．技术创新与中国汽车价值链结构［J］．中国经贸，2019（2）：55－62.

130多种关键基础材料进行调研，结果显示32%的关键材料在中国仍为空白，52%依赖进口，95%的计算机高端专用芯片、70%以上智能终端处理器以及绝大多数存储芯片依赖进口。在装备制造领域，包括高档数控机床、大飞机、汽车等关键精加工生产线上逾95%制造及检测设备依赖进口[①]。近年来我国汽车产业在关键部件生产方面取得重大进展，但是在集成电路、工业机器人、数控机床、工业软件等仍然受国外车企把控。我国在集成电路设计、制造工艺、封装等方面的生产水平低于国外。2015年，中国申请电路集成专利29735件，但发明专利仅为2/3，低于国外的90%[②]。

（4）自主研发能力不强，创新效率不高。

虽然近年来我国出现了以华为、吉利等代表的创新型企业，但整体而言，汽车产业自主创新能力弱是自主品牌的“通病”，在关键技术、关键零部件容易被“卡脖子”的问题还非常严重。在基础核心技术环节，电控系统、激光雷达、毫米波雷达、芯片等关键技术仍被国外车企掌控。核心技术与利润成明显正比例关系，如表3.7显示，我国自主品牌的利润，仅为外资或者合资企业的1/3[③]，可见在核心技术上的巨大差异。

表3.7　中国品牌与合资/外资零部件产值和利润比较　　单位：%

占比	乘用车发动机	乘用车自动变速器	悬架系统	主被动安全系统	转向系统	制动系统	车身系统	新能源汽车零部件
中国品牌零部件产值占比	50	25	65	50	60	50	50	75
合资/外资零部件产值占比	50	75	35	50	40	50	50	25
我国品牌零部件利润占比	25	16.5	52.5	25	33.8	33	25	50
合资/外资零部件利润占比	75	83.5	47.5	75	67.2	67	75	50

① 32%的关键材料在中国仍为空白，52%依赖进口？核心技术仍受制于人［EB/OL］. https://baijiahao.baidu.com/s?id=1606949361130330502&wfr=spider&for=pc.

② 李鹏飞．我国集成电路产业发展的问题及对策建议［J］．发展研究，2017（12）：71-74.

③ 钟志华，等．新时代汽车强国战略研究综述（二）［J］．中国工程科学，2018（20）：11-19.

2016 年，我国产销量排名前 10 的自主品牌车企研发投入，不到丰田汽车的 50%，不足大众集团的 1/3[①]。我国引进吸收投入比为 1∶0.07，远低于同时段日韩的 1∶8[②]。

国企创新的动力和效率不高。我国汽车国有企业的用人制度与现代企业相比缺乏竞争力。负责人的“短期政绩观”、国有资产的保增值压力等影响其长远创新动力。从技术演化方向出发构建的长期治理结构和考核机制不健全，导致长远的创新战略、举措缺乏，国有汽车企业自主研发能力弱的问题没有得到根本性改变，国有汽车企业整体上创新活力、动力、竞争力与国外大型汽车企业存在较大差距。

3.4 本章小结

在生产力和生产关系的适应和动态调整关系视角下，从技术创新、制度创新等几个影响产业升级发展最关键的维度，对新中国成立后尤其是改革开放以后我国汽车产业发展历程进行梳理。

我国汽车产业发展是一个生产力和生产关系两者之间“不适应”的桎梏关系状态被不断打破，朝着新的状态进行适应演进的创新过程。新中国成立后我国汽车产业总体升级发展阶段可概括为：计划经济体制下的技术引进和发展阶段、政府与市场共同作用下的“市场换技术”发展阶段、市场经济体制下传统技术“加速追赶”阶段、技术与制度“双轮”驱动产业升级阶段。整体上是一个产业从无到有、从技术引进和模仿到自主创新和自主品牌创建的变化过程，是从数量型向质量型升级发展的历程。

在对汽车产业发展演进的动态分析中，从“技术创新”“制度创新”两个维度展开，试图找出各个阶段的动力轨迹和阶段特征，以及梳理技术、制度创新等在其中发挥的影响和作用。在此基础上，总结出“生产力与生产关系的动态适应”是逻辑主线、“技术创新”是汽车产业升级发展的关键动

---

① Rainoldi A, Gracia R A, Hernandez H, et al. 2016 EU industrial R&D investment scoreboard [R]. Spain: European Commission 2017.

② 李显君. 汽车理想国 [M]. 北京：中国工人出版社，2017：166.

力、“制度创新”是汽车产业发展的关键保障、“使用价值导向演变”是产业发展的内在轴心等发展经验。

同时，本章还分析了“市场换技术”模式的问题，从技术、制度的角度，探索了影响或者阻碍我国汽车产业升级发展的主要因素，技术层面的问题在于对技术创新驱动产业升级的机理认识不足，由此导致制度设计出现偏差，即我国汽车研发投入与发达国家存在差距，制度层面主要有“选择性产业政策”（如以牌照方法来选择“赢家”、外资股本限制等）阻碍竞争和技术创新、国家对于新时代汽车产业的整体发展战略缺失，多部门多头管理影响创新效率，以及在税制、人才、要素、科技等方面的制度问题。

第4章 我国汽车产业升级的现实性与紧迫性

本章从国内外、点与面等维度进行汽车产业发展的现实性分析，提出创新驱动我国汽车产业升级的紧迫性和必要性。分析当前我国汽车产业的基础、优势和挑战；梳理全球汽车产业技术演进方向、产业竞争规律；总结德国、日本等汽车强国的产业发展模式和典型发展经验。

本书认为，当前全球汽车产业朝着“新四化”方向发展，全球汽车产业发展态势由“转移”转向“竞争”。德国、日本等国家在新技术方向加大研发投入的同时，不断调整制度来推动新技术转化为现实生产力。我国在传统燃油发动机技术时代，一直处于技术追赶，但是在新能源、智能化等新技术领域我国具备了一定的优势和基础，机遇与挑战并存，我国产业升级的重点是在新技术轨道上加大自主研发和发展自主品牌轿车，必须打破旧有的产业制度均衡来适应新的技术创新需要。

4.1 我国汽车产业面临的全球竞争格局

本节内容分析了传统燃油技术条件下国际汽车产业的转移规律和升级动力，找到国外车企长期占据生产力成果和资本积累的原因；在全球视阈下找准智能化、新能源等汽车产业未来升级的主要方向。

4.1.1 国际汽车产业转移规律和转移动因

在以传统燃油发动机技术为主的时期，汽车产业转移是在全球产业转移的背景下进行，其转移的路径轨迹可以归纳为“欧洲→美国→欧洲→日本、韩国→以中国为代表的发展中国家”。文章分析了各阶段、各个国家或区域汽车产业转移特征和升级动力。

（1）国际汽车产业转移的规律。

汽车产业转移既符合全球产业转移规律特征，又有汽车产业自身规律。作为“工业中的工业”的汽车产业已经有 200 多年的发展史，本文对汽车产业全球转移、升级的历程进行了梳理。

受生产力发展、生产方式变革、市场扩张等影响，汽车产业跨区域转移的总体路径轨迹可以归纳为“欧洲→美国→欧洲→日本、韩国→以中国为代表的发展中国家”。

①第一次转移方向是从欧洲到美国，主要原因是美国对生产线进行了创新，发明了流水线的生产方式，极大提升生产效率并实现了产量的突破。

汽车诞生于欧洲，德国人本茨和戴姆勒于 1886 年首次发明汽车，法国在汽车驱动系统结构研究上作了巨大贡献：阿尔芒发明了前置发动机驱动设计，路易斯·雷诺发明了锥齿轮式主减速器。德、法、意等国家纷纷成立奔驰、戴姆勒、标志、菲亚特等汽车公司，汽车制造以手工生产为主，整体生产效率低下，汽车工业发展缓慢。1908 年，美国福特汽车公司发明了汽车装配流水线，开启了 T 型车装配时代，极大改进了汽车生产方式，产能提升至每年 1500 万台，汽车产品属性从少数人拥有的奢侈品变成了大众消费品。生产方式的改进促使生产效率的极大提升，最明显的是整车装配时间缩短了 11 小时，减少至 1.5h，而售价也从每台 850 美元下降至 360 美元。美国通过改变汽车的生产方式，实现产能的大幅提升，取代欧洲成为汽车产业生产中心，其中福特公司产量占到全美的 70%，同时期德、英、法等总产量仅为美国的 5%[①]。

① 易南．汽车工业的四次变革汽车运用［J］．汽车运用，1995（2）：1．

②第二次转移方向是重新回到欧洲，主要原因是欧洲对驱动技术、生产线、产品外观进行大幅创新，以多样化的优势弥补了生产效率低的不足，实现了“品种多样化”的升级。

1970 年，随着欧洲对生产线进行创新，实现了规模化、个性化生产，并再次成为世界汽车生产中心。第二次世界大战后，欧洲虽然在产量、规模上无法与美国竞争，但是欧洲对汽车驱动技术（前置和后置驱动、节油技术等）进行创新，促进汽车品种的多样化，而且针对美国汽车体积大、能耗高等缺点，欧洲汽车公司对车型进行设计，形成品牌差异，如宝马奔驰的严谨庄重、法拉利的典雅高贵、劳斯莱斯和美洲虎的奢侈、甲壳虫的独特外观、迷你车型的节能环保等，多样化的产品战略促进欧洲汽车产业整体规模的提升，其产量在 1966 年突破 1000 万辆，使欧洲再次成为世界汽车中心。

③第三次转移路径是欧美转向日本、韩国。日韩通过低成本、精益化管理等战略，逐渐发展成汽车生产大国，实现了规模升级。

日本、韩国汽车产业通过加大成本控制而实现了“低端颠覆”、错位竞争。无论是日本 1965 年的卡罗拉、1983 年的凯美瑞、1989 年的雷克萨斯，还是韩国 1991 年的伊兰特、1994 年索纳塔，都是以省油、低成本来撬开欧美市场。20 世纪 50 年代，日本汽车工业开始起步；60～70 年代，日本汽车工业进入普及期，该时期日本赶超德国成为仅次于美国的第二大汽车生产国；日本汽车工业在 1975 年进入成熟期，开始进入国际市场，并于 80 年代末发展成全球第一大汽车生产国。韩国汽车工业于 20 世纪 60 年代起步，70 年代实现国产化，80 年代开始进军国际市场，90 年代实现国际化。日本通过对汽车生产环节精益化的管理，有效控制和降低了生产成本，专供中低价位车型，生产的车型在欧美、日本市场广受好评。

④第四次转移方向是中国、巴西等新兴国家，主要原因是跨国公司基于成本控制、市场布局战略进行生产线的转移。

在这个过程中，中国通过承接产业转移实现了“从无到有、从大逐渐到强”的升级。在本书第 3 章对我国汽车产业历程的回顾中，分析了我国汽车产业发展的整体历程，尤其是改革开放后的发展情况，以中国为代表的发展中国家由于劳动力、土地、原材料等成本优势，再加上我国庞大的消费市场、居民不断提升的消费能力，我国“以市场换技术”开放汽车市场、吸引跨国巨头来华投资，在参与跨国公司价值链中提升了产能和技术水平。

（2）国际汽车产业转移主要动因。

虽然传统汽车燃油发动机技术较为复杂，但也有标准化程度高、容易形成规模经济等特征。产业链上汽车研发、设计、组装、零部件生产、采购加工、运输、品牌经营和营销、售后服务等不同环节、技术特征（要素密集程度）和规模经济特征都对汽车产业转移有所影响。

从产业链角度，各国（地区）要素成本、供应商实力、市场规模、产业政策等都会影响一个国家（地区）在全球汽车产业链的结构①。技术繁杂、尚处在不成熟阶段的技术不适宜在全球大范围分工，而容易进行标准化生产、有规模经济效应的环节和产品则比较容易形成全球性产业链。1980 年后，全球主要的汽车企业为了降低成本、提升竞争力，开始逐渐将组装、零部件研发、设计和生产环节进行剥离，由此全球独立的大型供应商和供应网络出现。零部件供应商为了提升生产能力和产量、跟上技术更迭和零部件换代的步伐，不断通过合资、并购等形式提升研发、设计和生产的能力，形成了全球性的供应网络。源自日本的爱信精机、加拿大麦格纳、德国采埃孚和博世都是在汽车产业链零部件生产环节中诞生的全球大型供应商。大型零部件供应商在提升研发、设计、生产能力的同时，将发动机、车身和底盘、电子系统和装配等环节进一步细分，提高生产的标准化程度，整合到子系统内形成“模块”，促进规模经济的发展。

在模块化的基础上，大型供应商从要素成本出发，开始跨境投资和业务外包，将产业链进一步细分，产业体系逐渐由汽车巨头与全球制造供应商、大中小型供应商并存的格局。而汽车垄断巨头通过掌控发动机、变速箱等关键核心技术而处在产业链上附加值最高的位置。整车厂、零部件生产中心倾向于在要素及贸易成本低的国家或地区布局，集中生产基地则多选择市场规模大的国家或区域。对缺乏技术和供应实力的企业，往往会徘徊在价值链的低端环节。我国具备了市场消费潜力极大、劳动力和土地等价格低廉、贸易成本不高等特征，因此外国汽车巨头纷纷在我国设立生产中心。如果产业价值链上产品技术复杂度和标准化程度高，而承接国供应商有较强实力，双方

① 陶涛. 技术创新与中国汽车价值链结构［J］. 中国经贸，2019（2）：55-62.

合作的程度往往加深，承接国也因此获得更多知识溢出[①]。在这个过程中，我国加大生产和研发力度，供应商的能力在这个过程中快速提升，使得我国汽车产业的生产能力快速提高，产业链和价值链的潜在竞争力不断提升。

此外，伴随发达国家市场的饱和、新兴超级消费大国的经济发展，汽车巨头开始加快在中国、印度、巴西等发展中国家的布局。中国正是凭借其巨大的消费市场和要素成本低廉等相对优势，吸引几乎全球所有知名汽车厂商在中国布局了包括生产、低成本零部件研发等全产业链，中国成为全球最大的生产中心、消费市场。

4.1.2 国际汽车产业发展趋势和竞争格局

从汽车产业转移的历史特征看，每次产业转移都为后发国家汽车产业升级创造了机遇，日本、韩国等国家的汽车工业化水平都是在承接产业转移后逐渐实现提升。全球主要汽车生产国在本轮产业和技术革命中加大布局、抢占产业发展制高点、重塑产业格局。

(1) 全球传统汽车进入下行调整通道。

全球汽车产销量在2017年达到9680万辆的历史最高水平后，在2018年首次出现下滑，同比下降1.2%（图4.1）。第二季度全球汽车销量最大的5个单体市场（中、美、欧、印、日）同比下降13%，创下单季销量最大降幅。德国汽车研究中心预测，2019年全球汽车销量预计减少400多万辆，且下降趋势将持续四年以上[②]。据惠誉国际评级（Fitch Ratings）预计，美国、中国、巴西、俄罗斯、印度等国家汽车市场均出现产销量下滑的情况，全球乘用车销量将出现自2018年以来首次下滑，从2017年的8180万辆下降至2018年的8060万辆[③]。汽车产销量调整和升级将成为全球的共性问题。

---

① 陶涛．技术创新与中国汽车价值链结构［J］．中国经贸，2019（2）：55-62.

② Neil Winton. 德国研究机构预测2019年全球汽车销量暴跌400万辆，汽车商业评论杂志［EB/OL］．https://baijiahao.baidu.com/s?id=1636272996536972824&wfr=spider&for=pc.

③ 飞燕．今年全球汽车销量将下滑310万辆？腾讯汽车［EB/OL］．https://auto.qq.com/a/20191126/007529.htm.

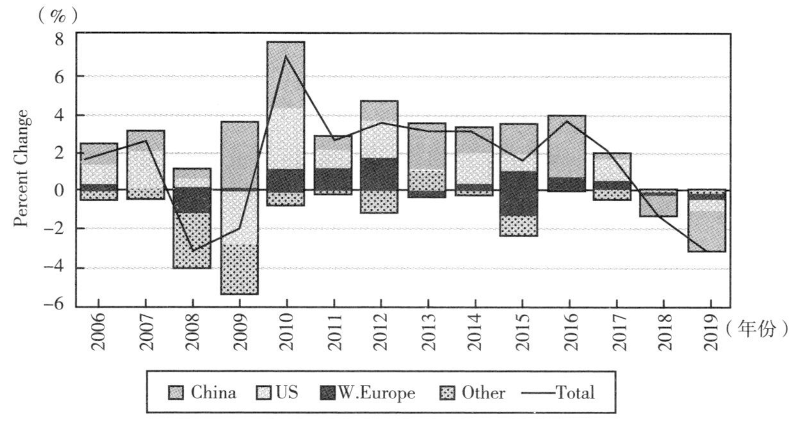

图4.1 2006~2019年全球汽车产量年均变化情况

数据来源：Fitch Rating/OICA。

(2) 汽车制造业的“回流”与“转移”。

以先进制造业为主要依托的实体经济被全球各国提上重要日程。从产业分工的形势看，汽车制造业经历了“产业间分工—产业内分工—产品内分工”的演化历程。“再工业化”等战略开启了以信息技术主导、智能制造为先导的工业化进程新时代[①]。近年来，如美国的工业互联网、德国的工业4.0、日本的“超智能社会5.0”战略、英国开启的“现代工业战略”，都在纷纷加大高端制造业回流，以巩固其在核心技术领域的领先优势。

梳理各主要发达国家和发展中国家近年来的工业政策，不难看出各国纷纷推出以智能化、绿色化、高端化为特征的制造业升级计划，美国基于“再工业化”提出的《先进制造业伙伴计划》《先进制造业国家战略计划》《制造业创新网络计划》；德国推出了“工业4.0”战略，旨在通过网络实体系统及物联网信息系统（CPS）提升生产、流通、服务环节的数字化和智能化水平；此外还有英国《英国制造业2050》，日本的《制造业白皮书》，法国为了迎接数字、能源革命提出了“新工业法国”战略等[②]。此外，2019年中美贸易摩擦中，马来西亚、越南、印度尼西亚、菲律宾等东盟国家成为产业

① 中国社会科学院工业经济研究所．中国工业发展报告（2017）［M］．北京：经济管理出版社，2017：23.

② 张其仔，李蕾．制造业转型升级与地区经济增长［J］．经济与管理研究，2017（6）：1.

转移受益者，40%的公司有把生产地移至东南亚的预期，汽车、零部件部分生产企业已转移越南、马来西亚等[①]。尤其是在新一轮科技革命和产业革命快速兴起之际，汽车等制造业升级成为全球经济发展的应有之义。对于中国等发展中国家而言，以创新驱动产业升级，也是产业发展的必然选择。

（3）各国加大全球布局抢占技术主导权。

①国际汽车产业提升集中度。

面对日益激烈的市场竞争、更加严苛的排放标准以及新能源、物联网、自动驾驶技术等挑战，汽车生产企业正不断通过兼并重组和战略合作，增强核心竞争力。2019 年度全球新车总销售量虽然较 2018 年下降了 4%，也达到了 9030 万辆，而排名产量前十的，均为汽车跨国巨头[②]，与 2018 年持平。在新业务领域，行业龙头企业也纷纷抱团发展，比如日本丰田公司和斯巴鲁公司合作开发电动 SUV，德国大众汽车与美国福特公司合作开发自动驾驶汽车，德国宝马和戴姆勒公司共同组建汽车出行公司。

②跨国公司加大全球化研发布局。

为了加大对剩余价值生产的追逐，跨国公司在各国布置生产、研发、供应链条来保持竞争力。跨国公司在母国进行核心技术研发，全球性的跨国供应商提供模块和零部件，各汽车厂商进行产品外观设计。从地缘贸易、运输和生产成本考虑，跨国公司更倾向于将整车生产转移至全球的消费中心，如欧洲、北美和亚洲等区域，设置区域性的生产中心，并在中心周边布局零部件、量重体大的配套供应生产环节，共同组成大型整车装配和零部件等配套相结合的区域性生产中心，而对于电池、轮胎、线束等技术含量更低、标准化程度更高的轻型生产环节则布局在区域内要素成本更加低廉的国家或者地区。通用、福特在墨西哥等北美洲国家、大众在西班牙等东欧国家、丰田在菲律宾和泰国等东南亚国家均设置了零部件生产中心，分别向其美国、德国、法国和日本等区域性生产中心供应零部件。2018 年特斯拉、大众、通用、丰田、日产等纷纷在中国加紧研发和投产纯电动汽车，与中国本土汽车

---

① 中华人民共和国驻菲律宾经商参处．菲将受益于中美贸易战导致的产业转移［EB/OL］. http://www.mofcom.gov.cn/article/i/jyjl/j/201907/20190702878347.shtml.

② 陈庆镒．2019 年全球汽车销量仅 9030 万，2020 年推测将更不乐观［EB/OL］. http://auto.ifeng.com/quanmeiti/20200126/1375908.shtml.

品牌展开竞争的新态势。

全球车企巨头以其技术优势不断抢占各国汽车市场高技术、高附加值环节，对有生产条件的地区建设生产研发中心。跨国公司的技术和产业布局主要的方式有：跨国车企在所在国总部布局全球生产、研发网络，为保持垄断优势，并加强与主要的竞争对手开展平台共享和技术合作，搭建平台和技术战略联盟，日本丰田、本田、日产等在部分生产线进行共享，加大各自外观研发和个性化核心技术，以保持差异的同时降低成本。同时，为了强化核心技术或者知识基础，车企往往在国外建立研发中心，在当地获得人力智力资源。全球 500 强、国际排名前 10 的车企，几乎在海外建立了研发中心，在上一章的分析中，出于对中国市场、人才抢占的考虑，国外车企在 20 世纪 90 年代加大在我国研发中心的布局。正是由于此，跨国车企实现了制造、技术中心的分离，德国、美国和日本等汽车产业强国正是通过深化分工，在全球布局制造、研发中心，增强各主要生产环节对技术环节的依存程度，实现以技术控制制造环节的效果，在全球汽车价值链中占据附加值高的位置。

4.2　我国汽车产业面临的升级方向

新一轮工业革命促进信息技术与制造技术逐渐深度融合，以电动化带动智能化的技术，改变了原有汽车发动机械原理和结构，汽车产业整体上将朝着“电动化、智能化、网联化、服务化”等方向升级，且深入改变汽车产业生产、销售、使用、服务方式。我国与全球汽车产业升级面临着相同的技术方向。

4.2.1　新工业革命技术为汽车产业升级赋能

第一次工业革命期间，蒸汽机技术运用于汽车领域。1769 年古诺发明了世界上第一辆三轮蒸汽机汽车，各类型汽车便如雨后春笋般问世。从三轮到四轮，从单座到双座、三座、四座，再到后来的八座公共汽车。世界上第一辆真正意义上的四轮蒸汽机汽车何时由谁发明有多种说法，但汽车诞生于第一次工业革命期间是公认的观点，蒸汽机技术是汽车产业的关键性技术。

第二次工业革命期间，内燃机技术推动现代汽车的诞生。1885 年，“汽车之父”卡尔·本茨利用内燃机技术，发明了世界汽车史上第一辆具有现代意义的汽车[①]。第一次世界大战之后，西方工业国家百废待兴，技术不断进步，生产效率不断提高，工艺、服务不断完善，汽车产业也进入了技术性能完善时期（1911～1940）[②]。第二次工业革命期间，美国、德国、英国等早期工业化国家先后大力发展了自己的汽车工业，包括了车身产业、电器产业、发动机产业、轮胎产业等。

第三次工业革命期间，汽车产业全面、快速发展。第三次工业革命始于 20 世纪四五十年代，一直延续至 21 世纪。以原子能、电子计算机、空间技术和生物工程的发明和应用为主要标志，涉及信息技术、新能源技术、新材料技术等。汽车产业步入迅速发展阶段（1941～1960）和高科技广泛应用时期（1960 年以后）[③]。汽车类型、动力技术从单一到多元。以太阳能、电能、氢气等清洁能源为代表的新能源汽车进入研发阶段。汽车美容、装饰、养护、电子等服务业快速发展。

第四次工业革命期间，在新工业革命的技术影响下，物联网、云计算、人工智能、大数据等新信息技术正快速推动传统产业变革，带来全新的产业、技术和业态，如无人驾驶、智能机器人、3D 打印、新兴纳米材料等。克劳斯施瓦布（世界经济论坛创始人）对第四次工业革命描述为：物理、数字、生物世界之间界限将逐渐消融，移动互联、新能源、人工智能等多种技术融合发展将是全球产业发展方向[④]。英国经济学家保罗·麦基里认为，以互联网、新材料、新能源为基础工业革命将快速来临，促使全球技术要素、市场要素配置方式发生根本性变革[⑤]。大数据驱动下的人工智能将在生产领域渗透，成为引领新一轮科技革命和产业变革的战略性技术[⑥]。而汽车产业

---

① 林平．汽车史话：汽车发展史［M］．北京：电子工业出版社，2005：32.

② 林平．汽车史话：汽车发展史［M］．北京：电子工业出版社，2005：33.

③ 张柏春．中国近代机械简史［M］．北京：北京理工大学出版社出版，1992：116.

④ 施瓦布．第四次工业革命已在进程中［J］．知识经济，2016（7）：1.

⑤ 唐德森．智能制造产业发展影响因素与趋势研究［J］．产业与科技发展论坛，2017（2）：8.

⑥ 李平．颠覆性创新的机理性研究［M］．北京：经济管理出版社，2017：29－30.

是一个典型的技术密集型、高新技术集成的产业，是新工业革命技术最佳载体。

4.2.2 汽车产品属性和产业生态将整体重构

有百年历史的汽车产业格局正发生重构，汽车功能形态正在被重新定义。随着汽车低碳化、数字化、电动化、网联化、共享化进程加快，汽车原有的功能、形态发生深刻变化，正由传统的交通工具逐步演变为大型移动数据终端、服务终端和能源终端。

从目前全球技术方向展望，新能源汽车、智能网联汽车是产业升级的主流方向。以“电池、电机、电控”为特征的新能源汽车是智能化最好的结合体。汽车已经由机械产业逐步演变为机电一体化、机电智能化、智能网联化等高科技产品，呈现出与能源、电子、信息等相关产业的紧密联合，汽车需要与互联网、品牌运营商等共同搭建数字生态，实现深度跨界融合。在新技术引领下，传统动力总成技术，混合动力技术，电动车技术、燃料电池技术，小型化、轻量化等共性技术，自动驾驶技术、车联网技术，设计、制造、服务一体化等都是未来发展的方向。纯电动、插电混合动力、燃料电池等新能源技术，是对传统汽油、燃油的替代动力，同时又是智能化的最佳载体，共同承载新型汽车的特征。

新能源和智能网联汽车快速增长。能够掌握汽车驱动、智能化主导权的企业或国家将掌控产业主导权。与全球燃油汽车市场整体下滑相反，2014年以来全球新能源汽车销量年均增幅超过40%①，2018年达到210万辆、增长64%，在全球汽车市场占比达2.1%②。各国纷纷出台燃油车禁售时间表，传统燃油车市场份额将逐步被新能源汽车所取代。博鳌全球新能源汽车大会达成共识，2035年全球新能源汽车的市场份额将达50%。据美国彭博社新能源财经预测，全球电动乘用车销量将从2018年的210万辆增长至2030年

① 杨晓红．2014全球新能源汽车产业发展研究报告［EB/OL］．https：//www.d1ev.com/news/shichang/37082.

② Evvolumes. 全球2019年电动汽车保有量或将突破850万辆［EB/OL］．https：//www.d1ev.com/kol/88704.

的 2800 万辆[①]。据美通社咨询公司预测，未来 ADAS（高级驾驶辅助系统）渗透率将大幅提升，预计 2022 年全球新车 ADAS 搭载率将达 50%[②]。

4.3 我国汽车产业升级的基础与环境

我国汽车产业整体处于增长方式换挡、旧动能消退和结构调整的阵痛期，以及新动能形成的机遇期。本节内容，重点分析了我国汽车产业的现实基础，以及与欧美、日本等汽车强国的差距，为本文后面内容分析创新驱动产业升级的机理、建议等奠定现实基础。

4.3.1 我国汽车产业升级的总体挑战

我国传统汽车制造业面临传统优势衰退、技术进步效应递减、环境资源问题倒逼等挑战。

（1）我国的工业基础、核心技术与国外差距明显。

工业机器人的使用程度往往代表了一个国家汽车产业的现代化水平，我国汽车生产领域工业机器人的数量、先进程度远低于世界平均水平。我国工业标准化程度低，各关联行业间没有形成产业协同，技术创新与成果转化还存在割裂问题，创新资源分散、重复，技术转化环节相互分离，基础研究到产业化转化能力弱。在汽车工业核心技术领域，如动力总成电控系统、底盘电控系统、双离合总成、高效作动器、高品质底盘橡胶元件、高精度电流传感器、发动机新型燃烧技术、电子电气关键零部件等关键技术和部件还主要由掌握国外企业掌控。我国基础工艺水平层次低，可靠性和稳定性差，在车用高强度钢、复合材料与轻质合金、底盘橡胶和催化材料等基础材料品质与国外车企存在较大差距。总体而言，我国在基础技术、工艺、材料、零部件，与美

① 盖世汽车．全球电动乘用车 2030 年将增至 2800 万辆［EB/OL］. https：//www. autohome. com. cn/news/201905/936589. html.

② 新浪网 .2019 年将成为智能网联汽车行业爆发元年的三大理由［EB/OL］. https：//www. sohu. com/a/307954186_116132.

国、德国、日本相比存在较大差距，整体工业能力和基础有待持续提升。

（2）我国宏观经济整体下行压力增大，影响投资意愿。

近年来，我国经济增速由高速发展转变为中高速发展，GDP 呈现下降趋势（图 4.2）。

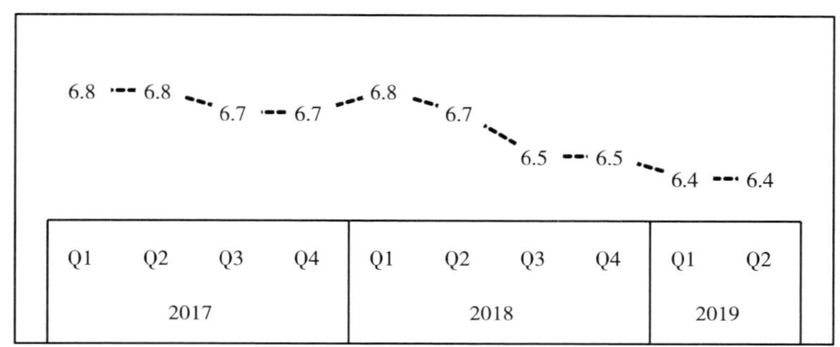

图 4.2　GDP 季度增速（%）

数据来源：《中国统计年鉴》。

受宏观经济下行压力大影响，民营经济下滑、市场内需疲软等因素导致我国宏观经济下行压力加大。民营企业投资意愿、民间及全国固定资产投资增速均呈现下滑态势（见图 4.3），经济内生动力不强。汽车产业作为资本密集型产业，会受到整体环境影响。

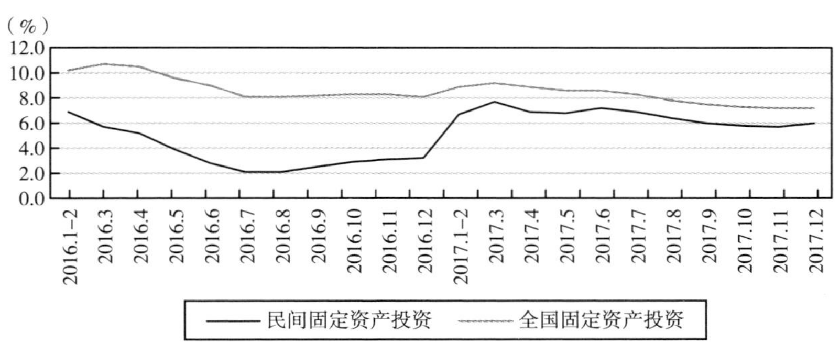

图 4.3　民间及全国固定资产投资增速

数据来源：《国家统计局》。

（3）我国传统比较优势消退。

李嘉图在斯密“绝对优势理论”的理论基础上提出了“比较优势理论”，认为各国基于相对成本优势参与国际市场分工。我国实施改革开放 40

年以来，经济实现快速增长，由工业薄弱国家一举跃升至制造业大国，建成了世界上门类最齐全的制造业体系并成为“世界工厂”，这个成绩建立在劳动力低廉、资源成本低的相对比较优势基础之上，但我国正面临传统比较优势衰退的压力。

①劳动力成本上升。我国“刘易斯拐点”已临近，改革开放后的低劳动力成本优势难以再持续支持初级要素密集型产业增长。汽车制造业依靠劳动力、资源比较优势的传统模式已经不可持续。我国人口红利递减的趋势不可避免，制造成本预期提高，竞争力逐渐丧失。

近年来，我国面临发达国家的高端挤压和新兴经济体低端挤出的“双端挤压”风险。一方面，我国劳动力价格即职工工资在普遍上涨，与 2010 年相比，2016 年我国的平均名义工资、实际工资增长了 1.85、1.57 倍①，与美、日、德、韩等国家水平缩小。近年来，以福特、GE 为代表的美国制造业企业明显加大了在本土的投资规模，根据波士顿咨询集团预测，2020 年将会有多达 60 万个制造业岗位从中国返回美国。另一方面，中国的劳动力价格却高于越南、印度、印度尼西亚等东南亚国家且差距在继续拉大②。根据国际劳工组织 2017 年调查显示，中国平均月收入是 847 美元，是印度尼西亚、柬埔寨、斯里兰卡、坦桑尼亚等国家 4 倍以上。

②人口红利逐渐消失。从 2012 年开始，中国 15～59 岁的劳动年龄人口总量逐年下降，尤其是 2018 年比 2017 年下降数量达 470 万人。另据国家统计局数据，我国 2018 年 60 周岁及以上人口为 24949 万人，占比达 17.9%；65 周岁及以上人口为 16658 万人，占总人口的比重为 11.9%③。

③我国制造业整体利润在下滑。我国过去为吸引招商而采取的“低地价、零地价”方式，在降低企业成本的同时也导致了工业用地效率不高的问题。城镇化对土地需求量有较大的提升，也抬高了工业用地价格。从我国 2000 年至 2016 年工业总资产利率变动可以看出（见图 4.4、图 4.5），我国

① 数据来源于相关年份的《中国统计年鉴》。

② HALLWARD－DRIEMEIER M，NAYYARG. Trouble in the making? the future of manufacturing－led development［M］. 世界银行工作论文“中国经济报告”. Singapore：World Bank Publications，2017.

③ 数据来源于相关年份的《中国统计年鉴》。

工业企业总资产利润率在 2011 年以后持续下滑，从 2011 年的 9.09% 一路跌到 2015 年的 6.47%、2016 年的 6.62%，我国工业企业利润增速在 2019 年上半年出现负增长，影响企业营利能力[①]。

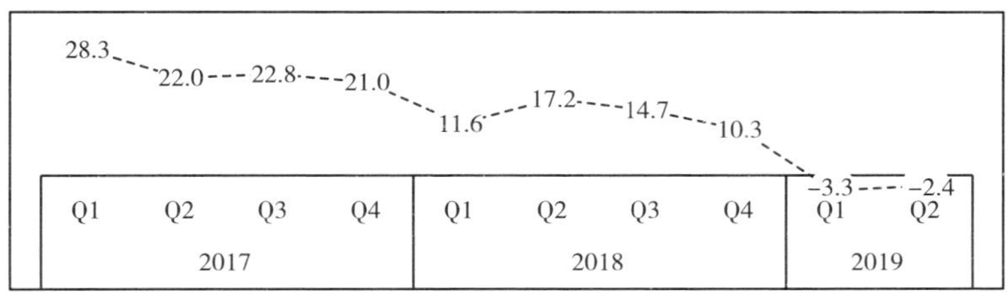

图 4.4　中国规模以上工业企业总资产利润率变化

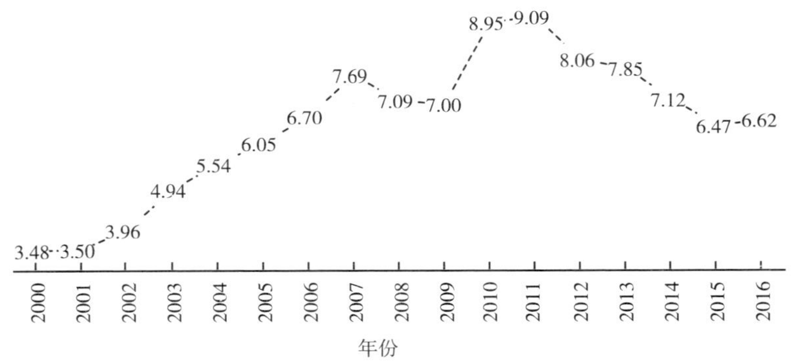

图 4.5　工业企业利润增速（季度累计同比，%）

（4）资源短缺和环境问题越来越突出。

我国实施生态文明建设以来，出台了《中华人民共和国环境保护税法》等法律法规，加大环境治理和督查，终止了以牺牲生态环境为代价的发展模式。2016 年工业污染治理完成投资额是 2010 年的 2.06 倍[②]。

由于制造业集约化、智能化、绿色化水平还不高，存在资源利用效率低的问题。当前我国汽车制造业等工业领域的生产方式主要还是以传统粗放型为主，高投入、高消耗的方式影响产业的可持续性发展。2018 全年能源消费

① 数据来源于相关年份的《中国统计年鉴》《中国工业统计年鉴》。

② 郭朝先．当前中国工业发展问题与未来高质量发展对策［J］．北京工业大学学报社会科学版，2019（1）：5．

总量 46.4 亿吨标准煤，比上年增长 3.3%。煤炭消费量增长 1.0%，原油消费量增长 6.5%，天然气消费量增长 17.7%，电力消费量增长 8.5%，我国石油对外依存度在 2017 年高达 67%，其中汽车消费超过 50%[①]，噪音、尾气污染等问题愈发突出。另外，由于我国汽车产业是在最近 10 多年来急速增长起来，给交通秩序带来极大挑战，2016 年我国交通事故万车死亡率比日本高 6 倍，达 2.14%[②]。

4.3.2 我国汽车产业升级的历史机遇

我国在改革开放后，建立起了完整的汽车工业基础，当前汽车产业面临“换道超车”的机遇。

（1）我国在智能化、新能源等突破性创新技术上与国外差距缩小。

“成熟的机会没有赋予发展中国家赶超机会”[③]。汽车产业正处于技术变革交替期，在传统的燃油发动机、变速器等国外一直垄断和封锁的核心关键技术领域，我国车企在整车车身、底盘、动力总成、电了电器、内外饰等领域实现了完全国产化，核心零部件水平和国产化率提升。但与汽车强国相比，我国长期追赶模仿却难以完全赶超。依据佩雷斯的“两种机会窗口”[④]，我国在互联网、大数据、云计算、人工智能及数字化等前沿技术上与国外差距缩小甚至“处在同一起跑线”上。

在科技前沿领域，我国孕育了涉及人工智能、移动出行、移动支付、电商等“独角兽”企业数量占全世界 1/3。以新能源驱动、智能化生产和驾驶等新技术体系整体处在早期阶段，汽车产业整体处于“第二种机会窗口”。我国在电池技术和产能、大数据和无人驾驶（百度、华为、腾讯都在该领域

---

① 《2017 年国内外油气行业发展报告》课题组 .2017 年国内外油气行业发展报告［R］. 北京：中国石油经济技术研究院，2018.

② 《道路交通运输安全发展报告》课题组 . 道路交通运输安全发展报告（2017）［R］. 北京：国家安全生产监督管理总局国际交流合作中心，交通运输部交通国际合作事务中心，德国机动车汽督协会，2017.

③ 赖纳特，贾根良 . 演化发展经济学论文选［M］. 北京：高等教育出版社，2007：95.

④ 佩雷斯，苏蒂 . 技术上的追赶：进入壁垒和机会窗口［A］. G·多西，等 . 技术进步与经济理论［C］. 北京：经济科学出版社，1994：6－14.

有技术积淀）等与国外人工智能领域差距在缩小，已经不再是传统燃油发动机和变速器等领域一直难以超越的技术领域。以中国为代表的国家借助技术革命向价值链高端环节迈进，比存在“成本转换”压力、传统技术路径依赖的先发国家灵活度更高。如果能持续强化原始和激进创新，有机会占据新能源、无人驾驶等新技术体系制高点，从而实现对汽车制造、设计先进国家的追赶及超越。

一方面，先发优势为我国汽车产业带来战略优势。我国是全球范围内对新能源汽车布局最早、重视程度最高和汽车保有量最多的国家。在产业政策的驱动下，我国在新能源汽车，尤其是电动驱动技术上构建了完整的产业链（原材料、零部件供应、动力电池、整车控制器等），建设了充电桩等较为完善的基础设施，缩小了与国外的技术差距，市场规模快速扩张。我国从 2014 年迎来新能源汽车市场化“元年”后，已经成为电动汽车保有量、产销量最高的国家，2017 年电动汽车达 123 万辆，全球占比 40%①。在动力电池、驱动电机、电控系统等关键零部件领域的技术、生产、售后水平不断提升，尤其是在发动机热效率、低风阻、轻量化、混合动力等节能技术领域取得了突破，在纯电动汽车全新平台开发、高性能插电混合系统、整车能耗水平、动力电池单体能量密度、驱动电机本体功率密度等方面逐步接近国际先进水平②。上汽、北汽、长安、吉利等企业的新能源汽车在技术水平、可靠性上彰显了竞争力。

另一方面，在智能网联技术领域，各国都处于起步期。我国充分发挥在通信、互联网等领域的优势，智能化水平基本与世界保持同步③。在自动驾驶平台、自主车载操作系统、LTE－V 技术标准及产品、V2X 通信终端等智能网联汽车相关技术领域达到了国际同步水平④。随着电子信息技术的飞速发展，物联网、云计算、大数据等新技术逐步向传统行业渗透，全球车企、互联网企业、科技企业加大智能网联汽车布局，尤其是加大智能驾驶设备

① IEA. 2018 全球电动汽车展望［J］. 科技中国，2018（5）：9.

② 马符，讯刘彦．中国汽车工业 70 年的成就、经验与未来展望［J］．理论探索，2019（6）：110.

③ 钟志华，乔英俊，王建强，杨沿平，杨波．新时代汽车强国战略研究综述（一）［J］．中国工程科学，2018（1）：16.

④ 节能与新能源汽车技术路线图战略咨询委员会．节能与新能源汽车技术路线图［M］．北京：机械工业出版社，2016：190－192.

(胎压监测、制动辅助、ESC、盲点监测、紧急制动、LDW 渗透率) 的布局，并积极推进技术研发、标准制订及商业化进程。中外互联网巨头 Google、Baidu 以其在大数据、智能化领域积累的技术优势布局智能驾驶的决策控制等；苹果、华为则凭借其在信息互联、终端控制等技术加入竞争。智能驾驶是一个涵盖网络、终端、基础设施等综合领域的系统，是汽车生产领域另外一个技术平台。如果电动技术和智能化技术一旦成熟，汽车产业将进入新的品牌竞争阶段。我国虽然在工业 4.0 标准上还有差距，但是我国企业在务实创新推动生产智能化自动化水平。

(2) 我国庞大的市场规模将成为“弯道超车”的重要基础。

①市场规模对于产业的发展具有不可替代的作用。德国的高铁技术曾在国际上处于最先进水平，而我国正是在使用过程中凭借巨大的市场规模对技术进行巩固、发明和创新。我国具有庞大的消费市场和产品更新换代的潜在市场，依托完整的产业链和互联网、大数据在商业流通领域的优势，通过集成创新、商业模式创新，从产品功能、服务上满足消费者多样化需求。

②我国具有庞大的市场规模和极大的市场潜力。在经历 10 多年超高速发展后，我国汽车保有量在 2019 年中旬达到 2.5 亿辆，其中私家车达 1.7 亿辆，平均每 8 名居民就有一辆私家车，空间上形成了长三角、珠三角、京津冀、西部、中部等 6 大汽车产业集群，汽车整车、零部件和服务市场规模庞大[①]。未来，随着 GDP 和人均可支配收入的继续增长，中国汽车市场仍有巨大潜力。清华大学汽车产业与技术战略研究院院长赵福全在“清华全球产业论坛—汽车未来之路”研讨会上表示：未来中国汽车市场年销量将达到 4500 万辆，主要集中在家用乘用车领域[②]。

③我国汽车千人保有量离发达国家仍有较大差距。我国汽车保有量仍将以 10% 的速度增长[③]，2018 年，我国人均 GDP 为 9201 美元，千人保有量仅

---

① 中汽协会行业信息部. 中国汽车工业 2018 国内年度汽车产量、销售数据情况报告 [R]. https://www.sohu.com/a/289830481_120013862.

② 清华大学. 清华举办“全球产业论坛 - 创新与转型：汽车业的未来之路” [EB/OL]. https://www.tsinghua.edu.cn/publish/thunews/9649/2016/20160719145912498966926/20160719145912498966926_.html.

③ 钟志华，乔英俊，王建强，杨沿平，杨波. 新时代汽车强国战略研究综述 (一) [J]. 中国工程科学，2018 (1)：16.

为 173 辆，远低于俄罗斯 373 辆（人均 GDP11300 美元）巴西 350 辆（人均 GDP8291 美元）、墨西哥 297 辆（人均 GDP9698 美元）[①]（表 4.1），只相当于日本 60 年代、韩国 80 年代水平，远低于主要发达国家千人保有量水平（美国约 800 辆、欧洲和日本在 500 ~ 600 辆），还有较大提升空间。按照国际经验，汽车保有量从每千人 400 辆开始，市场逐渐进入饱和阶段，汽车市场主要依靠替换需求，即以新车替换旧车，我国距该标准存在差距[②]。

表 4.1　　　　2018 年世界有关国家千人汽车拥有量

排行	国家	千人拥有车量（辆）	人均 GDP（美元）	排行	国家	千人拥有车量（辆）	人均 GDP（美元）
1	美国	837	62600	1	巴西	350	8921
2	澳大利亚	747	57300	2	墨西哥	297	9698
3	意大利	695	34300	3	沙特	209	23200
4	加拿大	670	46100	4	土耳其	199	9311
5	日本	591	39300	5	伊朗	178	5258
6	德国	589	48670	6	南非	174	6340
7	英国	579	42500	7	中国	173	9201
8	法国	569	41500	8	印度尼西亚	87	3894
9	马来西亚	433	11200	9	尼日利亚	64	2028
10	俄罗斯	373	11300	10	印度	22	2016

④我国汽车产业调整属于周期波动。我国经历了 10 多年的超高速增长，逐渐转向中速或者低速增长过程。而其他国家，也曾出现过增速调整的过程。从近 40 年巴西、日本汽车产业发展的规律看，巴西在 1968 ~ 1979 年汽车（主要是乘用车）需求量持续上升，在 1980 ~ 1992 年、1998 ~ 2004 年先后出现了乘用车需求、千人保有量持续低迷徘徊的情况，而后均重新步入上升通道；1960 年以来，日本也在 1973 ~ 1978 年出现过短暂的振荡期[③]（图 4.6、图 4.7）。但日本、巴西两个国家长期向好的发展趋势并没有变。同理，我国经历了 30 多年，尤其是近 10 年的飞速发展，汽车产业在技术、市场

①② 车聚网 .2019 中国千人汽车拥有量 173 辆，为美国 1/5 排伊朗南非之后［EB/OL］. https://baijiahao.baidu.com/s? id = 1641266032060065375&wfr = spider&for = pc.

③ 该数据来源于 2019 年中国汽车工业协会主办的全球汽车产业创新大会专家研究观点。

日本乘用车需求（万辆）
乘用车需求（万辆）
600
400
200
0
1960 1970 1972 1974 1976 1978 1980 1982 1984 1986 1988 1990 1992 1994 1996 1998 2000 2002 2004 2006 2008 2010 2012 2014 2016 2018
乘用车千人保有量（辆）
5 7 84 100 117 133 144 155 164 174 185 196 203 209 215 221 226 230 236 242 251 266 284 301 317 332 347 363 379 388 392 397 405 413 422 430 438 447 450 451 452 454 456 459 466 472 477 480 482 484 488

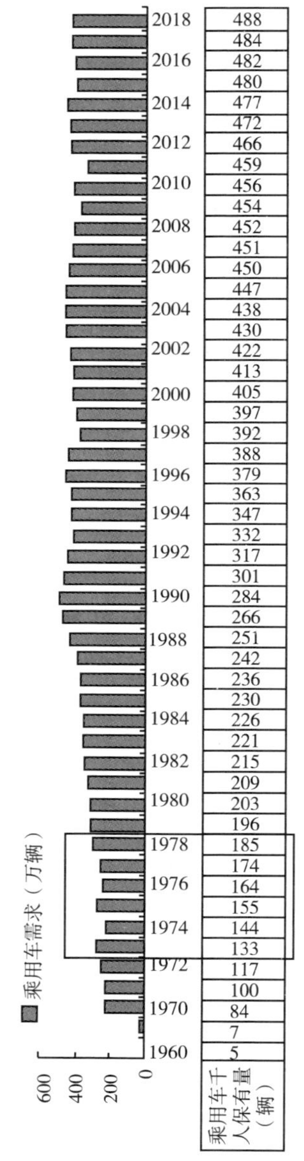

图 4.6 日本乘用车需求量

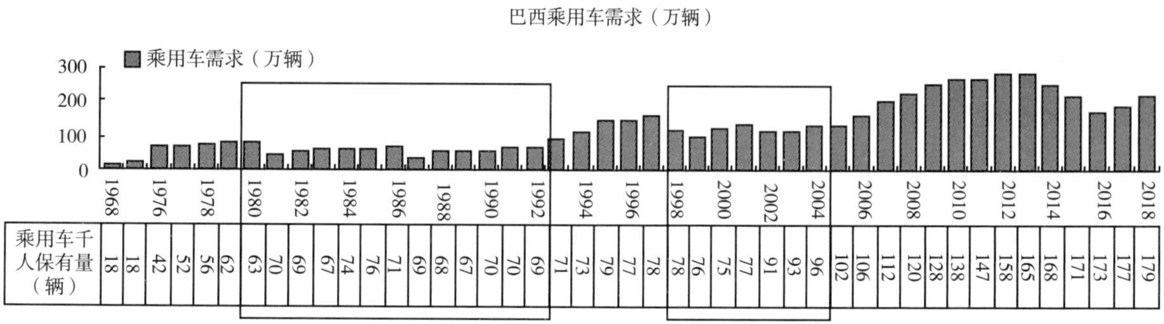

巴西乘用车需求（万辆）
乘用车需求（万辆）
300
200
100
0
1968 1976 1978 1980 1982 1984 1986 1988 1990 1992 1994 1996 1998 2000 2002 2004 2006 2008 2010 2012 2014 2016 2018
乘用车千人保有量（辆）
18 18 42 52 56 62 63 70 69 67 74 76 71 69 68 67 70 70 69 71 73 79 77 78 78 76 75 77 91 93 96 102 106 112 120 128 138 147 158 165 168 171 173 177 179

图 4.7 巴西乘用车需求量

需求等影响下存在增长波动，但我国整体上处于稳定增长阶段（见图 4.8）①，产业长期向好的趋势未变。

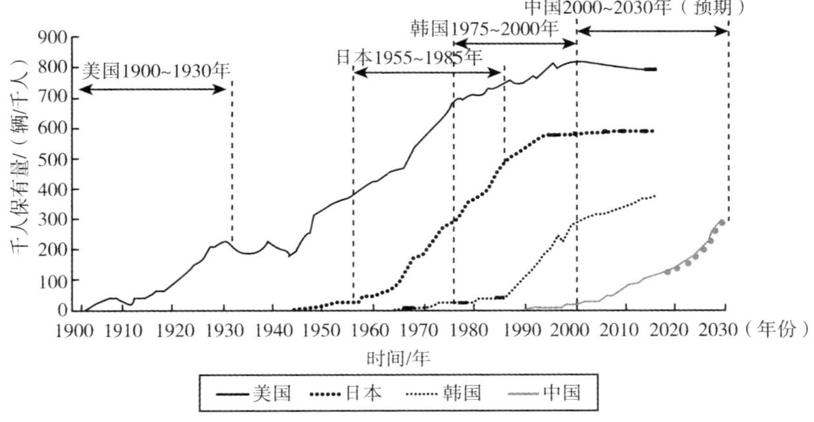

图 4.8 我国与美日韩汽车保有量快速增长时期

⑤我国区域协调发展战略带来机遇。我国西部地区市场亟待挖掘。2018 年西部地区占据全国总人口 29%，但汽车保有量仅 20.77%②，年均增幅较大。以西部地区国家中心城市、西部汽车重镇重庆市为例，2018 年底，重庆市民用车辆保有量为 630.21 万辆，比 2017 年增长 11.4%。其中私人汽车 363.16 万辆，增长 13.2%；民用轿车 212.37 万辆，增长 13.1%。每 8.54 人就有一辆私家车③。

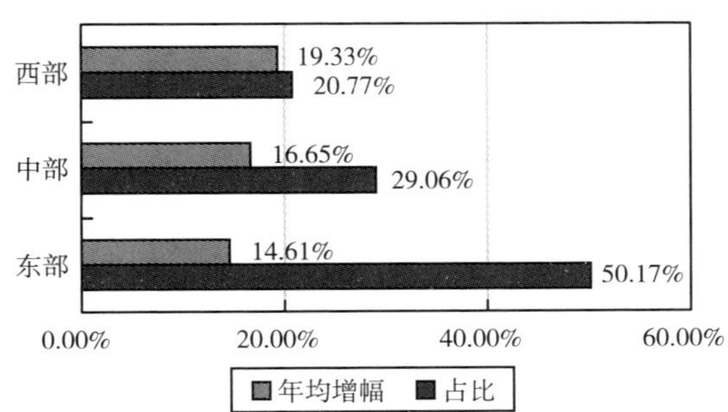

图 4.9 各地区汽车保有量占比

① 钟志华，乔英俊，王建强，杨沿平，杨波．新时代汽车强国战略研究综述（一）[J]．中国工程科学，2018（1）：16.

② 据国家公安部网站 2018 年相关数据统计得出。

③ 上游新闻．2018 年重庆经济社会发展“各科成绩单”发布［EB/OL］．http：//cq.cqnews.net/html/2019－03/20/content_50348007.htm.

我国汽车保有量与城镇化率呈现同向快速增长趋势。我国城镇化率由2006年的43.90%提升至2017年58.52%（见图4.10），该期间我国汽车保有量则相应的由3700万辆提高到2.4亿辆。随着我国国民经济增长和城镇化率继续提升，为我国汽车市场稳步增长提供积极保障。当汽车进入产业成熟、低增长时期，西部及三四线城市的仍是较大的发展空间。我国市场体量庞大，消费市场呈现区域梯次特征，千人汽车保有量地域分布有较大差异，一线市场逐渐饱和后，未来西部地区、三四线城市甚至农村市场仍然对汽车有较大需求。

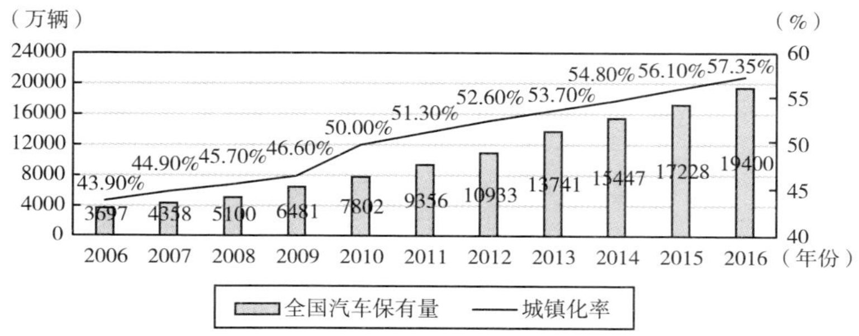

图4.10　2006～2016年我国汽车保有量城镇化率水平对比情况

⑥“一带一路”倡议释放市场红利。世界银行的资料显示，2018年有19个发展中国家GDP增速超过中国（6.6%）。从我国发起“一带一路”倡议开始，已与136个国家签署合作文件，汽车是出口贸易效率提升最大的产品[①]。

（3）居民消费升级促进产业升级。

从发达国家需求结构的发展演进经验可以看出，需求结构变化特征与经济发展水平呈现明显的正相关性[②]。“十四五”期间，我国居民消费需求总额将持续增长并有望成为世界第一大消费市场，消费需求将进一步推动经济增长和汽车产业的发展。

① 史丹，等．“十四五”时期中国工业发展战略研究［J］．中国工业经济，2020（02）：1.

② 中国发展研究基金会“博智宏观论坛”中长期发展课题组．2035：中国经济增长的潜力、结构与路径［J］．管理世界，2018（8）：1－12.

从世界范围看，人均 GDP 与汽车保有量等存在正相关关系[①]。随着人均收入步入中等水平并朝着高收入阶段迈进之际，持续的、稳定的市场需求是产业快速发展、产业安全的基础，20 年来，我国汽车销量从 1997 年的 190 万辆增长至 2018 年的 2780.9 万辆。尤其是在金融危机过后的 2009 年、2010 年，我国汽车市场在全球独树一帜，年均增幅达 40% 如图 4.11 所示。

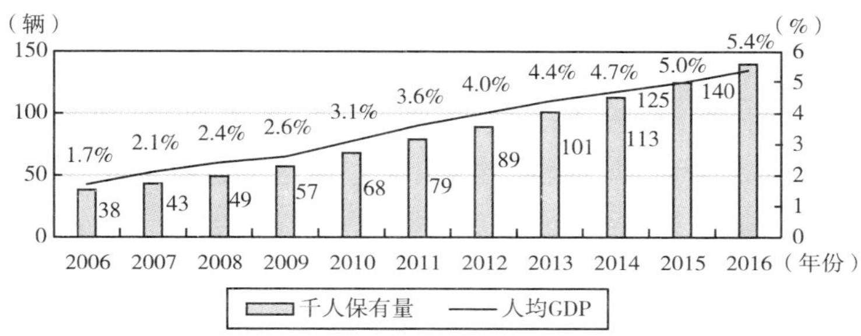

图 4.11　2006 ~ 2016 年我国千人汽车保有量和人均 GDP

在判断一个国家汽车产业购买力水平和发展趋势时，常以 R 值（车价/人均 GDP）作为衡量的重要指标，当一国 R 值为 2 ~ 3 区间时，则说明进入了快速普及期，以日本、韩国为例，R 值分别于 20 世纪 60 年代和 80 年代进入 2 ~ 3 区间，两国汽车销量在随后的 10 年左右汽车复合增长率达 20% 以上。据国家统计局显示，我国 2018 年人均 GDP 已接近 1 万美元，居民整体消费潜力得到较大提升，而消费结构转向高级化方向，我国的 R 值已于 2016 年进入 2 ~ 3 区间，参照发达国家汽车发展经验，未来 10 年我国汽车工业具备较大发展空间[②]。

（4）自主品牌的集中度和竞争力提升。

我国汽车市场呈现较高的市场集中度。2018 年度上汽集团市场份额达 24.97%，连续多年市场份额占据第一位，吉利、长城、长安、广汽、上汽等车企市场份额名列前茅。其中，吉利、长城市场份额排名领先。2019 年自主乘用车销量排名前十的车企中，吉利汽车、上汽通用五菱以及长城汽车依

---

① 中国产业信息网．2018 年中国汽车行业产销量预测［EB/OL］．http：//www.chyxx.com/industry/201712/595824.html.

② 中国报告网．近年来我国汽车产业呈高速发展未来行业仍将保持稳健发展态势［EB/OL］．http：//tuozi.chinabaogao.com/qiche/111025EN2016.html.

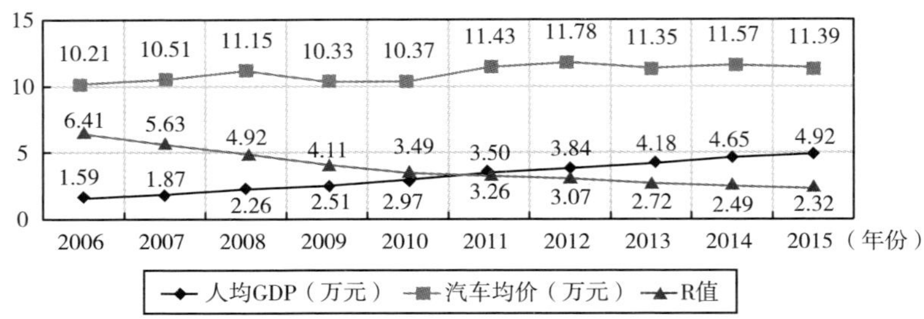

图 4.12 2006～2015 年，我国汽车均价、人均 GDP 和 R 值情况

然占据前三，销售量整体占比 41.4%，集中度越来越高。2019 年全年，汽车销量排名前十企业累积销售 2329.4 万辆，占汽车总量的 90.4%，比 2018 年提升 1.5%①。

我国自主品牌汽车技术平台与国外差距缩小，自主品牌研发投入逐年提升。2019 年《财富》评选的世界 500 强中，我国上汽、东风、一汽、北汽、广汽、吉利六家汽车企业入选。2018 年我国乘用、商用车产销量超过 2800 万辆，其中约 50% 是自主品牌，其中上汽、吉利、长安、东风、北汽和长城超过 100 万辆。小型 SUV、MPV 等特色车型受海内外消费者欢迎②。上汽集团 2016 年在研发支出达 94.09 亿元，比亚迪汽车、长安汽车分别为 45.22 亿元和 32.03 亿元。一二线自主品牌研发支出均在 20 亿元人民币以上。产品开始向中高端市场发力，主要集中在 8 万元以下、8 万～10 万元区间，并试探性进入 15 万～20 万元区间；合资品牌主要深耕 20 万～30 万元区间。自主品牌确定了高端化路线，呈现两个方向：以 SUV 车型作为切入口车型的高端化、成立高端化品牌。我国出口汽车价格也有所提升，2000～2018 年，汽车出口单价从 8505 美元/辆提高到 12837 美元/辆③如图 4.12 所示。

（5）拥有政府强有力的保障。

①我国拥有强力有效的政府作用。

在由新能源、人工智能等核心技术带来的“第二次机会窗口”，为了缩

① 中汽协.2019 年全国汽车销量下降 8.2%，新能源汽车销量下降 4%［EB/OL］. https://baijiahao.baidu.com/s? id = 1655597116695914768&wfr = spider&for = pc.

② 赵福全，苏瑞琦，刘宗巍．践行汽车强国策［M］. 北京：机械工业出版社，2017：38.

③ 史丹，等．“十四五”时期中国工业发展战略研究［J］. 中国工业经济，2020（2）：1.

小与美国、欧洲、日本等国家的发展差距，需要必要的国家干预。在核心技术等后发优势领域，需要集中优势资源重点对核心技术、先进管理等进行突破。如推动中高端生产线落地；持续加大技术研发投资，推动区域外优质资源，强化关键技术突破；利用行业协会，规范配套产业市场及建立服务体系；区位环境方面，科学布局物流园区网点，提高物流信息化建设，积极搭建交流平台；提升大专院校人才培养质量，构建人才资源支撑体系。在行业标准和基础设施方面，汽车产业“新能源”“智能网联汽车”等新技术升级方向，完善法规标准体系、新型基础设施等。在上述领域，我国拥有集中力量办大事的体制机制优势，如制定汽车产业规划，推行创新行动计划，优化城市功能布局等。

②汽车产业政策引导产业竞争发展。

我国曾经以行政手段代替市场竞争，对汽车工业寄予了大量政策关注和倾斜。但实践证明，中国的汽车工业政策主要目标放在“产业集中度”和“规模”上，在自主产品研发能力提升上没有起到明显效果。虽然我国在 20 世纪 80 年代追求“规模 + 集中度”的策略是对日本模式的学习借鉴，但日本政府在促进国内企业合并、出台政策保护本土企业的同时，一直坚持产品出口导向，日本企业一直面临激烈甚至残酷的国际市场竞争，而我国的产业政策恰恰缺少了竞争导向。2004 年后，我国北大学者路风教授发表了《中国汽车产业的报告》，加上运十飞机下线、中国推动高铁技术发展等文章引起了国内关注。我国产业政策开始重视高附加值的战略性产业。工业和信息化部负责制定我国汽车电气行业的产业政策、产业规划，对行业发展方向进行宏观调控。我国工信部、发改委、科技部于 2017 年出台了《汽车产业中长期发展规划》，转变政策导向，重视从调整外资企业股权占比、加大新能源和人工智能产业方向、以竞争提升产业自主创新等来推动产业的发展。

4.4　典型国家汽车产业的主要发展模式

德国、日本是全球汽车产业强国，两个国家的汽车产业发展采取了不同的发展模式，有典型代表意义，如德国的“充分竞争”、日本的“政府扶持 + 鼓励出口竞争”模式。

4.4.1 德国汽车产业发展模式

（1）传统燃油技术时代的“充分竞争”模式。

德国汽车产业的成功源于“充分竞争”模式。德国是汽车工业最发达的国家之一，拥有雄厚的研发水平和先进的生产技术。为了促进汽车工业发展，德国政府几乎很少出台政策直接扶持或者限制产业的发展，而是给予企业充分的竞争环境，没有过多的干预企业的发展。政府在外部环境建设上给予支持，比如20世纪30年代，德国汽车保有量不到20万辆，而同期美国汽车保有量已达到了1750万辆，为了促进产业发展，政府取消了消费税，大幅降低百姓购车成本来刺激汽车产销量，并带动了政府财政收入的增加；又比如德国政府加强公路道路建设，为汽车产业发展奠定了良好的外部环境。政府重视通过制度引导技术进步，20世纪80年代起，德国政府制定排放标准，以此促进汽车技术发展和国际竞争力的提升。

（2）新技术时代政府制度引导方式。

在充分发挥市场机制的前提下，德国政府为了抢占新技术革命先机，也加大了制度作用。德国2013年采纳了机械及制造商协会关于实施工业4.0战略的意见。第一，出台《数字化行动议程（2014～2017）》《数字战略2025》等指导性规划，明确战略发展目标，确立了人工智能等技术发展方向，成立以高科技平台、对话机制和创新专家委员会为基础的技术咨询机构，通过加大税收减免来促进研发。第二，加大研发投入。中央政府和地方政府、银行、企业设置风险投资基金。德国政府2018年教育和科研支出较2010年大幅提升75%至175亿欧元，研发占GDP的计划比重调整到2025年的3.5%。第三，出台“数字平台白皮书”等，调整包括汽车产业在内的工业发展目标、内容、流程等。第四，加大人才培养和国际创新。针对新技术对劳动者技能的新要求，推出“双元制”等校企紧密培养现代化人才培养模式，模拟“工业4.0”智能生产的具体解决方案，形成了较为标准化的现代人才培养模式。政府推动高校、研究机构和企业共建AI实验室，联合对关键技术开展研究攻关。

4.4.2 日本汽车产业发展模式

（1）传统燃油技术时代的“政府扶持+鼓励出口竞争”的模式。

日本汽车工业起步于 20 世纪 30 年代，日本政府为了扶持本国汽车产业，在第二次世界大战前、战时、战后都采取了保护性的产业政策，如在第二次世界大战前实施了《汽车制造业企业法》用于扶持和鼓励本土汽车发展，在战时对美车企进行关闭；战后，日本政府对外企来日造车进行了严格的限制。在一系列政策扶持下，日本汽车工业经历了缓慢发展历程，到 20 世纪 60 年代后，日本人均国民生产总值开始提升并在 1966 年达到 1000 美元，为日本汽车市场的拓展创造了条件。日本抓住这次产业提升的机会，对生产方式进行了大幅改造，通过质量管控、及时生产系统“精细化”的生产方式，在技术、服务上做到精益求精，极大控制了汽车生产成本，成本整体下降了 30%~50%，推出了大量价格低廉的汽车，促进日本国内汽车的普及。至此，日本汽车工业实现了高速发展，并开始出口到美国、欧洲等国家和地区，通过出口来不断提升竞争力和产品质量。1960 年，日本汽车产量仅为 16 万辆；而仅仅过去 7 年，日本汽车产量达 1100 万辆，跃居世界第一位；到 1980 年，日本汽车出口量突破 600 万辆[②]，实现了本国销量、出口量的高速增长，成为世界第三汽车工业中心，创造了世界汽车工业发展的奇迹，日本成为名副其实的汽车产业强国，实现了汽车工业的第三次转移。

（2）新技术时代政府引导方式。

与德国类似，日本汽车产业仍然保持着高度竞争的状态，市场机制发挥着决定性作用。同时，为了适应新技术发展方向，日本政府加强了国家战略规划引领的力度。除了针对智能化、新能源化等新技术出台系列战略规划外，日本政府出台了与此相关的系列政策。1996 年后，日本陆续出台了《智能交通系统（ITS）全体构想》《战略性创新创造促进计划》《官民 ITS 构想及路线图》，制定了 2015~2030 年无人驾驶汽车商用化的时间节。日本还对道路标准、车辆和驾驶数据标准等进行了明确，如《自动驾驶汽车道路测试指南》《远程自动驾驶系统道路测试许可处理基准》。为了攻破核心技术，日本政府引导汽车企业组建动态地图平台公司等，由政府的政策性投资银行入股，引导类似交通体系建设、高精地图建设等，为产业发展提供了保障。

4.4.3　德国和日本的经验启示

（1）后发追赶时期推行“集权式”的资源配置方式。

全球各国技术创新的路径依赖特征，因产业发展目标、国家综合实力和工业化整体水平、资源禀赋结构差异的不同而存在差异。如后发追赶型国家往往是劳动力密集型国家，短期内难以通过市场力量实现技术创新，采用集权式的资源配置方式、以高效的行政资源动员体制快速集中要素，破解资本和人才短缺瓶颈，才能实现技术突破。日本在汽车产业发展历程中采取过国家主导型模式，国家曾运用行政力量，鼓励人力、资本向大型汽车产业聚集，如典型的“国家—企业—银行”三角体制，支持垄断财团获取低成本银行信贷，提升了汽车集团的技术实力和产品市场占有率。

（2）技术领先时期重视市场配置资源和制度保障。

对于技术领先和人力资本水平较高的国家，则更加重视通过市场优胜劣汰来实现要素配置与流动，以此促进技术创新。日本汽车产业发展到一定规模程度后，国家改变直接大力干预的路线，更加侧重市场竞争的作用，政府间接协调资源配置。综上，汽车发达国家往往在尊重市场和适应市场的基础上，重视系统的制度建设，为技术创新营造激励机制与保护机制。

4.5　本章小结及启示

本章全面回顾了全球汽车产业转移的总体形势，全球汽车产业竞争的新格局；分析了汽车产业面临的全新技术方向；从机遇、挑战等多个层面分析了我国汽车产业面临的宏观环境；概括了德国、日本发展传统燃油汽车、新能源和智能化汽车的模式与经验。在新一轮科技和产业革命的背景下，汽车产业依靠创新驱动产业升级的存在紧迫性和必要性。通过第4章的分析，可以得出以下启示：

4.5.1　传统汽车强国掌控核心技术获取“经济剩余”

从生产力视角看，我国汽车产业发展整体上是在承接国外产业转移的过程中发展起来的。汽车产业在全球的转移属于产品内的国际分工，在以传统燃油发动机技术为主的时期，汽车产业转移是在全球产业转移的背景下进行，其转移的路径轨迹可以归纳为“欧洲→美国→欧洲→日本、韩国→以中国为代表的发展中国家”，发挥了一定时期内各国家、地区的比较优势，产生了极大的生产力效应。

从生产关系视角看，在传统喷油发动驱动为主时期，全球汽车产业转移是掌控核心关键技术的美国、德国、日本等发达资本主义国家主导的。国外车企以掌控核心技术主宰分工，在全球范围布局汽车产品生产环节，从而获取更大的“经济剩余”。长期以来，欧美、日本等国家凭借在燃油车核心技术上的绝对垄断优势，牢牢掌控产业链高附加值环节，后发企业通过合资合作或者技术模仿，只能被动从事低附加值环节生产。为了加大对剩余价值生产的追逐，跨国公司在各国布置生产、研发、供应链条来保持竞争力。跨国公司在母国进行核心技术研发，而对于电池、轮胎、线束等技术含量更低、标准化程度更高的生产环节则布局在区域内要素成本更加低廉的国家或者地区。我国在承接产业转移过程中，凭借劳动力、土地等初级要素资源优势，从组装、低端零部件生产等环节入手，逐渐融入全球汽车产业链。

4.5.2　竞争是汽车产业过去和未来的重要导向

（1）汽车强国重视通过竞争提升产业发展。

在传统燃油时代，德国、日本都是通过竞争为主的方式，德国汽车产业是一个充分竞争的产业，日本在第二次世界大战后扶持产业发展的同时，也加大产业出口竞争的力度，虽然我国在 20 世纪 80 年代追求“规模 + 集中度”的策略是对日本模式的学习借鉴，但日本政府在促进国内企业合并、出台政策保护本土企业的同时，一直坚持产品出口导向，日本企业一直面临激烈甚至残酷的国际市场竞争，而我国的产业政策恰恰缺少了竞争导向。在新的发展阶段，汽车产业升级是一次以突破性技术主导的变革，智能技术与电动化等新能源技术是后发国家汽车产业实现“蛙跳”的技术支撑，德国、日本政府都加强了规划引导、政策扶持等制度创新的力度。我国发展汽车产业、促进产业升级，既要加大自主研发与技术创新，又要调整、完善制度，来匹配新的技术创新及实现产业升级，即依靠创新驱动来促进产业的发展和升级。

（2）指导产业升级的理论由比较优势转向竞争优势。

全球汽车产业在新技术条件下，竞争格局发生变化，而指导汽车产业升级发展的理论，也将由产业分工逐步过渡到产业竞争理论。历史上，汽车产业转移主要沿着欧洲、美国、日韩、中国等新兴国家的轨迹发展，各国汽车工业化水平都是以比较优势承接产业转移。新科技、产业革命对全球制造业分二造成重大影响，汽车产业价值链环节也在深度调整变化，产业间分工进一步细化为产业内分工，掌握数字化、智能化、新能源等核心技术制高点即拥有全球汽车产业分工的主导权。全球主要汽车生产国在本轮产业、技术革命中加大布局、抢占产业发展制高点、重塑产业格局。

“成熟的机会没有赋予发展中国家赶超机会”①。汽车产业正处于技术变革交替期，在传统的燃油发动机、变速器等国外一直垄断和封锁的核心技术领域，我国车企在整车车身、底盘、动力总成、电了电器、内外饰等领域实现了完全国产化，核心零部件水平和国产化率提升，但与汽车强国相比，我国长期追赶模仿却难以完全赶超。而依据佩雷斯的“两种机会窗口”②，汽车产业新的技术特征—以电动化带动智能化的技术，改变了原有汽车发动机械原理和结构，降低了后发企业跨越燃油发动机和变速器技术壁垒的难度。技术创新极大加快了产品生命周期的更迭速度，大幅度改变产业竞争格局。我国在互联网、大数据、云计算、人工智能及数字化等前沿技术上与国外差距缩小甚至“处在同一起跑线”上。未来竞争，传统汽车巨头尚未具备全部核心技术能力（如智能网联），国外顶级整车企业、我国自主品牌车企几乎处于同一起跑线上。跟以往产业转移的规律不同，我国当前已经是全球产销

① 赖纳特，贾根良．演化发展经济学论文选［M］．北京：高等教育出版社，2007：95.

② 佩雷斯，苏蒂．技术上的追赶：进入壁垒和机会窗口［A］．G·多西等编：技术进步与经济理论［C］．北京：经济科学出版社，1994：6-14.

量第一的“汽车大国”，无论在传统燃油发动机领域，还是智能化、新能源等新技术领域，我国汽车产业都积累了一定的基础。我国在改革开放后，建立起了完整的汽车工业基础，且在新技术轨道上与国外车企的技术鸿沟正在缩小，我国居民消费能力不断提升，自主品牌的集中度和竞争力提升，且拥有政府的保障能力等，汽车产业面临“换道超车”的机遇。

4.5.3　厘清创新驱动机理及实施创新驱动意义重大

技术创新使传统汽车制造业生产力发生变革，体现在扩大了生产要素的范围、提高了生产要素的质量和配置效率、改变了产业生产组织方式等。以电池、电控、电机等代表的动力革命，以及智能化等本轮工业革命背景下汽车产业新的技术特征，又推动了生产力释放出极大的潜力。

从目前全球技术方向展望，新能源汽车、智能网联汽车是产业升级的主流方向。以“电池、电机、电控”为特征的新能源汽车是智能化最好的结合体。汽车已经由机械产业逐步演变为机电一体化、机电智能化、智能网联化等高科技产品，呈现出与能源、电子、信息等相关产业的紧密联合，汽车需要与互联网、品牌运营商等共同搭建数字生态，实现深度跨界融合。纯电动、插电混合动力、燃料电池等新能源技术，是对传统汽油、燃油的替代动力，同时又是智能化的最佳载体，共同承载新型汽车的特征。

“科学技术是第一生产力”，为了打破传统燃油驱动技术轨道上国外汽车企业长期进行技术垄断的局面，需要剖析创新驱动产业升级的机理，即：本轮推动汽车产业升级的技术特征是什么，生产要素范围有哪些改变，生产组织方式呈现哪些新特征……在对上述有关生产力问题回答的基础上，制度创新是如何影响技术创新和产业升级，以及应该如何对现有制度进行调整改进？从理论层面对该问题进行分析，对于指导产业升级具有重要意义。

| 第 5 章 |

以技术创新推动我国汽车产业升级的机理研究

技术水平是一个社会形态或时代的标志，属于生产力范畴。马克思剖析了 19 世纪资本主义凭借技术创新实现产业革命的动因，强调了技术创新重要性，为我国高质量发展指明了方向，为转变国家经济发展动能、建设国家创新体系和提升综合国力的奠定了理论基础。习近平继承和发展了马克思的创新思想，指出“坚持把创新作为经济发展的第一动力，深入实施创新发展战略，是实现我国经济高质量发展，实现新旧动能转换的必由之路，创新的重要部分是突破核心技术”。科技创新能力是社会活力和国家实力的关键展现。我国经历了长期技术落后的被动局面，越来越意识到要实现超常规的发展方式必须依赖于技术进步，而自主创新才是国家实现长期技术进步的根本。

当前新工业革命正引发全球工业和产业模式的深刻变革，为我国包括汽车产业在内的产业转型升级提供了新的契机。要将这种机遇转化成现实，就需要对新一轮的工业革命下技术特征、技术创新驱动汽车产业升级的机理进行全面的理解。

5.1 由“强链”向“新链”演进升级——新技术激发产品轨道升级

前文提出了“新能源技术、智能化技术创造出汽车产业新的轨道和经济范式，形成‘第二种机会窗口’产业机遇期”，表现为演化出一条非线性、新的产品轨道。在前文分析的基础上，本节内容以产品生命周期理论为基础，以燃油内燃机、新能源和智能化技术等两种不同的驱动原理为分界点，将传统燃油发动机生命周期概括为轨道Ⅰ，将以电喷驱动系统、智能网联汽车及信息物理技术特征下的汽车产品生命周期总体上概括为新技术轨道即轨道Ⅱ。

对两个轨道的创新模式，以及由轨道Ⅰ跃升至轨道Ⅱ的机制进行分析。

5.1.1　新技术带来"第二种机会窗口"

新能源、智能化等突破性技术为特征的"第二种机会窗口"为后发国家带来汽车产业赶超的机会。佩蕾丝和苏蒂[①]从要素配置出发提出了"两种机会窗口"理论，汽车产业在两次"窗口期"有不同的典型特征。

（1）技术创新具有基础知识依赖性和非线性特征。

人工智能、新能源等突破性技术，都建立在大量的原始创新和基础知识基础上。人工智能的依托学科是统计学、数学、计算机等；新能源汽车的电池续航、充电速度、安全等技术上限等（2019 年实现了 500 公里续航、30 分钟充电量最高达 80% 等），是以仿生学、数学、化学、物理、机械、电力等多学科基础知识的累积、通用技术不断创新突破为基础。而新能源技术、人工智能和空间技术之所以会成为第四次工业革命中公认的技术方向，是由于其"非线性"的技术轨迹与价值特征[②]。这类技术并不是在原有技术轨道上的线性改进或者深化，而是形成发展轨迹异于原轨迹的新"S"形曲线[③]。如源于第二次工业革命的燃油驱动式汽车是对马车拉动动力原理的突破。

本次工业革命下，汽车产业的驱动原理和技术平台均发生重大变革，新

---

① 佩雷斯，苏蒂．技术上的追赶：进入壁垒和机会窗口［A］．G·多西等编：技术进步与经济理论［C］．北京：经济科学出版社，1994：6－14.

② 詹坤，邵云飞．突破性技术创新的非线性与非连续性演化［J］．技术经济，2017，36（5）：66－73.

③ SOOD A. TELLIS Technological evolution and radical innovation［J］. Journal of Vlarkcting，2005，69（3）：307－321.

能源（电动、氢能）等动力驱动方式、汽车智能化生产方式和作为智能终端属性等是对传统汽车驱动方式、汽车产品属性的突破性创新。

（2）渐进性技术创新和突破性技术创新交替并存。

马克思在论述唯物史观时提出“后一个‘生产’形式的物质可能性—不论是工艺条件，还是与其相适应的企业经济结构—都是在前一个形式的范围内创造出来的……随着一旦已经发生的、表现为工艺革命的生产力革命，还实现着生产关系的革命”①。我国学者路风指出“产业升级的实质是工业知识和经验体系的扩张和更新，所以产业升级是一个演进的过程”②。汽车产业升级是工业发展的内生过程，取决于汽车产业长期的技术和基础积累，无论是突破性技术创新，还是小鹏汽车、蔚来汽车等造车新势力，都不是对原有产业进行完全代替。产业转型升级，要遵循产业发展规律，注意与原有能力和产业发展现实相适应，而不能一窝蜂地采用所谓的全新的技术，循序渐进地由新技术向成熟产业的渗透。新技术、新产业、新业态、新模式产生于已有技术基础上，目前生产力在全球范围内变革，而突破性技术创新促生新产品、新技术、新服务，并和渐进性创新（incremental innovation）一起改进现有产品、技术和服务③。

从产业发展演进的规律来看，新技术驱动下汽车产业升级在现实中可表现为产业内和产业间升级共同交叉进行，即“非线性”“跃升式”升级：从低价值环节跳跃至高价值环节，甚至跳跃至另一条附加值更高的产业链上。汽车产业的渐进性技术创新将与颠覆性创新并存。与苹果推出 iPhone 手机后迅速取代诺基亚塞班系统和硬件、快速形成替代效应所不同的是，在汽车产业发展的一百多年里，传统燃油发动技术模式已经形成稳固的上下游产业链，各国虽然制定了禁售燃油车的退出计划，如挪威计划在 2025 年全面禁止非电动汽车，日本则是通过法律规定电动车的政府采购比例，印度、美国加州计划于 2030 年禁售纯汽油车和柴油车，英国和法国禁售燃油车的截止时间则是 2040 年，以上普遍有 10～20 年的过渡期，各国仍然从节油、提

① 马克思，恩格斯．马克思恩格斯文集．第 8 卷［M］．北京：人民出版社，2009：340.

② 路风．产业升级与中国发展政策的选择［J］．经济导刊，2016（9）：6.

③ BOX G E P，WOODALL W H. Innovation，quality engineering，and statistics［J］．Quality Engineering，2012，24（1）：20－29.

速、外观等领域对传统燃油车进行工艺和服务改进，智能化技术也是一个缓慢融入的过程，当前以降油耗、减排放为目的的汽车内燃机的热效率提升仍是汽车产业重要的技术方向。新能源技术、智能化驾驶等需要长期的技术积累、品牌积淀、消费认识改变，且新能源汽车、智能化汽车需要以传统汽车的底盘技术、车身技术为基础，全球汽车市场竞争格局难以在短期内被迅速打破。

本书认为，汽车产业将在一定时期内，以技术提升、工艺改进等为特征的渐进性技术创新，将与智能化、新能源技术为特征的突破性创新共存，但本书研究侧重于突破性技术推动汽车产业升级的特征、机理和路径。

（3）以传统燃油发动机等核心技术为代表的“第一种机会窗口”限制我国价值链发展。

汽车产业技术特征、国家产业政策等因素，是影响一个国家参与全球汽车产业链程度、效果的关键因素。本书的第 4 章分析了汽车全球产业链、价值链的转移规律，以及我国承接产业链的环节、研发和生产能力等。以“产品生命周期”为理论，在以传统燃油技术主导的“第一种机会窗口”中，欧美、日韩等国家汽车巨头通过掌控发动机、变速箱等关键核心技术而处在产业链上附加值最高的位置，产业链以全球制造供应商垄断为主，向汽车垄断巨头—全球制造供应商—大中小型供应商并存的特征转变。全球制造供应商剥离产业链中的附加值低的劳动密集型环节，向具备初级要素比较优势的发展中国家转移。20 世纪 90 年代以来，我国通过“市场换技术”战略，从组装、一般零部件生产等“非核心环节”开始承接，也对发动机、变速器和核心零部件领域进行了引进、模仿和消化吸收，进行了长达数十年的技术追赶，却收效甚微，我国自主研发的发动机等始终与领先技术存在差距，在稳定性和可靠性参数上表现上还有不足，如 2017 年发动机质量排名表现上，我国百辆汽车发动机故障（PPH）数是 47，低于行业平均水平 32，更是远远低于日本的 19[①]，如图 5.1 所示。

---

① 车行易有车．汽车发动机质量排行版［EB/OL］．https：//baijiahao.baidu.com/s? id = 1586839824835742070&wfr = spider&for = pc.

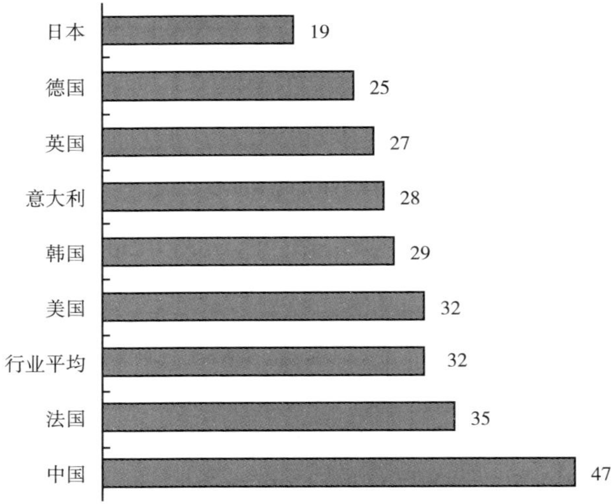

图 5.1 发动机质量表现排名（PPH）

注：PPH（Problem per Hundred）新车百车故障数，数值越小，代表质量越好。

“已经发展成熟领域并未给予发展中国家以赶超机会。”① 汽车经历了百年积淀，已成为一个高集成性、高技术复杂性的资本和技术密集型产品。我国汽车企业在参与全球价值链的过程中，技术水平、产能、产业规模和实力逐渐提升，但新企业难以在短期内构建产业链，本土企业普遍缺乏在基础研究领域的动力总成等核心技术，吉利、奇瑞、江淮、比亚迪等企业多依靠全球整车、零部件供应商进行产品研发和生产，尤其是以传统燃料发动机为主导的核心技术，我国在产业链附加值低的区域徘徊。

总的来说，我国汽车产业经历了 20 多年的高速发展，建立起了坚实的汽车生产和基础供应能力，但传统燃油汽车技术壁垒高、中国供应商能力不强，参与价值链的程度低，难于跻身世界一流，总体上还是处于技术追赶状态，处于产业链中低端位置，整体缺乏竞争力。

① 赖纳特，贾根良．演化发展经济学论文选［M］．北京：高等教育出版社，2007：75.

5.1.2　轨道Ⅰ：化油器内燃机驱动原理为主

阿伯纳西和厄特拜克（Abernathy & Utterback）以产品生命周期曲线理论为基础，通过 A－U 模型分析了美国汽车工业技术创新对升级的动态影响①。美国是汽车产业技术先发国家，其主要研究自主创新模式，对追赶型国家的理论指导意义存在局限。国内学者在 A－U 模型基础上，认为后发国家需要在技术引进吸收的基础上进行长期研发积累来促进产业升级，这个符合 A－U 模型发展特征和规律，并据此提出了二次创新模型②。

轨道Ⅰ是从模仿创新到改进创新。在轨道Ⅰ中，结合本书第 3 章对我国产业发展历程分析的内容，我国主要遵循“技术引进—模仿和消化—改进创新”等技术经济范式。我国新中国成立后开始重视汽车工业，并在改革开放后以“市场换技术”扩大市场规模。在产业发展初期，我国从低端零部件、基本的组装起步（如桑塔纳），在产品生命周期初期，创新程度极低。随着国外汽车向中国产业转移力度的加大，带来了知识外溢，快速提升了汽车工业技术水平，自主品牌研发能力、产品工艺提高。到了产品生命周期中期，我国车企在技术累积的基础上不断降低成本。到了生命周期后期，随着市场需求增大，我国成为世界汽车产业产销量大国，汽车产业的创新主要转向改进汽车产品性能，如在国外核心技术基础上，对汽车外观、功能上进行改进，或者通过提升零部件国产化程度来压缩成本，以低价策略来提高市场占有率等。但当市场规模达到一定程度后，受环境规制、消费升级等外部因素影响，产业出现产销量下滑，我国从 2018 年起汽车产销量出现连续下滑态势。虽然当前我国在核心发动机、底盘和轮胎动力、悬架、传动、动力等领域技术上不断成长，在汽车制造的整体平衡性、操控稳定性、噪声及振动等关键指标上（Noise、Vibration、Harshnes）都有长足进步，但是我国与汽车

---

① 刘友金，黄鲁成．技术创新与产业的跨越式发展：A－U 模型的改进及其应用［J］．中国软科学，2001（2）：37－46．

② 许庆瑞．研究、发展与技术创新管理［M］．北京：高等教育出版社，2002. 56．

制造强国的核心技术掌控力还有较大差距[①]，在关键技术环节仍以引进国外的先进技术为主，如表 5.1 所示，我国 2017 年在关键的传动系统、发动机零部件、行驶系统、制动系统等关键部件上，进口仍然呈增长态势，说明在关键技术、核心零部件上还依赖国外。

表 5.1　　2017 年中国汽车零部件进口情况　　单位：亿美元,%

进口类别	进口金额	同比增长
传动系统	143.9	9.0
车身附件、零件	73.4	-0.5
发动机零部件	45.8	8.4
汽车电子电器	32.5	10.4
未列名零部件	24.3	22.7
发动机整机	19.9	-1.3
行驶系统	18.0	10.3
转向系统	17.6	-6.2
制动系统	10.9	12.8
挂车及半挂车或其他非机械驱动车辆的零件	1.2	67.9
挂车、半挂车	0.7	17.3
合计	388.2	6.8

资料来源：《中国汽车工业年鉴（2017）》。

5.1.3　轨道Ⅱ：电喷驱动系统和智能网平台

经过我国数十年来在轨道Ⅰ上的技术积聚，我国汽车产业整体制造水平大幅提升。我国在新能源汽车、智能化技术以及数字经济 2.0 时代（1.0 时代主要以移动互联网、大数据等为特征；而 2.0 时代则以人工智能软硬件、区块链、云计算等为特征）工业大数据应用领域，与世界平均水平不断缩小，甚至在某些领域占据优势。

① 凤凰汽车．赵福全对话郭孔辉：产业政策不能一刀切［EB/OL］．http：//auto.ifeng.com/changshangxinwen/20181220/1254423.shtml.

（1）新能源技术和汽车产品具备领先基础。

在新技术轨道上，我国在新能源（电喷驱动系统）技术上与国外技术缩小，且具有一定的市场先发优势。在新能源及电动驱动领域，我国电动汽车产业处于国际上领先地位，在纯电动汽车平台、高性能插电混合系统、整车能耗水平、动力电池单体能量密度、驱动电机本体功率密度等领域与国外差距缩小；在动力电池技术和产业技术上与美国、日本大致处于同一水平。尤其是近年来，我国在电池（HO1M）、电机（H02K）、电控（B60K、B60L）的发明专利数超过 3000 件①，在汽车电池的关键正极材料、负极材料、隔膜材料、电解质盐等实现量产，比亚迪、宁德时代所生产的电池已经运用到特斯拉、蔚来、小鹏等高端新能源汽车领域。

（2）智能化网联化技术。

智能网联汽车及信息物理平台系统是对原有产业技术范式的颠覆。我国在自动驾驶平台、自主车载操作系统、LTE－V 技术标准及产品、V2X 通信终端等技术与国外差距缩小；核心的芯片、传感器材料等差距在缩小。智能网联汽车重要的基础模块（支撑自动驾驶的基础地图、基础计算、基础云平台、基础技术终端以及信息安全）等，目前没有任何一家汽车企业具备完整的生态体系，需要以开放的心态进行协同与整合。

5.1.4　轨道Ⅰ向轨道Ⅱ升级

汽车产业升级则表现为在原有 A－U 曲线上，与另一条新的 A－U 模式的组合（见图 5.2）。AU 模型中新的产品生命周期曲线中的演进规律是，由于目前产业新技术尚在产品生命周期初级阶段，我国已经具备了原始创新、自主创新的基础，伴随技术创新的逐渐成熟，产品创新程度提高，满足更多市场细分的需要，新产品市场占有率不断提升。对于后发国家，如果要沿着新技术方向实现汽车产业升级，需要在引进模仿创新的基础上提升自主研发的能力，在难得的产品生命周期内跨越轨道Ⅰ，抓住产业赶超机遇。

① 《中国汽车工业年鉴》期刊社．中国汽车工业年鉴 2017［M］．中国汽车工业协会，2017：121．

图中两段曲线分别表示传统燃油驱动技术下的轨道Ⅰ、以电动和智能化技术代表的轨道Ⅱ的生命周期曲线。制动、车身、行使系统等是传统汽车、新能源和智能化汽车的共同基础。两条曲线的主要差异在于驱动技术。伴随着各国推出燃油车退市计划，传统燃油汽车正在逐渐走向生命周期后端。新能源、智能化等能够改变汽车产业和产品的属性，形成更高技术范式的汽车产品，从总体演进的趋势看，由轨道Ⅰ向轨道Ⅱ跃升。

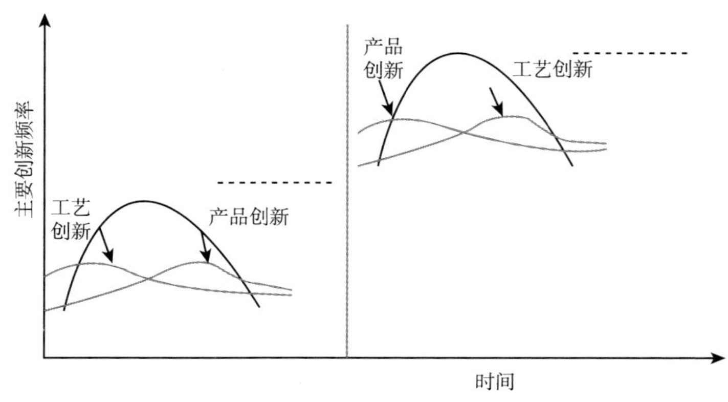

图 5.2 汽车产业轨道跨越

5.2 要素配置优化升级

生产要素构成生产力，生产力是通过生产要素相互结合（即生产过程）而呈现的结果或能力，贯穿于人类生产全部过程。生产要素是产业升级中起到基础性作用的微观构成，是剖析经济理论问题的基点。工业化进程是生产要素组合从低级向高级的突破性变化的过程①。从历次工业革命特征来看，突破性技术创新的背后都表现要素组合方式、生产模式的质变，进而形成新的经济增长方式。如技术与资本结合后，由资本引入的新设备改变劳动力在要素中的位置，形成要素组合模式和劳动生产率。在数据化、信息化、智能

① 黄群慧，郭朝先，刘艳红，等．可持续工业化与创新驱动［M］．北京：社会科学文献出版社，2017：77.

化等共同作用下，本轮汽车产业升级呈现新的要素配置特征。

5.2.1 产业链的新增高级要素补偿

（1）生产要素构成生产力。

要素又称为生产要素或生产力因素。“从生产力自身及构成主要包含三要素：劳动力、劳动资料、劳动对象。劳动力是生产过程中的人力资源，劳动资料、劳动对象是由物力资源提供的材料而成；科学技术力伴随社会生产力发展而渗透到生产力要素中，并提升每个要素的素质。”[①] 马克思对生产力的定义，内容涵盖了西方经济学定义的土地、劳动力、资本、技术等生产要素。物质资料生产所需要素构成生产力，在汽车产业生产中，科技、生产管理、生产性教育等往往是渗透性要素，土地、资本、劳动力等则是实体性要素。

（2）汽车产业升级的前提。

“如果生产场所扩大了，就是在外延上扩大；如果生产资料效率提高了，就是在内涵上扩大”[②]。内涵扩大再生产是以技术进步提升劳动生产率、资本使用率的过程。通常而言，当外延扩大再生产达到一定规模，生产方式须转变至内涵型扩大再生产为主。我国 2018 年制定的《汽车产业发展规划》，从当前的汽车市场供需、产品层次、技术特征等出发，提出了“汽车大国向汽车强国迈进”“技术赶超”“自主创新”等要求，都体现了“内涵式扩大再生产”方向。

马克思在论证社会资本再生产理论时，提出再生产正常进行需要两大部类内部及两大部类之间协调发展，该理论可以抽象为产业链上进行生产资料、消费资料生产的两个产业链束，两者须实现价值补偿和实物替换，实现存量、增量的比例和结构均衡[③]。我国在参与全球产业价值链的初期，主要凭借人口红利、土地租金低廉、市场潜力大等相对优势，集中对“量”的

① 张薰华．生产力与经济规律［M］．上海：复旦大学出版社，1989：4.

② 马克思，恩格斯．马克思恩格斯全集．第 24 卷［M］．北京：人民出版社，1974：36.

③ 龚勤林，张衔．马克思社会资本再生产理论的产业链解读［J］．社会科学战线，2015（11）：9.

关注上，增殖模式较为粗放，较少考虑要素贡献、各价值链环节和财富分配环节的科学分布等问题。在经济发展新常态背景下，作为制造业中的支柱型产业，汽车产业在维持汽车产量的同时，须满足消费者对新工艺、新产品的需求，进而提升创新要素的国际流动，保证产业价值链附加值平稳状态。

与以往工业革命中技术范式转换对物理器械高度依赖不同的是，本轮技术革命长波的核心要素是数据，以互联网、大数据、云计算、人工智能等技术为代表的新一轮科技革命，正在引发全球制造业的深刻变革。当前汽车已经逐渐从简单的交通工具转变成大型移动智能化终端、数字空间，汽车产品形态变化所引发的产业链延伸是资本对相对剩余价值追逐的必然结果，需要从产业链上把控和完善补偿新增要素物质。利用高级或创新要素对有形要素进行嵌套或者组合，以新能源和智能化技术等新的知识、技术对现有的物质资本、劳动者素质和管理进行改进提升，从而打破现有均衡，实现生产要素整合与重组、提升要素的配置和利用效率，提升生产力要素质量。

（3）汽车产业要素的类型。

对要素进行分类可以更清晰的梳理要素对竞争优势的作用。以亚当·斯密、大卫·李嘉图、俄林等学者为代表的古典学家往往从静态的视角分析各国由于资源、成本的差别而产生的竞争力差别。上述学者提出的理论是国家、地区、企业竞争力分析或者产业优势分析的基础，但比较优势理论最大的缺陷是它仅强调静态要素禀赋和先天优势，因此在发展进程中难以获取长久和持续的优势。有学者将要素分为基本要素与高级要素、通用要素和专用要素①。其中，基本要素包括自然禀赋、天气、低层次的劳动力、一般性资本，而高级要素则是高新技术、高级人才和科研机构等，如汽车产业中，同样是劳动力资源，处于汽车产业链前端设计、高精尖零部件设计和生产等核心环节上的专业性人员属于高级要素，而处在车辆组装环节、一般性售后服务环节等，多属于基本要素，对产业升级和竞争力提升的影响较弱。

本文将汽车产业生产要素分为初级要素、高级要素、高级新型要素三类。

---

① 夏清华．从资源到能力：竞争优势战略的一个理论综述［J］．管理世界，2002（4）：109－114．

第一，汽车产业初级生产要素。

主要指生产线上负责车辆组装、生产低端零部件的简单劳动力，以及传统的汽车生产流水线、厂房、原材料等固定形态物质资本。在汽车产业初期，由于我国拥有大量人口红利、土地（面积、租金和税收优惠）等比较优势，欧美、日韩等汽车产业强国将低端的劳动密集型生产环节剥离并转移到包括我国等发展中国家，我国从承接汽车组装、代工低端零部件等技术含量低的产业链环节入手发展汽车工业。

第二，汽车产业高级生产要素。

主要指技术、知识、高级人力资本、新一代信息技术等。知识、技术依附于其他要素中并改变其形态和质量，在企业生产中完成转化并产生社会效益。汽车产业是典型的知识和资本密集型产业，随着我国汽车工业发展，高级要素占比越来越高，国外汽车巨头在产业转移过程中，逐渐由二三级分销商，向区域性生产中心、研发中心升级，我国因此也获得了较多的知识外溢效应，生产线的先进程度、工人受教育培训和熟练程度、高级技术工人和管理人员的比例、资本追逐产业的力度等都在提升。

第三，数据成为产业升级的高级新型要素。

十九届四中全会把经济资源在劳动、资本、技术、管理之外加上了数据，当前以数字化、电动化、智能化为核心的新一轮工业革命正处于由导入期转入拓展期的关键阶段①，数字经济是以数字化知识和信息为关键生产要素②，以大数据、云计算、物联网、人工智能、区块链等为基础的新一代信息技术最大的特征是渗透性③，而数据是本轮汽车产业升级最关键的高级要素和新型要素，是传统标准化生产基础上，提升车辆柔性制造、开启“规模化定制”④ 的生产组织方式的媒介，是汽车工业领域实现数据技术（DT）到

① 邵婧婷．数字化、智能化技术对企业价值链的重塑研究［J］．经济纵横，2019（9）．

② 中共中央关于坚持和完善中国特色社会主义制度推进国家治理体系和治理能力现代化若干重大问题的决定［EB/OL］．http：//www. xinhuanet. com/politics/2019 - 11/05/c_1125195786. htm.

③ 陈晓红．数字经济时代的技术融合与应用创新趋势分析［J］．中南大学学报（社会科学版），2018（5）：1 - 8.

④ 赵福全，刘宗巍．工业 4.0 浪潮下中国制造业转型策略研究［J］．中国科技论坛，2016（1）：58 - 62.

分析技术（AT）到平台技术（PT）以及运营技术（OT）结合的基础①。我国发展数字经济，当前整体上已经从信息产业、互联网/移动互联网技术等，发展到以人工智能（软件和硬件）、云计算、区块链等层面，数字经济更加复杂和多元，并产生经济效益及参与分配②。汽车不仅是交通工具，已由机械产品逐步演变为机电一体化、机电智能化、智能网联化等高科技产品，是数据的产生、接收和智能服务的提供者和接收者③。数据是信息技术的基础，在汽车产业升级过程发挥的作用越来越大。

数据成为汽车产业核心生产要素。数字化、智能化、网联化等新技术作用于汽车生产领域，促进生产环节调整和生产效率提升。以德国工业4.0标准为参照，4.0的核心是在物联、数据、云计算的基础上，以高度自动化和网联化来降低成本，实现“规模化＋个性化”生产。而我国目前汽车制造业，整体上还处于2.0、3.0的水平④，如企业的冲压、焊接车间未完全实现自动化水平。针对我国当前汽车产业的生产条件，需要企业提升新能源、智能化、数据化、自动化等技术方向的高级要素嵌入程度，提升初级要素潜能的释放程度。

依照上述分类标准，汽车产业中的技术属于高级要素，技术等高级要素可以提升价值增值和产业竞争力，需要更多的资本、人力等高端资本的投入。反之，由于汽车产业是一个高度关联的产业，也是典型的资本技术密集型产业，拥有更多高级要素的汽车产业提升自身竞争力的同时也可带动上下游关联产业的整体竞争力。要素的优势是动态调整的，需要持续动态优化基础要素，促使各类要素之间相互作用升级。

5.2.2 高级要素促进初级要素提升

对于以新能源、智能化为代表的突破性技术而言，汽车制造体系升级是

---

① 李杰．工业人工智能．上海交通大学出版社［M］．上海：上海交通大学出版社，2019：2.

② 中共中央关于坚持和完善中国特色社会主义制度推进国家治理体系和治理能力现代化若干重大问题的决定［EB/OL］．http：//www.xinhuanet.com/politics/2019－11/05/c_1125195786.htm.

③ 张进华，李克强．中国智能网联汽车产业发展报告（2018）［M］．北京：社会科学文献出版社，2019：42.

④ 刘宗巍．赵福全论汽车产业（第一卷）［M］．机械工业出版社，2017：93.

高级生产要素不断增加、替代初级生产要素的过程。

（1）知识溢出效应提升人力资本素质。

马克思指出，“劳动生产力是随着科学和技术的不断进步而不断发展的”①，在马克思的著作中，可以看到“复杂劳动”“研究工人”等词语，资本家是创新主体，通过工人来执行创新。工人成为技术创新和复杂劳动的智力基础。

技术创新加大产业内分工程度，精细化、专业化的生产环节提升了对专业型、复合型人才的要求和需求。高级要素与劳动力结合并形成高素质人力资本或者高端设备后，会进一步提升产业竞争力和利润。如表5.2所示，1995～2017年，我国汽车产业从工业人员从195.3万人跃升至630万人，其中技术人员占比从8.5%提升至15.2%，该时期也是我国汽车产业规模发展最快的时期，人力资本素质的提高，对汽车产业规模提升起到了促进作用。

表5.2　　汽车产业从业人员构成及技术人员占比　　单位：万人

年份	从业人员	整车从业人员	零部件从业人员	技术人员	技术人员占比
1995	195.3	72.6	78.2	16.6	8.5
2000	178.1	71.8	63.3	16.4	9.2
2005	166.9	78.3	50.9	19.3	11.6
2010	220.3	105.7	71.1	31.1	14.1
2015	360.0	145.8	171.2	49.3	13.7
2017	630.0	259.6	302.4	95.7	15.2

资料来源：《中国汽车工业年鉴（2018）》。

新能源、智能化等技术知识程度高，带来生产性劳动和非生产性劳动的新特征。社会劳动生产率的提高到一定程度，非生产性劳动者即第三产业从业人员比例随之增加。马克思从资本的生产性出发，考察了资本主义生产体系下劳动的分类问题，将直接与资本相交换的劳动称之为生产性劳动，并将劳动的物质性作为资本主义生产体系下劳动生产性的补充定义②。“生产劳

① 马克思，恩格斯．马克思恩格斯全集：第23卷［M］．北京：人民出版社，1972：78.

② 马克思，恩格斯．马克思恩格斯全集．第31卷［M］．北京：人民出版社，1998：157－163.

动，除了它那个与劳动内容完全无关、不以劳动内容为转移的具有决定意义的特征之外，又得到了与这个特征不同的第二个定义，补充的定义”[①]。随着资本主义生产方式的发展，资本主义生产过程的协作性质日益普遍，资本主义生产也日益表现为总体工人共同劳动的产品，“随着劳动过程本身的协作性质的发展，生产劳动和它的承担者即生产工人的概念也就必然扩大。为了从事生产劳动，现在不一定要亲自动手；只要成为总体工人的一个器官，完成他所属的某一种职能就够了”[②]，监工、工程师等均被纳入到生产劳动者的范围。

马克思提出：“劳动生产力是由多种情况决定的，其中包括工人的平均熟练程度、科学的发展水平和它在工艺上应用的程度，生产过程的社会结合，生产资料的规模和效能，以及自然条件[③]。”新技术向传统汽车产业的渗透，促使劳动者整体结构发生变化，脑力劳动比重提高并渐渐替代体力劳动。虽然人工智能技术在汽车产业领域发挥作用越来越重要，但智能化只是人的劳动的延伸，劳动者仍然占据重要地位。曾有学者认为随着走锭精纺机在 19 世纪英国纺织业中的广泛运用，男性熟练工人的工作将会受到极大影响，资本家会将目光转向更为廉价的女工和童工，但后来事实证明 20 世纪后，在自动化生产的背景下，男性熟练工人仍是主力[④]。19 世纪走锭精纺机的广泛运用，与今天的“智能化”生产类似，生产线上仍然需要具备技能和经验的工人进行生产过程的维护、监管。这些工人的劳作、知识和经验参与到与资本家利益分成，从而实现生产质量的提升和生产成本的下降[⑤]。汽车产业变革的重点方向是电动化、智能化，生产过程也更趋向于总体工人的概念，包含智能化生产中研发、使用、维护等劳动过程。非生产性劳动者比例随着社会劳动生产率的提高而增加，包括汽车智能制造、自动驾驶等非生产

---

① 马克思，恩格斯．马克思恩格斯全集．第26卷（上）［M］．北京：人民出版社，1972：442.

② 马克思，恩格斯．马克思恩格斯全集．第 44 卷［M］．北京：人民出版社，2001：582.

③ 马克思，恩格斯．马克思恩格斯全集．第 44 卷［M］．北京：人民出版社，2001：56.

④ W Lazonick. Industrial relations and technical change［J］. Cambridge Journal of Economic，1979（3）：231 –262.

⑤ W Lazonic；k. Organization and Technology in Capitalist Development［M］. Alder shot：Edward Elgar，1992 Varieties of capitalism and innovative enterprise［J］. Comparative Social Research. 2007（24）：21 –69.

性劳动，是技术人员的研发劳动的延伸，机器目前无法替代人来解决所有复杂问题。

（2）技术创新推动资本积累。

技术进步推动资本积累，资本积累促进技术进步。产业升级是相对剩余价值提升的过程，是以技术创新（尤其是突破性技术创新），追求一定单位资本在一定单位时间内提升剩余价值率和剩余价值量、追逐剩余价值生产的过程。在技术和资本之间，技术对产业升级起到更为主导的作用。在产业更替周期，原有的技术的持续使用往往具有“沉没成本”特征，投入的新技术往往具有边际风险收益递增的特征，吸引资本追逐。新能源、智能化汽车进入资本市场后，常常获得充足的融资，加快了产业化进程和研发进程。资本在促进产业升级中起到黏合作用。由于新技术的加入提升生产要素配置，在节约成本、提高资本回报率的同时，改善了资本的投资结构，加大投资的吸引力。

广义的资本包含了技术等无形的知识资本总量和实物资本，而技术进步最为重要的影响因素是劳动者技术水平。新技术需要新设备、新材料作为载体，而新设备、新材料的推广使用又是技术进步的标志之一。资本供给影响科技进步，物质水平对科技水平有决定性影响，物质生产的质量取决于有形和无形资本的数量、质量。技术在一个区域的流动往往对资本流动产生决定性影响，常常是资本流动的先导。此外，科技流动还会促使设备更新换代，引发资本的变动。

5.2.3　高级要素促进汽车产业升级

马克思认为生产力范畴中劳动者、生产资料往往与科学技术紧密相关。从要素视角，创新驱动汽车产业升级是以初级原材料、初级劳动力、资本等为配置特征的初级要素密集型产业，转向以知识、技术、高素质人才等高级要素为主要配置结构的高级要素密集型产业。

（1）初级要素、高级要素在技术和经济网络中交互影响。

汽车生产过程是一个由大量要素交织以及由新技术引致的高级要素对初级要素嵌套和替代的过程。从要素的角度，汽车产业链是一个复杂程度极高的环节，如参与丰田汽车生产的企业可以根据要素差异分为三个层次，每个层次的企业数量分别为 171 个、4700 个、31600 个①。

高级要素、初级要素分布在技术网络、社会网络和经济网络中。技术网络是信息、知识等要素内在关联、融合流动所形成的网络形态；经济网络是指回绕初级要素（简单劳动力、土地、资本）等物质资本，形成的以生产、供应的经济关联网络，汽车生产在全球布局价值链和产业转移的过程能促进技术和知识的扩散。其中，高级生产要素主要通过技术、社会网络发挥作用，而初级要素则通过经济网络发挥作用②。技术网络有知识的传播与扩散作用，经济网络形成分工与交易关系，产业升级以初级要素为主的经济网络，与以高级要素为主的技术网络相互交织作用的结果。

（2）初级要素边际收益递减和高级要素边际收益递增的效应交织。

边际收益递减无法解释生产力增长领域中没有被解释的剩余，尤其在解释以数字化、智能化、互联网经济等现代知识经济中又因收益起点未知、收益递减区间长等问题而存在不足。李嘉图从“边际收益递减”入手分析了资本主义利润进入下降通道的趋势，与当时世界经济在震荡中保持总体向上的态势不相符合。边际收益递减规律是微观经济学边际效用理论的前提，指产出与要素二阶偏导数低于零，投入产出模型为二次非线性方程，经济总体运行趋向于均衡并实现稳定增长，该规律在理性人假设中非常重要，但是边际收益递增假设要素二阶偏导数并不明确，大于三次的非线性方程构成投入产出模型，系统在变动中趋向均衡。

而边际收益递增的思想提供了另外一种解释，亚当·斯密提出分工或专业化经济可以实现报酬递增，庞巴维克、杨小凯等学者继承和发展了该思想。在互联网经济、信息经济快速发展的当下，生产过程中信息技术、知识等高级生产要素占比越来越高，也在不断扭转边际收益递减的状态进而实现边际收益递增。总体而言，呈现初级生产要素边际收益递减趋势和高级生产要素边际收益递增趋势。

汽车产业发展早期，是在追加要素的过程中实现规模增长的过程。从初

① Sheard, P., Auto production system in Japan. Japanese Studies Center, Melbourne, Australia, Nov 1983: 30.

② 韩江波. 基于要素配置结构的产业升级研究［J］首都经贸大学学报，2011（1）：29－38.

级要素影响产业升级来看，投入一定高级生产要素，在此基础上增加初级要素量，将高级要素嵌入初级要素中，借助边际收益递增的效应减缓初级要素边际收益移动到临界点的情况，减弱边际收益递减程度，这是一种以规模扩大来促进产业发展的方式。我国从改革开放后加大国外技术的引进程度，不断提升生产线的自动化水平，如引进大众的组装线，引入自动化管理监控系统等，提升了关键零部件的国产化率，也带动了就业人数、厂房面积、产量的提升。高级要素在嵌入初级要素并减缓其边际收益递减时，与初级要素融合程度加强，不断转化为新型初级要素，但并未直接改变其边际收益递减性质。高级生产要素的数量增多和嵌入初级要素达到一定量和程度时，可以促进边际收益递减临界点尽可能的后移和高级要素边际收益曲线递增部分的延长，虽然伴随高级生产要素向新型初级要素的转换以及无法改变要素边际收益递减的趋势，但可推进产业实现规模化发展等。

在以新技术引领的产业发展阶段，孕育着充足的技术、知识、信息等边际收益递增特征明显的高级要素。汽车升级依赖于高级生产要素主导的要素配置，实现要素边际收益递增推动产业升级。只靠由高级要素嵌入激励初级要素追加的粗放型模式并不可持续。在传统以汽油、柴油发动机和离心机等为技术核心的产品时代，节油技术、驱动力提升等都只是在原有产品形态上的小幅创新，可以减缓汽车产业产品生命周期衰退的程度，但是却无法从根本上扭转产业整体上出现的颓势。

在本书第 4 章中，论述了我国传统比较优势：人口红利下降、环境资源约束趋紧等汽车产业的影响，说明我国初级生产要素存在稀缺性、非再生性、排他性和不可重复特征，整体外部性不强。从边际收益规律看，汽车产业初级生产要素边际收益递减特征明显，如我国车辆产销量和利润出现持续下滑，尤其是低端车型下滑明显。与之相对应，在本轮科技革命下，信息化、网联化、数字化等高级要素具有丰裕性、再生性、重复性、共享性和外部性强的特征，汽车的产品形态、制造体系、产业生态都将发生重大变革，而以数据驱动的智能化、电动化等高级要素则呈现边际收益递增的特性。产业升级需要与新技术相匹配的高级要素配置方式，如提升高级技术人员和企业管理人员比例，大力推动汽车生产线进行智能化改造、加大对新能源（电池、氢能）领域的投入等，实现产业价值链上高级要素对初级要素的替代，摆脱在传统汽车产业追赶过程中的“引进→模仿→再引进→再模仿”的路径依赖，大力发展自主创新，实现产业由组装、加工，向前端以知识和技术为主的研发环节、核心零部件、整车生产的中后段环节移动（见图 5.3[①]），推动边际收益递增效益超越减缓边际收益递减效应，从而实现产业升级。

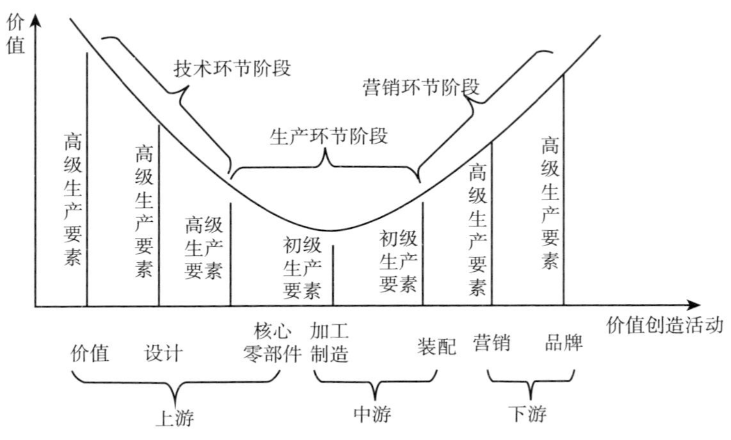

图 5.3 生产要素形态与价值链阶段的对比

5.3 生产组织方式升级

马克思认为，一个部门生产方式的转型会影响和带动其他部门，形成新的分工和生产效率[②]。在汽车工业发展的 100 多年时间里，汽车产业经历了流水线生产、精益生产两次生产革命，当前正经历以自然科学和技术认知改变为基础的第三次革命，也即以新技术、智能化等为引领和特征的“创造性毁灭”。新技术引领传统制造业生产力发展，提升了高级生产要素比重，扩大了汽车制造业生产要素的边界和范围。汽车产业生产方式经历了“福特制”标准化生产方式、“丰田制”精益化管理模式，逐渐发展到以“智能

① 韩江波．基于要素配置结构的产业升级研究［J］首都经贸大学学报，2011（1）：29－38.

② 魏旭．马克思的产业升级思想及其对当代中国结构转型的指导意义［J］．毛泽东邓小平理论研究，2018（6）：40－48.

化”引领的柔性模块方式，生产工具向智能化、虚拟化方向发展，汽车产业原有生产方式改变，形成产业内部新的上下游产业链、产业间各种新的联结方式，可概括为技术范式、价值形态、生产组织三个维度。

5.3.1　生产技术促进新的生产方式

马克思所处的 19 世纪，是机械化、蒸汽化、工厂化为特征的生产组织方式快速变革的时代，产业科技创新活动丰富，人类在利用工具改造自然时也在不断优化或者发展生产工具，以标准化、自动化及流水线为特征的工业化生产方式逐渐替代了手工式、分散的生产模式。而当前生产工具的内涵进一步扩展，电子计算机、现代管理手段等越来越成为重要的智能生产资料。

“生产力与生产关系的动态适应”决定着生产方式从探索到深化的动态演变过程。资本主义生产方式由协作、工场手工业到机器大工业等演进中，生产的技术方式变革促进生产的组织方式、社会方式变革以适应技术方式，并反过来以新的生产的组织方式、社会方式影响和推进生产的技术方式演化与进步①。历史上每一次引发科技和产业革命的突破性技术都需要有相匹配的生产组织方式匹配，来适应和促进新生产力发展，否则技术进步将仅是一种潜在的能力，由技术创新扩散带来的经济社会变化也只能停留在可能的层面。汽车产业是本轮工业革命与科技革命中的先导性产业和突破性创新技术的载体，物联网、云计算、新能源、新材料和智能化等突破性技术与汽车产业的融合与运用，汽车产业朝着柔性、智能、精细、协作的生产方式转变。

产业组织理论认为，在某一产业中，不同类型和规模的企业数量和产值占比、联结方式和分工协作关系，以及生产过程的特征等，对于传统产业升级起到至关重要的作用。产业内企业间关系是产业组织模式的重要内容。汽车组织模式调整实质上是一种对汽车产业的劳动力、劳动资料、劳动对象等生产力要素进行配置的过程，在汽车企业配置组合下进行集中的情况，如汽车产业上下游产业链内部、产业间各种类型企业的构成、动态资源整合、生

---

①　王琳，马艳，张思扬．改革开放 40 年我国生产关系演变的现实路径与理论机理［J］．上海财经大学学报，2018（6）：17.

产环节的变化等情况。马克思在《资本论》中明确指出，“生产方式以及和它相适应的生产关系和交换关系”是其核心研究对象，在《〈政治经济学〉批判导言》中，马克思指出“一定的生产决定一定的消费、分配、交换和这些不同要素相互间的一定关系”。马克思所提出的生产关系，包含了生产、分配、交换和消费几个层面的关系，包括生产过程的技术水平、生产组织方式等经济关系。

“当新的生产方式被普遍采用，因而比较便宜地生产出来的商品的个别价值和它的社会价值之间的差额消失的时候，这个超额剩余价值也就消失。价值由劳动时间决定，资本家必须低于商品的社会价值来出售自己的商品，又会作为竞争的强制规律，迫使他的竞争者也会采用新的生产方式[①]。”资本逐利结合社会需求推动使资本主义生产方式变迁，技术进步在其中影响生产组织形式、社会方式。当前新一代能源和信息技术、新材料等突破性技术正与汽车产业深度融合，推动产业整体性、系统性和综合性变革。从全球产业发展趋势，汽车技术正朝着智能、低碳、信息和网联等“四化”方向，汽车产品也将朝着新型移动智能终端、数字和存储空间等形态演进展，汽车功能属性、制造体系、产品形态、产业生态都在深刻变化[②]。技术变革与产业关联有强相关关系，突破性技术的广泛影响甚至引发对整个产业体系的根本性变革[③]。

在突破性技术作用下，汽车生产组织方式呈现生产体系、制造体系、服务体系重塑的变革特征。新能源、智能化等技术创新的出现会使汽车产业中模块化生产方式、组织管理方式、竞争范式、产业间关联关系等发生深刻变化，加速上下游产业发展，提升汽车产业竞争力，而新技术也会在汽车产业中实现快速发展。物联网、云计算、新能源、新材料和智能化等突破性技术与汽车产业的融合与运用，提升要素生产率，促使汽车产业组织结构、生产和运营方式变革。

---

① 马克思，恩格斯．马克思恩格斯全集．第44卷［M］．北京：人民出版社，2001：370.

② 赵福全，刘宗巍，郝瀚，等．汽车产业变革的特征、趋势与机遇．汽车安全与节能学报［J］．2018（3）：233－249.

③ 文雁兵．我国农业科技自主创新能力研究——基于产业关联效应和FDI技术溢出视角［J］．科学学研究，2015，33（7）：1017－1025.

5.3.2　技术范式维度升级：数据向汽车制造业渗透

在本轮汽车产业升级的技术范式维度，包括数字化、网联化、智能化[①]这三个递进的范式关系。“数据”是在驱动汽车产品演变为智能终端、汽车生产实现智能制造、万物集成互联的核心与基础。

（1）汽车制造业数字化升级演进层次和阶段特征。

从数字对汽车制造和服务环节的渗透过程看，可以分为数字化、网联化、智能化三个阶段。三个环节是一个递进关系，包括了产品价值形态和生产方式的演进（见图 5.4[②]）。

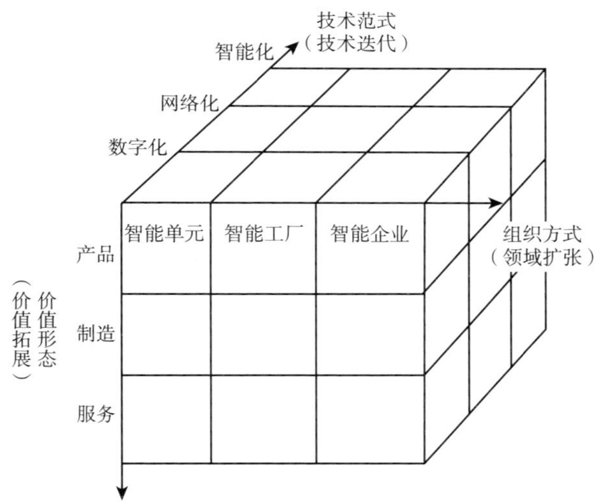

图 5.4　产品价值形态和生产方式的演进

第一阶段，用数字化代表信息化。汽车产业产品、运营、市场、价值链、供应链等各环节用数据呈现，是网联化的基础。从企业层面，PLM（产品全生命周期管理系统）、ERP（企业资源计划系统）、WMS/WCS（仓库管理/控制系统）和 MES（生产过程执行系统）等子系统全面实现数据化，各

---

①② 赵剑波．推动新一代信息技术与实体经济融合发展：基于智能制造视角［J/OL］．科学学与科学技术管理：1－19［2020－03－10］．http：//kns. cnki. net/kcms/detail/12. 1117. G3. 20200306. 1746. 002. html.

个关键系统之间建立数据标准，可由机器统一控制，形成资源集成利用的基础。

第二阶段，数字化促进子系统集成，逐渐实现网联化；在数据信息基础上形成数据管理、分析系统，将原有生产、营销、服务等分散的设备、环节、系统进行改造以接入网络，以数据促进 PLM、ERP、WMS/WCS、MES 等子系统连接和集成，汽车企业之间在数据共享、知识管理和企业管理运营、上下游数据和质量环节把控、虚拟研发与制造等挖掘价值，形成高效的资源数据库和网联系统。

第三阶段，在数字、网联化的基础上进一步实现智能化。在生产、运营、外部环境与资源、价值链、供应链、服务等大数据互联互通基础上，形成由数据驱动的互联、互动、全面智能化的生产制造体系。通过数据集成来获取产品原材料生产运行、产品质量和售后等综合性大数据。

（2）数据提升汽车产业生产管理效能。

数据联通了技术人员、工业机器人和数控机床、生产等过程，产业之间、产业与个人间信息不对称问题减少。汽车企业可以借助数字化和智能化，通过综合使用产品生命周期管理（PLM）、监控系统（SCADA）、业务流程重组（BPR）、企业资源计划系统（ERP）、制造资源计划（MRPII）等①，从汽车技术研发、外观设计、原材料生产、生产计划、销售和物流、售后服务等按照数字标准全新的价值链设计，实现从前期设计、中期生产到后期服务的全流程管理，提升产品生命周期管理（PLM），提升决策的科学性。从企业角度，企业的管理经验可实现由数据表达，提升产品设计、投入预测、各层级的技术传递特征、研发和产权管理、战略分析等科学管理的程度。

汽车企业通过工厂数字化、智能化建设实现智能制造，建立产业生命周期协同管理，通过数字管理实现产品设计、整车制造、原材料供应、物流配送、售后服务等几个链条的有机整合，建立贯穿产品全生命周期协同管理。目前汽车制造业中主流的方式是制造执行系统（Manufacturing Execution System，MES），可以实现打通各类系统。此外，汽车在新技术下被重新定义，

① 邵婧婷．数字化、智能化技术对企业价值链的重塑研究［J］．经济纵横，2019（9）．

人与车的关系、车与车的互联、制度、商业模式与生态结构都将呈现全新形态，全产业链互联程度更深，且影响交通、能源、环境等领域[①]。

5.3.3　价值形态维度升级：汽车产业价值维度拓宽

在马克思看来，技术创新促使社会对产品的数量和品质需求提升，也促进社会生产部门细分。“机器生产用相对少量的工人所提供的原料、半成品、工具等等的数量日益增加了……加工就越分越细，因而社会生产部门也就越来越多样化。”[②]“随着发明的增多和对新发明的机器的需求的增加，一方面机器制造业日益分为多种多样的独立部门，另一方面制造机器的工场手工业内的分工也日益发展。”[③] 马克思对“机器的广泛应用”或是“工业的变革”的论述，可以看作现代意义上技术创新对生产社会化的推动，社会生产中生产部门更多、分工更细更专业化，相对应的生产的产品种类也更多，劳动生产率和产品质量提升。

产业升级涉及生产体系、制造体系、服务体系等多环节重塑，是一个整体性、系统性、复杂性和综合性的总体过程，汽车上下游生产企业和环节是总生产过程中的组成部分，随着新技术、新工艺（数字化生产、人工智能、可再生能源技术）等技术族群渗透和扩散，产业的劳动力、劳动资料、劳动对象等生产力要素在汽车企业等组织和空间形态下进行配置组合，企业推行智能化、数字化平台，新技术引领传统制造业生产力发展，提升了高级生产要素比重，扩大了汽车制造生产要素的边界、范围，优化了生产要素配置，生产工具向智能化、虚拟化方向发展，汽车产业原有生产方式改变，形成汽车产业内部上下游产业链、产业间各种新的联结方式，衍生出新的商品与服务。

（1）汽车产业边界拓宽。

马克思对工业部门进行考察后提出，“一个工业部门生产方式的变革，

---

① SHI T, ZHAO F, HAO H, et al. Structure analysis and cost estimation of bybrid electric passenger vehicle and the application in China Case [C]. WCX World Congress Experience. 2018, Detroit, US.

② 马克思，恩格斯．马克思恩格斯全集．第 23 卷［M］．北京：人民出版社，1972：47.

③ 马克思，恩格斯．马克思恩格斯全集．第 23 卷［M］．北京：人民出版社，1972：419.

必定引起其他部门生产方式的变革"[①]。前文已经提出，汽车产品朝着新技术承载体、新型移动智能终端、数字和存储空间等形态演进展，涉及数字信息、能源与环境、城市交通规划、制造自动化等多领域，朝着"汽车+"跨界融合方向[②]发展。

智能化、电动化汽车是转型升级的方向，是在数据平台支撑下采集、处理、反馈数据的网联终端产品，以数据为基础的能化则推动了制造体系、智能产品的同向升级，形成由数据驱动的互联、互动、全面智能化的生产制造体系，包括传统整车生产企业、零部件生产企业、智能软硬件供应商构成全新产业生态圈，贯穿设计、生产、物流、服务等多环节，形成横向、纵向的"端—端"的联系与集合，实现全产业链条中各工厂之间的综合联通与高效协作。通用、奥迪、福特、丰田等整车企业都纷纷拓展其产品和服务价值，如建立自动驾驶商用路线图，整合汽车零部件供应商资源，提供自动驾驶、汽车互联、人机交互等服务。谷歌、苹果、百度等大力拓展价值体系。

汽车产业和产品边界拓展。汽车智能制造提升对其他制造业的示范效应，汽车领域一旦建立起成熟的数据标准和智能化装备（如无人驾驶等），将带动互联网设施、传感器的中间产品大量供给与使用，最大程度提升以"智慧城市"建设为引领的智能交通、物流、网络等系统的效能提升。

（2）产业服务价值拓宽。

人工智能、大数据、5G 和云计算等新技术将加快汽车商业模式、使用方式的转变。销售、售后服务等与用户接触环节，将以数据形态转换至产品使用和售后分析系统，反向反馈至汽车生产和经销商。

①智能终端的使用，可以将产品销售、库存、利润、仓储物流等信息快捷、透明可视化呈现，实现销售终端的可视化管理和市场分析[③]，不仅可以便于经销商量化分析、动态销售考核，还可以反向指导生产和经销商进行生

---

① 魏旭．马克思的产业升级思想及其对当代中国结构转型的指导意义［J］．毛泽东邓小平理论研究，2018（6）：40－48.

② 工业和信息化部，国家发展改革委，科技部．三部委关于印发《汽车产业中长期发展规划》的通知［EB/OL］．http：//www.miit.gov.cn/n1146295/n1652858/n1652930/n3757018/c5600356/content.html.

③ 蔡跃洲．数字经济的增加值及贡献度测算：历史沿革？理论基础与方法框架［J］．求是学刊，2018（5）：65－71.

产决策。

②整合了物流、线上支付、售后保障等信息模块的线上电子商务模式，改变了汽车制造商、经销商、品牌商、消费者之间的互动关系。通过空间产品平台展示，不仅使消费者的交流更便捷、成本更低，消费者可以在线上完成试驾预约、产品定制，进而转移到生产、物流系统，实现车辆定制。

③数据挖掘与偏好分析。借助企业Web商务数据挖掘系统，企业与消费者的交互模式由“企业对企业”（B2B）转变为以时时统筹、满足消费特征需求、智能预判等为特征的“人人对人人”（E2E）模式①。企业重视以消费者为中心的理念，数据分析能力可以通过预测和分析消费者需求情况，以大数据、云计算、物联网、新材料为基础进行模块化的系统衔接和算法优化，快速从消费关注、消费体验、使用反馈中获取消费偏好信息，将用户需求联通车企订单处理系统、再与生产制造系统、物流供应系统进行实时互动和算法优化，动态调整生产方式和生产模块（如商旅、房车、越野、内饰、外观），针对不同需求进行产品设计，以满足消费个性化需求。

（3）化解规模化和定制化矛盾。

汽车平台指在平台载体中使用各类通用部件的组合件，模块指在平台有通用部件的组合，而架构平台指由共性模块组成的平台②。平台化的核心在于实现不同产品间零部件的通用。20世纪80年代大众等车企已提出汽车产品平台构想③，核心的理念是在同一个汽车产品平台内，通用零部件来组合不同车型，而不同的车型间拥有类似的结构，这位产品研发制造极为方便④。平台化有节约成本、缩短开发时间、提升质量的优势⑤。传统平台实际上就是一种产品平台，平台内不同产品共享相同的零部件，形成相同或者相似的动力总成和底盘结构，但在不同平台间零部件通用程度却非常低⑥。而基于

① 邵婧婷．数字化、智能化技术对企业价值链的重塑研究［J］．经济纵横，2019（9）：19.

② 赵福全，刘宗巍，李赞．汽车产品平台化模块化开发模式与实施策略［J］．现代制造技术与装备，2018（6）：1-6.

③ 鞠晓峰．车身平台化开发策略研究［J］．汽车技术，2012（2）：7-10.

④ 陈虹．上汽自主品牌产品开发的架构策略［J］．汽车工程，2010（6）：461-465.

⑤ 蔡洪明，李跃武，乐志国等．汽车平台及通用化研发模式探索［J］．汽车工程师，2011（1）：15-18.

⑥ Muffatto M. Introducing a platform strategy in product development［J］. International Journal of Production Economics，1999（60/61）：145-153.

智能化的架构平台则削弱跨平台间的兼容局限，实现更大范围的零部件通用，对于产业整体规模和范围扩大、节约生产成本具有优势（见图5.5①）。

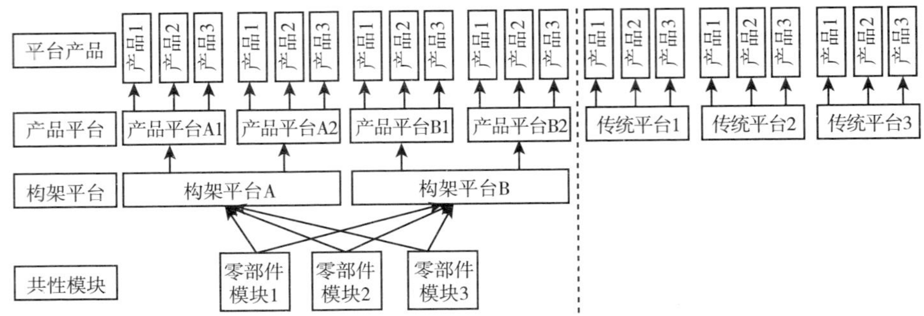

图5.5 汽车产业生产平台架构

目前较为成熟的传统燃油技术汽车平台有大众的发动机横置模块化（ModularerQuerbaukasten，MQB）平台、丰田新全球架构（Toyota New Global Architecture，TNGA）平台等。MQB平台通过整合PQ2，PQ3、PQ4平台，形成扩展范围更广的模块化统一组合平台②。除前轴与前围板规格保持原样外，轴距、前悬、后悬、轮距等都实现了柔性生产，80%～85%的零部件实现通用，可以规划几十款车型产品③。而丰田整合NBC、B、K、N四大平台，提出了包括混动、前驱、后驱的三大类产品的新全球架构（Toyota New Global Architecture，TNGA）④，提升整体生产柔性程度。

汽车产业链的模块化过程，主要是通过显性和规范的设计规制来促使模块间的相互兼容，在产业生态中，模块化减少知识显性范围，促使各环节专注于优势领域，有助于报酬递增。汽车大型供应商、分销商大型经销商属于独立的模块化环节，拥有独立的创新构架，并非完全受控于受制于主导厂商，其在技术标准框架下不断创新，以保持竞争优势行业领先地位。例如，大众、丰田在全球拥有数百家供应商，其间不乏众多知名企业，这些知名企

① 赵福全，刘宗巍，李赞．汽车产品平台化模块化开发模式与实施策略［J］．现代制造技术与装备，2018（6）：1－6.

② 田静．汽车平台及发展趋势简析［J］．科技和产业，2013（10）：166－169.

③ 黄方庆．大众横置发动机模块战略（MQB）分析［J］．汽车与配件，2012（14）：20－21.

④ 刘华，吴琦晓，张亚萍等．浅析汽车平台演进与模块化战略［J］．上海汽车，2014（12）：31－40.

业专注于核心部件或产品的技术创新，各模块企业在网络生态中共享利益，协同创新。

模块化组合破解了规模化、定制化之间的生产矛盾。我国《汽车产业中长期发展规划》指出，“汽车生产方式向充分互联协作的智能制造体系演进，产业上下游关系更加紧密，生产资源实现全球高效配置，研发制造效率大幅提升，个性化定制生产模式将成为趋势”①。非模块化的产品架构，在产品设计时注入个性化考虑，企业决策系统中须包容个性产品特征、模块化技术功能界面。

汽车巨头都在积极打造多种模块，通过模块组合形成不同设计和生产。从成本和规模角度考虑，福特制主导了第二次工业革命之后汽车产业规模化、标准化的生产方式，建设专用、固定的生产线，对零部件进行标准化，极大加速了汽车产业的生产规模和效率，但也牺牲了柔性生产机会成本，难以实现个性化。受制于汽车产能的快速增长和传统汽车市场饱和，消费需求逐渐向个性化转变的影响，以满足消费者个性化需求的规模型定制将成为企业未来主要的竞争方式。以数据化、信息化为主要特征的柔性制造取代标准化的刚性制造快速向汽车制造领域融合，为大规模、个性化定制生产范式创造了可能。工业 4.0 智能生产系统（如前文提及的由 PLM、SCADA、BPR、ERP、MRPII 等系列子系统组成）逐渐取代传统生产模式后，重塑制造流程、产品结构，从技术层面实现了突破定制化和规模化这一原来看似“不可调和的矛盾”的可能，规模性的定制是依托模块化的产品设计，由不同模块形成多样化的产品组合，由用户参与生产流程并创造价值，由产品层次推动形成规模经济的方式，转向由模块层次实现规模经济的方式，实现汽车产品批量式的定制生产。

5.3.4　生产组织维度升级：呈现新的生产组织特征

对于生产环节上的创新，马克思在《1857 ~ 1858 年经济学手稿》中提

① 工业和信息化部，国家发展改革委，科技部．三部委关于印发《汽车产业中长期发展规划》的通知［EB/OL］. http://www.miit.gov.cn/n1146295/n1652858/n1652930/n3757018/c5600356/content.html.

出，重大产品创新将带来的分工和交换价值体系的内生性扩张[①]。新产品、新部门会在质上扩大社会分工体系和价值交换体系。电动化、智能化等新技术特征，也将带来新的生产组织方式。

（1）企业间形成新的分工和竞合关系。

马克思通过对工场手工业内部的生产过程的研究，发现不同特殊阶段有各自特殊的操作，即生产过程内部各个生产阶段、生产工序存在着空间分离现象，“在这种场合，不同的结合的工场手工业成了一个总工场手工业在空间上多少分离的部门，同时又是各有分工的、互补依赖的生产过程”[②]。有机工场手工业“是依次经过一系列互相关联的过程和操作而取得完成的形态”[③]。不同类型和规模的企业数量和产值占比、联结方式和分工协作关系，对于传统产业升级起到至关重要的作用。分工与交易成本的降低可以解释其网络关系，由劳动分工体系建立经济关系增加了沟通机会，提升知识和技术等高级要素的扩散，并反过来提升对经济关系的影响程度。在新能源技术、智能化技术、信息技术等新技术特征下，汽车生产过程和“分离部门”之间呈现新“时空”特征。

传统汽车产业是典型的寡头垄断行业，汽车巨头拥有核心技术和关键零部件技术，掌控着全产业链。整车制造商、部件供应商、产品经销商和服务提供商之间的竞争对抗性强，企业生产组织边界清晰，研发设计、生产组装、服务售后等环节嵌套在“部门—生产—班组”等科层组织内，各个环节相对孤立，难以克服市场信息的不对称，某个环节上出现问题易提升整体生产风险。

新能源、数字化、智能化等新技术特征促进竞争垄断范式向竞争合作范式转变，汽车巨头与模块供应商之间的关系已经由传统线性模式转为网状结构。以“电池、电机、电动”为主要特征的汽车产业的生产构架整体上将以“软件+硬件+网络”为主，以整车、零部件为基础，增加提供信息、网联、智能化技术和电池技术的科技企业。汽车制造企业除了硬件产品生产外，新

---

① 孟捷．产品创新与马克思主义资本积累理论［A］．出自张宇等编：高级政治经济学马克思主义政治经济学的最新发展［C］．经济科学出版社，2002：58．

② 马克思．资本论（第1卷）［M］．北京：人民出版社，2004：403．

③ 马克思．资本论（第1卷）［M］．北京：人民出版社，2004：397．

能源技术、以数据为基础的互联和智能制造体系，需要软件企业、服务企业、科技公司等组成的供应链企业与之形成“整零关系”作为支撑，汽车产业在研发、制造、智能升级和相关服务等应用场景领域，涉及多家500强公司和产业链公司。因此产业生态融入了新的企业，信息技术、软硬件科技、内容商、服务商、负责建设基础设施的公司等纷纷加入，主导厂商的传统集权组织构架也相应调整为利益共享平台—网络状产业链结构，领导型汽车企业与模块供应商（零部件生产供应商、经销商等）之间通过“竞合”关系来实现价值联系，原本垂直线型的产业价值链转变为成网状交叉状，出现了与市场、科层中间型组织有别的新型组织—新的企业网络组织。汽车企业之间的竞争也由核心技术、生产、供应等环节转向对产业生态布局的竞争。汽车生产组织中的各环节将不断细分，企业的资源配置形态将从强计划性、集中性和中心化的特征，转向以数据为基础和以需求为导向的数据交互中心、技术研发中心、分析决策中心、管理控制中心等综合方向发展，这实质上是内部高度信息化，疏散生产风险、降低产能集中度、降低企业生产信息成本的方式。

（2）形成新的产业组织形态—产业平台公司。

马克思、熊彼特都强调了大企业、垄断厂商在创新中的巨大作用。“社会生产力的发展怎样以大规模的协作作为前提，怎样只有在这个前提下，才能组织劳动的分工和结合，才能使生产资料由于大规模积聚而得到节约，才能产生那些按其物质属性来说只适于共同使用的劳动资料，如机器体系等等，才能使巨大的自然力为生产服务，才能使生产过程变为科学在工艺上的应用。①”技术革命带来的汽车产业生态无边界、汽车企业经营有边界的新特征，需要一个有效的载体来平衡。

汽车产业平台是顺应网络竞争形态而出现的产业新形态。全球知名的大型汽车生产企业组织升级的方向是打造平台公司，越是有资金实力的大型企业，越有能力在先进制造系统和技术创新上投入研发或者资源，剥离垂直生产模式下的非核心业务，提升资源集中度，专注于保持在核心技术、关键资源领域的统治力和竞争力。在当前多技术路径和汽车市场换挡

① 马克思．资本论第1卷［M］．北京人民出版社，1975：684．

升级期，规模较小汽车或者经销企业可从差异化、个性化服务入手，通过数据存储平台、物联网等，以个性化、小规模和柔性制造的方式融入生产生态体系中。

产业平台公司由车企巨头发起、各汽车生产企业联合参与组成，整合硬件、软件、服务等企业资源。德国、美国和日本等汽车制造大国产业集中度高，知名车企（整车制造、互联网企业等）纷纷整合资源构建新技术条件下的生态平台，希望占据新能源、智能化方面的先机。如前文提及的德国大众集团打造的横置发动机模块化平台（MQB，Modular Querbaukasten）和模块化电动平台（MEB，ModularerElektrobaukasten）、日本丰田的新全球架构（TNGA，Toyota New Global Architecture）等都是基于新技术特征、个性需要而设计的模块平台等，丰田汽车还整合自动驾驶、车联网、移动出行服务、大数据等内外部资源，形成庞大的产业生态体系。通过一段时间的整合、运营、竞合，平台公司形成规模后，将进一步形成各有分工、具有集成效应的汽车产业网联平台公司。

5.4 产业价值链升级

资本主义生产方式要求等量资本获取等量利润，因此资本会由利润低的部门流向利润率高的部门，其中就包含新增资本流入和原有资本转移，逐步形成全社会平均利润率，促进产业间技术、方法的扩散。产业内资本之间的竞争提升不同部门之间的关联效应，加快两大部类分工和转化，促进产业生产链条前向和后向拓展，形成产业链和价值链的改变。

“如果生产场所扩大了，就是在外延上扩大；如果生产资料效率提高了，就是在内涵上扩大。”① 汽车产业上下游产业链众多，要实现汽车产业升级，需要“建链、补链、延链、强链、扩链”，真正提升汽车内涵发展水平。从技术创新对汽车产业升级的路径表现来看，产业升级主要表现为向产业价值链附加值高的两端、新价值链移动，表现为要素升级、工业升级、流程升

① 马克思，恩格斯．马克思恩格斯全集．第24卷［M］．北京：人民出版社，1974：36.

级、功能升级、消费升级和组织创新、商业模式创新等。本节内容，将在前文关于突破性技术创新驱动汽车产业升级机理分析基础上，结合产业价值链和产品生命周期理论，从汽车产业价值链附加值高的“技术端”“市场端”入手，总结出技术创新推动汽车产业升级的“前期、中期、后期”价值链升级路径。

5.4.1　不同技术条件下价值链的特征

“第二种机会窗口”为包括中国在内的汽车大国带来赶超机会。虽然发达国家具有智能化、电动化等领域研发基础，但技术体系尚未成熟，加上中国在该领域的差距并不像传统汽车核心技术领域那么明显，以电动、氢能驱动的技术，降低了后发企业跨越燃油发动机和变速器技术壁垒的难度，因此发达国家和基础扎实的发展中国家可能“处在同一起跑线”，产业创新也将从模仿性创新为主向自主研发创新过度。

以“电池、电机、电控”为特征的新能源汽车是智能化最好的结合体。长期以来，欧美、日本等国家借由燃油车核心技术上的绝对垄断优势，牢牢掌控产业链附加值最高的环节，后发企业只能通过合资合作或者技术模仿，在低端产品上徘徊。以电动化带动智能化的技术，改变了原有汽车发动机械原理和结构，总体而言，打破电池驱动系统技术壁垒难度小于传统发动机技术。

（1）传统燃油驱动原理下产业价值链升级特征。

传统燃油驱动原理下，国外汽车母公司、外资公司的产品、服务的附加值整体高于中国企业（见图 5.6[①]），尤其在微笑曲线前端的基础研发和关键零部件研发环节，我国与国外还存在较大的差距。汽车硬件生产环节可分解为发动机、底盘、车身和电气设备等主要机身设备；从价值链微笑曲线来看，汽车产业总体上可分为研发、制造、营销、维护等环节，分别分布在微笑曲线前端（基础研发系统设计、关键部件系统设计、模块设计）、微笑曲线中端（供应链、模块、零部件生产、组装）、微笑曲线后端（物流、品牌

① 陶涛．技术创新与中国汽车价值链结构［J］．中国经贸，2019（2）．

管理、分销销售）等。从价值链升级的角度，是附加值高的微笑曲线两端环节演进，具体指从原材料生产、低端产品制造和组装等环节，向前段研发、设计、关键核心部件制造，以及向物流、销售等服务环节延伸。不同的生产环节中单位投入所产生的附加值也有所不同，能够掌握产业链核心环节的企业，往往拥有全产业链研发、设计、生产、管理能力等，在全球产业链中竞争力强，不易被替代。

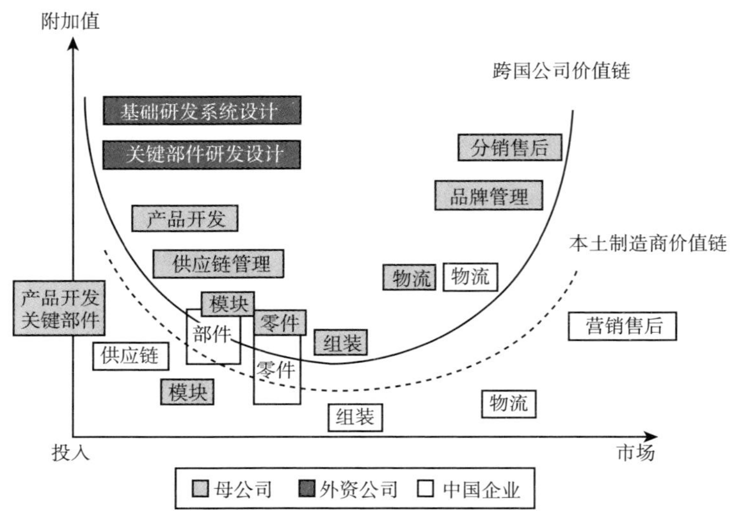

图 5.6　中国的汽车价值链

（2）新技术条件下汽车产业价值链特征。

在云平台、大数据、智能化技术支撑下，汽车价值链“微笑曲线”附加值发生变化，横向、纵向之间创新资源整合。具体而言，由于智能化、新能源改变了汽车产品的生产组织方式，在基础设计研发环节，呈现“软件硬件分离、众筹分包”的新特征，汽车整车、零部件制造商与大数据公司、互联网企业、科技研发机构合作加强。在微笑曲线右侧，大数据、智能化等新技术在产业链中进行扩散，能够促进产业链各环节出现创新机遇，如以大数据、精准营销进行产品销售；通过金融保险等进行市场服务创新；通过共享等新理念，在汽车的归属、使用、维护、回收等开展新模式，提升产业附加值，实现产业升级。

5.4.2 技术与市场对价值链升级的影响

（1）技术对价值链升级的作用。

多西提从创新路径出发提出了“技术轨道”理论，为技术后发国家通过“机会窗口”进行产业赶超起到了指导作用。弗里曼认为，在技术创新过程中，企业从产业链出发，选择不同的技术方法、技术标准、路线和整合方式、设计模式、工艺流程等[①]。技术轨道具有以下特征：①系统性。新电池、智能化技术凝结了多学科知识，是由各学科知识构成的技术体系。②累积性。柳卸林（1997）对技术轨道的解释为：针对某一产业的新技术发展方向，可以用于解决某些具体问题的关联方法[②]。由于技术轨道具有积累性，原有的、旧的技术会导致技术惯性和路径依赖，汽车产业技术发展历经较长时间的学习和吸收，属于强技术轨道。相比弱技术轨道，汽车产业的“强技术轨道”更容易出现跨越机会[③]，实现新技术对旧技术的替代。③有限性。汽车产业中，能够推动产业跨越原技术轨道路径的核心技术，往往是有限的几种，如以数字化为代表的信息化、智能化，以及以电动化、氢能化为方向的新能源技术等是主要的技术方向，在该技术轨道出现技术范式更替。④进入的成本差异性。汽车产业技术密集，生产设备的专用性和成本（投资）高，进入壁垒高。

在以燃油发动机为主要驱动原理的传统汽车领域，油耗、提速、外观等技术发生重大改进的空间小，持续成本投入边际效率降低，在第 4 章分析中，全球汽车产业销量持续 2 年下滑也说明汽车产业亟待以新技术轨道技术革新，刺激市场新的需求。“蛙跳”理论认为在技术生命周期的前期阶段，新技术轨道上由于进入壁垒门槛低而具有绝佳的机会窗口期，后发国家可以选择还未成熟的技术，以新技术为起点，在某些产业实现赶超。在数字化、智能化、网联化等新技术驱动下，汽车产业的商业模式、生产组织方式、产

① 克利斯·弗里曼．罗克·苏特．工业创新经济学［M］．北京：北京大学出版社，2004：60．

② 柳卸林．技术轨道和自主创新［J］．中国科技论坛，1997（2）：13．

③ 熊鸿儒，王毅，林敏，吴贵生．技术轨道研究：述评与展望［J］．科学学与科学技术管理，2012（7）：22．

业形态会发生革命性改变，产业空间拓展及衍生出新产业形态，实现生产力跃升，形成产业新的增长点。如人工智能、大数据、云计算等新信息技术与制造业的融合和扩散渗透，促进智能网联汽车等产业快速发展和逐渐成熟。由于我国在新能源、智能化、网联化技术上积累较早，可以在原有汽车制造体系基础上，对新技术体系进行持续的要素投入和政策倾斜，加大新能源、新材料、物联网等战略性新兴产业与传统汽车制造业融合程度。在技术层面，传统汽车企业通过数字化、信息化、智能化、网联化的新技术改造，提升生产工艺、核心元器件等技术设备，促进生产和产品结构向高附加值的价值链领域转移，提升企业生产率、改善经营绩效，促进工艺流程、生产线、产业链组合创新。

（2）市场对价值链升级的作用。

新一轮科技和产业革命信息化基础上增加可再生能源革命（绿色技术）、智能化等新内涵①，带来技术路线、市场环境、商业模式等不确定性。在传统汽车产业领域，燃油发动机、变速器等核心技术已经成熟，汽车企业根据市场用户需求，采取渐进技术创新方式对现有汽车产品进行工艺创新和流程创新（如空间大小、舒适性、外观、油耗、起步速度），实质是对现有的产品进行调整和改良。而以电池为能耗和动力的电动汽车、无人驾驶汽车等突破性技术创新是颠覆性创新，这类创新建立在大量的研发投入基础上，是一个多学科融合、知识和技术长期累积和不断完善的过程，因此也存在技术前景、市场前景的双重不确定，甚至存在一定失败风险。如 2019 年我国新能源汽车产销量出现了下滑趋势，分别为 124.2 万辆、120.6 万辆，同比下降 2.3%、4.0%②；特斯拉（TSLA）在 2019 年的第一个月只交付了 6500 量 Model3 而低于预期③。虽然市场对新技术的反应受到政府作用、居民收入、习惯和理念等多重因素的影响，销量低迷不能完全归咎于突破性创新技术，但是仍一定程度说明技术和市场前景的不确定性。

---

① 贾根良．第三次工业革命与新型工业化道路的新思维——来自演化经济学和经济史的视角［J］．中国人民大学学报，2013（2）：43－52.

② 搜狐网．中汽协：2019 年新能源车下滑 4.0%，汽车下滑 8.2%［EB/OL］．https：//www.sohu.com/a/367335357_190663.

③ 新浪网．预订未达预期，特斯拉慢慢走下“神坛”？［EB/OL］．http：//finance.sina.com.cn/stock/usstock/c/2019－02－14/doc－ihqfskcp5294277.shtml.

①技术需要市场规模来实现规模经济。Herrmann 等[①]认为突破性技术既可以满足现有市场用户需求，也可以通过发掘潜在市场及满足更高层次需求。汽车企业进行创新的动力，也来源于对相对剩余价值的生产来拓展利润空间、即通过新技术开发新市场和满足潜在市场需求，挖掘新增长点。当前从科学发现环节到生产应用几乎可以实现同步，是技术进步路径的革命性变化[②]。市场需求促使新技术生成，而技术带来新产品诞生，市场需求也会促使企业创新研发的良性循环、促进技术成熟。突破性技术创新涉及实质性的激进技术，这些激进技术与现有产品相比能给客户提供更多持续性利益，在很大程度上会改变现有的消费及使用模式，形成新的市场和价值空间[③④]。

②在产业价值链微笑曲线的两端，除价值链前端设计和研发外，产业链上有另外一个附加值高的区域，是“市场端”。在技术发展历程中，新的、颠覆性的技术革命发生次数有限，支撑创新活动的除了多西提出的“技术轨道”理论，还需要持续动态的市场等支撑[⑤]。产业发展的历史经验也证明，对于处于追赶阶段的后发国家中，市场重于技术[⑥]。

汽车产业第一次大规模转移、即由欧洲转移向美国的历史经验充分说明，市场规模是实现汽车产业转移及升级的决定性因素之一。汽车技术诞生于德国、法国等欧洲国家，但受制于市场狭小，在美国开始研发和生产汽车后，庞大的市场需求进一步刺激了汽车产业的生产创新、流程创新和工艺创新，并使得美国超越欧洲，成为汽车大国和强国，创造了“福特制”并超越原有技术轨道而成为新技术领导者。在全球第四次汽车产业转移浪潮中，我国正是以“市场换技术”的方式，吸引了大众、丰田等汽车巨头来华投资建厂，我国由低端的组装、零部件生产开始发展汽车工业，并一举成为全球产

① 李平．颠覆性创新的机理性研究［M］．北京：经济管理出版社，2017：29－30.

② 洪银兴．关于创新驱动和创新型经济的几个重要概念［J］．群众出版社，2011（8）：18－20.

③ CHRISTENSEN C M，RAYNOR M，MCDONALD R. What is disruptive innovation?［J］．Harvard Business Review，2015，93（12）：44－63.

④ OCONNOR GC，DEMARTINO R. Organizing for radical innovation：an exploratory study of the structural aspects of RI management systems in large established firms［J］．Journal of Product Innovation Management，2006，23（6）：475－497.

⑤ Nelson R R，Winter S C. An Evolutionary Theory of Economic Change［M］．Boston：Harvard University Press，1982.

⑥ 贾根良．从价值链高端入手实现技术追超［N］．科技日报，2013－5－27.

销量排名第一的汽车产业大国。

从市场端着手的创新，能够加速创新发展进程，推动新技术在市场的加快使用，促进汽车组织结构优化、生产自动化水平、盈利方式和服务模式调整，提升新能源汽车、智能化汽车的市场占有率。当新技术实现基础模块研发和众多模块投入生产、形成多样化产品后，会逐渐降低前端技术轨道产品创新的频率，企业研发的重心逐渐转入到市场轨道上的产品创新和服务创新。新能源、智能化等技术尚处于技术前期阶段，需要大量人员、设备、器材等研发投入来促进技术的成熟，而产业在市场中形成市场规模，才能维持、平衡企业研发投入。当传统汽车产业已经步入中低速发展期后，颠覆顾客对传统汽车的需求特性，挖掘出“颠覆性”的市场，是市场轨道的应有之义。

③在市场轨道中，一般是通过集成创新、商业模式创新、消费创新等来实现市场颠覆。一是商业模式创新。商业模式创新是企业价值创造的基本逻辑（Sonsna，2010），是从顾客角度思考及创造价值。二是反向技术集成。传统汽车更多是道路运输工具，而智能化、网联化技术，却可以使汽车变成“万物互联”的网联终端产品。三是设计创新。“设计驱动创新强调产品与人、产品与社会等，通过对用户购买使用产品的深层次心理和文化的挖掘，实现产品意义的突破性创新。[①]”设计更多是从消费者心理、文化、习俗、环保等多方面入手进行的产品语言、功能和质量层面的物质和精神再造，以此提升企业形象和颠覆消费者的认知。

5.4.3 价值链升级的阶段和路径

如前所述，技术创新驱动产业升级，表现为全产业链创新和价值链的升级。知识和技术之间快速交叉融合，展示了技术进步的革命性变化，当前新的科技创新到产业领域的运用几乎是同时进行的[②]。本书提出，在智能化、新能源等新技术条件下，从新技术研发到产品市场化的过程，要经历前端、

① 叶伟巍，王翠霞，王皓白．设计驱动型创新机理的实证研究［J］．科学学研究，2013(08)：13.

② 洪银兴．关于创新驱动和创新型经济的几个重要概念［J］．群众，2011（8）：18－20.

中端和后端三个路径阶段：前端过程侧重在信息化、智能化、新能源等新技术方向上的研发和知识创造、积累；中端过程侧重对技术成果的孵化和运用；后端过程是智能化、绿色化在汽车产业广泛使用的市场化阶段。三个阶段以“时间继起、空间并存”为特征。

（1）前端路径。

从产品生命周期阶段特征来看，由于智能化、新能源技术目前处于产品生命周期早期阶段，主要以基础研发、技术创新为主。技术不成熟及市场占有率和收益存在不确定性，产业整体发展受到汽车企业创新能力、政府扶持（财政税收、法律法规、融资畅通）力度、市场培育程度等影响。由于工业 4.0 转型、新电池技术、氢能技术等存在创新不确定性和需要大量资本投入，通常需要原始创新或者引进再创新；在生产方式上，汽车企业根据技术趋势、市场环境和企业能力，采用独立研发或者合作的方式，通过将关联知识纳入组织内部进行匹配、整合与吸收，开展新的知识创造。政府从提升国家或地方竞争力的角度，加大政策倾斜。

（2）中端路径。

中端路径主要是将前端实验室、研发形成的新技术、新装备推广至生产、产品环节，将知识形态的生产力转换为现实形态的生产力，是一个技术逐渐成熟和科技孵化的过程。汽车制造企业或者汽车大型经销商出于对新技术预期效用最大化的追逐动机，通过企业内部技术转化、购买专利或者合作研发获取技术专利，追求成果有效转化。这个过程是一个融合多学科、涉及知识创造、技术创新多主体资源整合的综合过程，需要通过组织创新加大资源配置和优化，实现新技术向产业的实现和过渡。包含政府、企业、创新平台、融资平台、专业中介等多元主体。

（3）后端过程。

产品生命周期的中后期、技术成熟和产品市场占有率提升的阶段。知识形态的生产力向现实形态的生产力转化后，采取工艺创新、商业模式创新、组织创新等，加强市场推广和实现技术产品化、规模化，并反向促进技术的改造和成熟的过程。一是持续的通过研发进行技术创新和产品创新，促使技术在市场化的过程中不断完善，以满足市场对于产品的更新需求。如新能源汽车电池峰值上限、安全标准、百米加速等技术需要在产品推广中实现进步；特斯拉、蔚来等推出了智能化车载系统，但无人驾驶技术中道路障碍识别和安全应急标准是一个逐渐提高的过程。二是企业应加强商业模式创新，通过对产品价值、客户价值的宣传和挖掘，重构产业链上各环节的合作方式、收益及销售等模式等，拓展市场空间。如蔚来汽车对其智能产品实施终身免费系统升级，再比如新能源汽车“车电分离”的电池租用、回收模式等，以及系能源汽车生产企业的积分管理模式等，都属于商业模式的创新形态。三是在技术发展的中期和后期阶段，产业链各个环节持续加强流程创新、技术改造和消化再造。基于主流技术方向的各环节上技术再造、流程创新，推动技术成熟度提升。四是实现高技术逐步替换传统技术，实现产业整体的升级。剥离传统制造业务，向高端服务转型。五是实现与新技术特征相匹配的制度、管理、人员等组织创新。

5.5 本章小结

技术创新引发传统汽车制造业生产力变革，体现在扩大了生产要素的范围、提高了生产要素的质量和配置效率、改变了产业生产组织方式等。当前，汽车技术正朝着智能、低碳、信息和网联等方向发展，新能源、人工智能等突破性技术是驱动汽车产业升级的关键技术，以“电池、电机、电控”为特征的新能源技术与智能化技术是最佳结合体。技术创新驱动汽车产业升级的机理主要表现在四个方面：轨道跨越、高级要素对低级要素的嵌入和替代、生产组织方式动态变革、产业链与价值链的跃迁。

本轮汽车产业升级的首要问题，从理论层面厘清技术创新驱动产业升级的机理，进而有针对性地匹配新制度，从而保障技术创新和产业升级的实现。本书将技术创新推动产业升级的机理分析如下：

第一，“新能源技术、智能化技术创造出汽车产业新的轨道和经济范式，形成‘第二种机会窗口’产业机遇期”，表现为演化出一条非线性、新的产品轨道。即以传统燃油发动机为特征的轨道Ⅰ，转向以电喷驱动系统、智能网联汽车为特征的轨道Ⅱ。

第二，利用高级要素对低级要素进行嵌套或者组合，以新能源和智能化技术等新的知识、技术对现有的物质资本、劳动者素质和管理进行改进提升，从而打破现有均衡，实现生产要素整合与重组、提升要素的配置和利用效率，提升生产力要素质量。

第三，在突破性技术作用下，汽车生产组织方式呈现生产体系、制造体系、服务体系重塑的变革特征。新能源、智能化等技术的出现会使汽车产业中模块化生产方式、组织管理方式、竞争范式、产业间关联关系等发生深刻变化。汽车产业原有生产方式改变，本文也从技术范式、价值形态、生产组织三个维度进行了较为详细的分析。

第四，从技术创新对汽车产业升级的路径表现来看，产业升级主要表现为向产业价值链附加值高的两端、新价值链移动等。本书从汽车产业价值链附加值高的“技术端”“市场端”入手，从理论层面总结出技术创新推动汽车产业升级的“前期、中期、后期”价值链升级路径。

第 6 章

以制度创新推动技术创新和产业升级的机理研究

习近平在国际工程科技大会上指出，“未来几十年，新一轮科技革命和产业变革将同人类社会发展方式形成历史性交汇……伴随着产业转型的是制度的重要变革”。马克思在研究工业革命时，并非仅仅研究技术创新和经济发展，而是从“生产力与生产关系矛盾运动”这一辩证视角来综合考察，剖析了新技术结构下雇佣关系、社会治理等新特征。本轮技术条件下，汽车产业朝着“新四化”方向创新升级，汽车产品属性、产业生态等都将发生根本性变革，产业升级既需要尊重技术发展规律，也要注重与新的技术结构形成新制度安排，强化与技术相关的制度创新协同。

本书第 3 章也做了分析，我国汽车产业升级整体上是一个“生产力和生产关系两者之间‘不适应’的桎梏关系状态不断打破，朝着新的状态进行适应演进并达到相对平衡的创新过程”。新中国成立后，尤其是改革开放后采取的“市场换技术”模式及一系列制度安排，如实施“选择性”产业政策、以发放牌照的形式“选择赢家”、限制外资股本等，虽然推动了我国汽车产业链的快速发展和产销量的迅速提升，但我国汽车产业自主研发能力提升缓慢，还存在大量关键核心技术被“卡脖子”问题，制度制约技术创新的问题突出。

人类历史上每一次的科技革命都面临相应的生产关系调整，历次工业革命引致产业升级过程中也伴随着治理模式的变革。能否在本轮产业革命中建立和完善适应汽车产业发展的制度，来匹配新的技术创新特征及环境是实现产业升级的关键。本章将在第 5 章对技术创新规律、特征分析的基础上，进一步分析制度创新影响技术创新和产业升级的机制。

6.1　汽车制度创新的特征和实质

本节内容，从静态、动态视角分别分析制度创新的特征和实质：从静态视角将汽车制度创新的特征视为与“新能源技术和智能化技术等为主的重大突破性技术创新”相对应的“重大制度创新、辅助性制度创新”；从动态视角将汽车产业制度创新视为“由非均衡状态向均衡状态演进”的过程。

6.1.1　静态视角下汽车产业制度创新的特征

第一，制度的作用。制度是产业发展的内生性因素①，制度有降低交易费用、提供信息、利于合作和提供激励的功能属性②：首先是降低交易费用，有效的制度能够促使不确定性、讨价还价成本和机会主义行为倾向的降低；其次是提供信息，制度规定人们行为和提供行动信息，减少由于信息不对称性及不良影响；再次是利于合作，制度促进人际交往的规范性，创造主体间合作空间；最后是提供激励，通过奖励、惩罚传达激励功能。

第二，对制度创新研究主要侧重于重大制度创新。马克思研究生产力对生产关系的决定作用时，分析新技术对旧技术的取代，尤其是电力、新石器等革命性新技术出现后对生产关系的影响；而马克思研究生产关系对生产力的反作用，也侧重于关注根本性、重大制度对生产力的推动作用。诺斯研究技术创新、制度创新，也是侧重于产业革命下的重大技术创新成果、私有产权制度等重大性制度，他从制度的根本和非根本的意义上将制度分为“基础性”“第二级”制度安排③。诺斯还与戴维斯将制度分为制度“环境”（基本

① 赵玉林．创新经济学［M］．北京：中国经济出版社，2006：67.

② 姚德文．基于制度分析的产业结构升级机理与对策［J］．社会科学，2011（3）：44－52.

③ D. North，The rise and fall of the manorial system：a theoretical modle［J］. Journal of Economic History，1971（12）：31.

制度）与“安排”（具体制度）[1]。黄少安（1995）从结构层次角度将制度分为生产资料或生产要素所有制、产权制度、资源配置的调节机制等三个层次[2]。还有学者将社会经济制度分为根本性（生产资料的所有制）、重大（根本制度不变提前下的重大制度）及辅助性制度（资源配置调节机制），制度创新对应分为根本性制度创新（如社会主义取代资本主义）、重大制度创新、辅助性制度创新。

本轮引领汽车产业升级的技术，是以新能源技术和智能化技术等为主的重大突破性技术创新，需要对应之重大性、辅助性制度。技术创新、制度创新都有相应的层次性，不能简单地理解所有技术创新都会决定制度创新，如程度较小的渐进性技术创新对制度创新影响有限；也不能机械地认为所有的制度创新都对技术创新产生影响，如局部的制度调整也不会对技术创新产生明显影响。

综上，本轮影响汽车产业升级的技术是重大、突破性创新技术，而所讨论的制度，属于重大制度创新加上辅助性制度创新。既有国家层面对汽车产业的战略、宏观政策和产业政策，也有企业层面、消费层面的改进型制度调整，这些将在下一节中做具体分析。

6.1.2 动态视角下汽车产业制度创新的实质

本书认为，汽车产业制度创新，是在新技术（重大创新技术）影响下，一个打破旧的制度均衡状态、逐渐形成（或者趋向）新的制度均衡的过程。

不同的学者关于制度创新对技术创新的影响持不同观点，艾尔斯曾提出了“技术决定论”，否定了制度创新的作用；凡勃仑一定程度上肯定了制度创新对技术创新的影响；而艾尔斯认为制度“始终起消极作用”、诺斯也秉持“制度决定但缺乏匹配的制度会影响技术创新的进程”。

制度创新是一个动态匹配技术创新的过程。在技术创新对制度创新的决定性影响前提下，制度创新只有匹配生产力发展要求时方能实现对技术创新

---

① 戴维斯，诺斯．制度变迁的理论：概念与原因［M］．载《财产权利与制度变迁》上海：上海三联书店，1994：270－271．

② 黄少安．产权经济学导论［M］．济南：山东人民出版社，1995：93．

的推动，否则会在一定程度上制约技术创新。如果既有制度阻碍技术创新，制度便成为决定力量。吴敬琏曾指出，我国过去数十年在一些产业领域实现了对世界先进水平的赶超，重心都放在如何加大人力、物力的投入以及新技术研发和新产品生产上，但是在制度领域却力度不足。遇到科技成果转化慢、企业技术创新积极性不高等问题时，也没有从克服企业制度、激励机制上下功夫。我国过去汽车产业发展历程中，相应的体制机制调整较缓慢。如为了缩小与发达国家的差距，我国长期从劳动力成本、土地成本等“后发优势”引入外国车企进行技术学习模仿，在全球汽车市场一直处于追赶者的角色。在汽车产业发展中，政府拥有极大的配置资源的权力，与之对应的是长期侧重于追求规模数量政绩观下的产业引导和考核方式，很多国有汽车品牌在股权占比“不低于50%”的政策下“坐享其成”，放弃了自我研发创新，没有真正发挥市场在资源配置中的基础、决定性作用。发放牌照等“选择性产业政策”的做法，虽然一定程度解决了产业集中度低的问题，却也导致了竞争不足、自主研发动力不强等问题。随着我国汽车市场规模的快速提升，产业进一步发展、转型升级的需求越来越明显，如“竞争性”产业政策、产权制度、公平的市场环境等，都是我国所暴露出来的制度短板和亟须打破的旧制度均衡。

汽车产业升级面临全新的生态环境①、全新组织场域（Organizational Field）。某种新的、重大的技术创新形成并扩散过程，是一种新的生产方式的使用。帕蕾兹曾强调，新的生产方式在扩散至向社会生产各部门时，会与“社会制度框架”形成冲突，“社会制度框架适应于每种范式，进而影响着技术潜能得以展现的方向……这种深刻的适应对于下一次技术革命的引进和扩散会逐渐地成为一个障碍。已经建立了无数行为惯例和习惯、准则和规章的社会，难以消化新的革命，因此一场制度的创造性毁灭过程就发生了”②。在传统汽车市场等成熟场域中的制度体系，可视为制度供给与需求的相对均衡状态，汽车制度普遍存在且结构化程度高，其中的汽车母公司、经销商、

① DiMaggio P J and Powell W. The Iron Cage Revisited: Institutional Isomorphism and Collective Rationality in Organizational Fields [J]. American Sociological Review, 1983 (42): 147-160.

② Carlota Perez. Technological Innovation and Financial Capital, Cheltenham, U. K. [M], Edward Elgar, 2002: 15.

消费者、政府主管部门等有各自相对稳定的定位和角色。与成熟的“福特制”或者“丰田制”等“熟化”技术或模式不同的是，人工智能、新能源、数字化等新一轮工业革命技术特征属于不确定性较大的技术创新，不同于新技术呈现出投资风险大的特点，短期内难以形成成熟的现实生产力要素，需要不断地二次甚至多次开发和反复试错，才有可能逐渐形成成熟的技术并转换成行业共识的技术标准及进入现实生产领域。由于汽车新技术、新需求的出现，尚未形成成熟组织场域结构，需要新制度渐进式完成对旧制度的替代来逐渐实现制度供给的均衡状态。在比较成本和收益原则的基础上，政府部门、汽车生产和经营、上下游企业等创新推动者在获得潜在利益的情况下，通过制度创新来实现产业制度供给与需求的非均衡状态向均衡状态演进的过程。这个过程很大程度取决于能否形成创新驱动的制度安排，对传统汽车产业的制度提出了增加或者减少制度供给的新需求，通过制度的调整来突破制度真空和缺位期，通过建立新制度、替代旧制度等逐渐向制度均衡状态演进。因此，产业要实现升级，必须破除旧的制度阻碍，匹配新的制度环境。

6.2 汽车产业制度创新的维度

参照诺斯对制度的分类（正式制度、非正式制度），以及波特在构建竞争力模型时将要素、企业战略、政府等作为竞争力模型的主要研究对象，本书借鉴 PEST 分析理论和系统理论，结合第 5 章汽车产业技术创新的分析维度，将汽车产业制度创新的维度分为“要素—企业—政府”三个框架[①]。

6.2.1 要素培育制度创新

要素又称为生产要素或生产力因素。“从生产力自身及构成主要包含三要素：劳动力、劳动资料、劳动对象。”[②] 前文 5.2 对数据、人力资本等新型

---

① 袁中华．我国新兴产业发展的制度创新研究［M］．成都：西南财经大学出版社，2013：117.

② 张熏华．生产力与经济规律［M］．上海：复旦大学出版社，1989：4.

和高级要素对低级要素的嵌套甚至替代效应做了详细分析。高级要素是本轮汽车产业升级的基础关键因素，因此要素培育制度是汽车产业升级的核心制度。汽车产业是典型的技术、资本密集型产业，人力资本（尤其是研发人员、技术人员、高级管理人员等）、新型技术是最重要的要素，对汽车产业升级起到直接的影响作用。

加大要素制度创新，引导汽车产业创新主体对生产资料进行合理配置，加快高级要素对低级要素的嵌套甚至替代，对实现汽车产业的升级有着重要作用。

6.2.2　企业组织制度创新

企业是汽车产业中的市场竞争主体。国外的汽车生产运营和参与竞争的主体单位均为企业（如福特、丰田、特斯拉、通用等）。企业制度对汽车产业技术创新、产业升级的影响，表现为追逐新技术方向和相对剩余价值生产、把控核心技术来占有更多的生产力成果和资本积累等。

企业通过制度创新协调内部行动和适应外部环境调整，从而更好地生产符合市场需求的汽车产品、提升市场竞争力，形成产业升级的有力微观基础。本书第 5 章对于市场出现新的企业形态进行了分析，本小节不展开多的篇幅，将在第 8 章中进一步提出企业制度创新的建议。

6.2.3　政府管理制度创新

政府在本轮汽车产业升级中扮演着不可或缺的重要作用，主要体现在尊重市场规律的基础上，在“市场失灵”领域发挥“看得见的手”的作用，如实施产业政策、提供公共产品、建立技术标准等方面。由于本轮汽车产业升级，是在新能源、智能化等突破性技术背景下的颠覆性创新，更涉及汽车产业生态的整体升级，因此政府的各类制度创新是汽车升级的重要组成部分。如智能化标准和道路等基础设施、法律法规；营造公平的市场环境；明确汽车产业发展战略、科技战略；加大要素市场化程度等。政府层面制度创新的相关内容，也将在下文进一步深入分析。

6.3 制度创新影响技术创新和产业升级的主要机理

遵循生产关系适应生产力的规律，制度与一定的生产力水平保持相对稳定，当生产力发展，这种源于创新主体适应外部发展、有强制力的规则也会发生新的调整，即制度创新。从总体趋势看，技术创新与制度创新在波动中动态发展，技术创新决定制度创新，而制度创新反过来影响技术创新，制度的创新变化为技术创新提供保证和支撑①、塑造经济活动中的组织和行为方式②，甚至在某些层面来说是解放生产力、产业升级中的首要因素③。

制度主要通过规范、激励和调节技术创新并推动产业升级。

6.3.1 制度创新规范技术创新及推动产业升级

（1）政府加强宏观调控引导资本流动。

在资源配置中，受资本内在逐利性和外部竞争的影响，资本在创造效益的同时，也具有自发性和盲目性等。一方面，在逐利的自发驱动下，资本的流动是快速而有效的，但追求短期效益而忽视长期发展，常常伴随着高能耗、高污染、低质量等问题。另一方面，在外部竞争压力下，资本不断向高利润率部门流动，在产生集聚效应和规模效应的同时，也可能带来经济主体不正当竞争、产能过剩等问题。这就需要有相应的力量加以平衡和引导，即充分发挥上层建筑对经济基础的反作用，在市场决定资源配置的同时，更好地发挥政府作用，进行科学的宏观调控和有效管理，对资本的流动加以引导和保障。

（2）解决负外部性、提供公共产品。

第一，解决负外部性问题。市场失灵是政府作用的逻辑起点，在市场机

---

① NELSONRR. The coevolution of technology, industrial structure, and supporting institutions [J]. Industrial and Corporate Change, 1994, 3 (1): 47 - 63.

② Greenwood, R., & Meyer, R. E.. Influencing Ideas A Celebration of DiMaggio and Powell (1983). Journal of Management Inquiry, 2008, 17 (4), 258 - 264.

③ 刘志迎．现代产业经济学教程［M］．北京：科学出版社，2007：142.

制无法发挥作用的领域，需要政府进行规制。市场并不会对累积性、集体性的学习过程进行投资，往往是政府、汽车协会、研究机构等发挥组织创新作用，尤其是在关键的共性技术、外部性强的领域，帮助企业承担创新的不确定性成本。

当前汽车产业新能源、智能化方向，一方面是以新工业革命下突破性技术创新为引领，另一方面也是制度创新规范作用。由于新能源汽车、智能化汽车与传统技术存在重大差异，汽车的社会角色、产业结构均有重大调整，为推动技术实现，需要革新传统规制。以新能源汽车为例，政府制度可引导汽车生产企业、消费者走可持续发展道路。如从环境倒逼出发，生产新能源汽车，既要从生产环节进行节能减排，也要从新的电池、氢能技术等环节降低碳排放等。但环境污染的负外部性问题、大气使用的非排他性等问题仅靠市场手段难以解决，需要政府以"看得见的手"施以严厉的奖惩规制，才能起到引导企业和消费者走节能减排之路的效果。消费者也需要在政策引导下更新理念，适应低碳社会发展的特征。

第二，提供公共产品，保护公共利益。与电池技术、无人驾驶技术高度相关的基础研究往往具有公共物品性质，此类技术的研发收益介于社会收益与私人收益之间，企业自主意愿不高，往往需要政府进行补贴来加大研发力度。智能化驾驶需要道路、网络等基础设施作为支撑，企业无法自行解决基础设施建设问题，需要政府因势利导。汽车产业数字化发展也会加剧市场失灵，会加剧信息不对称、研发投入大、风险高等问题。同时，数据孤岛、数据安全、无人驾驶的法律和道德伦理等公共利益问题，都需要政府跟进协调。

我国汽车人均保有量大幅提升，带来了能源消耗、道路拥堵和环境污染等一系列问题。政府需要出台新制度来提升公共空间、车辆利用率，降低环境污染，减少拥堵和交通事故。

（3）引导建立行业技术标准。

技术标准是产品、技术的参数规范，也是作为标准基础的技术集合[①]、产业技术发展的基础设施。由于汽车产品是一个高度集成、高度标准化的产

① 吕铁．论技术标准化与产业标准战略［J］．中国工业经济，2005（7）：3.

品，拥有较高的技术标准，国外厂商往往因掌控标准而成为产业的主导者。由于新能源、自动驾驶等新技术方向的汽车产业标准体系尚处于早期起步阶段，政府引导建立规范的产业标准体系，可避免恶性竞争和资源浪费，是抢占全球产业战略制高点的重要保障。但产业标准属于非公共品，对全要素生产率有显著的负向影响①，单以市场驱动的方式难以抵御跨国企业抢占标准的风险，需要政府在技术标准建设上加大制度创新力度，通过技术标准引导新能源、智能化等新技术在汽车产业的规范使用及促进技术的发展。

（4）通过产业政策规范技术创新。

产业政策是政府为了干预产业形成和发展的政策总和。我国在推动汽车产业发展过程中，曾经实施了政府直接干预市场、以选择性政策代替市场机制的政策导向，该种模式也引起了学术上的较大争议。我国新能源汽车、自动驾驶汽车产业尚处在起步阶段，应完善市场体制机制，汽车产业政策的思维应从供给端、环境端入手，逐步调整核准制等政策，实施功能性产业政策，鼓励市场主体自主投资，促进产业在开放、竞争的环境下良序运行。在实施产业政策过程中，也要规避各部门产业政策之间的碎片化、冲突性等协调性差等问题。为技术创新创造良好的政策环境。

6.3.2 制度创新激励技术创新及推动产业升级

习近平总书记强调“营造有利于大众创业、市场主体创新的政策环境和制度环境，政府要加快转变职能，创造更好市场竞争环境，培育市场化的创新机制”②。国家顶层设计引导，产权制度、财政和金融支持，人力资本和基础研究促进和保障机制等，都是本轮汽车产业升级中激励技术创新的重要制度内容。

第一，国家关于“汽车强国”的顶层战略设计，引导资源的聚集。国家层面的制度设计对技术创新的实施提供了方向指引和整体保障，如“汽车强

---

① 曹虹剑．模块化、产业标准与创新驱动发展——基于战略性新兴产业的研究［J］．管理科学学报，2016（10）：9.

② 习近平．在中国科学院第十九次院士大会、中国工程院第十四次院士大会上的讲话［EB/OL］．http：//cpc.people.com.cn/n1/2018/0529/c64094－30019426.html，2018－05－28.

国”战略将对汽车产业的资源配置起到重要引导作用，对产业技术创新、升级起到促进作用。新能源、智能化等新技术单靠单个企业力量很难实现，需要互补性协作，推动汽车新能源、智能化发展，需要加快产业生态体系构建，通过财政、税收等手段促进关键技术、新基础设施建设等。

美国、德国、日本、韩国等科技发达、汽车产业发达国家，国家的顶层设计、财政和税收等都在创新活动中发挥了重要作用。如以智能技术、信息技术为重点的《美国国家创新战略》《日本再兴战略 2016》《德国高技术战略 2020》等，政府明确战略方向和重点，推动政企研合作、加大人才培养和基础研究等“新制度组合”来保障战略落实。如美国在充分发挥市场机制作用的基础上，以“法治导向”支持创新活动，通过立法明确政府、企业、大学的权利和义务。美国联邦政府中能源、国防、卫生、商务部门和宇航局、国家科学基金会等主要部门遵循战略规划加大对科技创新的支持。每年投入巨额资金支持企业创新，重视促进大中小企业之间的合作，激励主体之间开展技术交易，加强各主体间的创新联动。

加大资本注入，提升对汽车产业技术创新的激励。汽车产业是典型资本密集型产业，风险投资、私募投资等是创新活动的重要资金支持来源；银行应更好发挥发现、激励、支持创新的功能；传统银行的金融产品和服务，都是重要支持形式。欧美国家的资本、私募投资、风险投资市场都比较成熟，全方位为包括汽车在内的创新型企业提供融资支持。通过增加收入和降低成本等加大对产品的创新鼓励，如降低新能源汽车、智能化汽车的税收、开展补贴政策，从而提升汽车产业的收益水平和降低创新成本。

第二，产权制度、科技考核制度、成果转换制度等对技术创新的促进。不同的生产关系形成有差异的经济体制（产权、决策方式等）、政策、法律法规等都会影响生产效率。在汽车知识产权方面，技术创新尤其是自主创新是影响我国汽车产业发展的决定性因素，如何在生产关系层面推动知识产权保护和交流，加强合作、提升信息利用、重视跨界融合、构建产权联盟等，对于驱动汽车产业创新发展有着非常重要的影响。

汽车属于知识密集型产品，加大对知识产权的保护，选择合理的创新考评体系，严格的知识产权保护和完善的交易制度能够激励技术创新。对于技术和产品的知识保护，更有利于技术的交易和传播及被大众共享。反之，放任抄袭和复制知识等行为，对于技术创新会带来毁灭性的打击。我国逐年建立健全知识产权保护制度、交易制度，但在现实中仍存在部分法律真空、执法不严等问题。虽然我国专利拥有量全球排名靠前，汽车知识产权数量逐年快速提升，但产权能否对应和换取相应的市场价值与回报，也依赖知识产权保护、交易制度的健全。

第三，人力资本、基础研究制度创新对技术创新的激励作用。人力资本实质是知识、技能的集合，需要劳动者通过时间、精力、金钱等有形和无形的投资，这种人力资本投资往往形成回报，从整体升而言，学习教育程度与一个人的收入成正态相关。人才是技术创新的基础，一个制造业发达国家往往是人才大国、教育大国。要做好人才培养，需要包容、宽松的制度环境。通过修订各种阻碍创新的科研管理、职称评定、科技成果转化等制度障碍，建立多层次的人才培育体系，培育更多的顶级大学和研究院，推动理论创新与应用创新融合发展。培育科技型企业家，推动成果转化，将科技成果转化为企业现实生产力。

与汽车产业紧密相关的智能技术、信息技术，都依赖于数学、物理等基础学科。自主研发能力不强一直是我国汽车产业的标签，自动驾驶汽车产业基础技术不扎实、关键技术掌握在国外企业手中等问题，很大程度都需要通过完善技术创新体制、提升基础研究力度来解决。政府通过搭建跨界融合的创新体系，将研发资金倾斜于前瞻性技术、基础共性技术，尤其是对高精度传感器、车联网、地图、集成计算等领域加大研发，往往能激励技术创新的积极性。

6.3.3 制度创新调节技术创新及推动产业升级

马克思指出，“只有在这些社会联系和社会关系的范围内，才能有他们对自然界的关系，才会有生产”①。汽车产业技术创新是伴随生产力提升的创造性实践活动，需要一定社会结构中多个创新主体之间进行组织和分工，提升资源利用和创新的效率。

---

① 马克思，恩格斯．马克思恩格斯全集（第6卷）［M］．北京：人民出版社，1985：486.

第一，协调多主体间利益平衡。创新的比较利益决定个体的创新动力，而制度框架下的激励机制影响创新的收益和成本。前文论述了汽车产业升级是对相对剩余价值的追逐过程，而利益是汽车产业创新发展的动机。随着汽车产业生产力的进步，需要运用新技术研发更多的新汽车产品来满足日益增长的物质需要，在这个过程中利益活动更加丰富多样。汽车产业创新主体依照能力和资源来参与创新升级，主体之间存在利益协调和资源配置中的矛盾，需要通过制度调节和协调产业的分工与合作，确保汽车产业技术创新和产业升级各个主体和环节之间的有序，以发挥各自的特点和优势，实现创新的多元化和包容性。

制度通过规范产业升级中所形成的各类社会关系，如产权制度明确了生产资料、创新结果的归属，明确了企业、高校、政府之间的责权关系、利益分配方式，来规范汽车产业技术创新活动，发挥汽车产业各类创新主体的能动性、创造性和自主性，否则各创新主体、要素无法连接，技术创新和产业升级也就无法实现。通过制度创新，减少创新主体知识和理性有限所引致的信息不对称和导致的交易成本提高问题；改变和影响创新的收益及成本，保护各创新主体利益不受侵犯，协调个体利益与产业整体发展的利益相一致，最大化激发汽车企业和上下游环节的创新主体参与产业的创新发展。我国汽车企业众多且分布在不同的省市区，通过制度框架下的治理结构创新来破除地方保护主义，促进人力资源等要素的自由流动，加大非国有资本对国有汽车的资金注入，提升要素资源配置效率。通过企业制度创新完善现代激励结构，构建权力分离、利益共享、约束和激励并举的结构，促进产业升级。

第二，提升管理效能。我国汽车产业还存在科技、经济“两张皮”现象及体制机制不畅等问题，例如科技管理体制滞后、产学研协同度不高等限制，科研成果难以转化为现实生产力。制度创新，是破除产业升级的体制机制障碍，突出企业创新主体地位，让市场来进行创新资源配置，转变政府管理职能，来调节技术创新、推动产业升级。

第三，构建技术创新体系。包括企业、政府、高校、研发机构、汽车产业上下游企业等都是产业技术创新和产业升级的承担者，如在智能化、电池技术等基础技术领域，高校等是产业创新的主体，基础研发、共性技术等需要依靠高等院校与企业联合研发，在技术和生产领域，汽车企业是创新的主角。企业、政府、高校等组织之间能否建立起高效的产业组织形式，对于汽车产业升级有着决定性的影响。强调官、产、学的相互联合，推动基础研究、应用研究和开发研究的协调发展，构建由大型企业研发中心、非营利研究组织、高校和研究所等构成的完善的技术研发和产业化体系。大学以基础研究为主，兼顾应用研究，政府所属的研究机构主要从事应用研究和发展研究，企业的研究机构主要进行开发研究，政府、企业应联系互动，协调不同利益主体单位开展联合研发来突破共性技术、关键技术。

6.4 本章小结

我国汽车产业过去在“市场换技术”发展模式下采取的“选择性”产业政策、对外资股比进行限制等，抑制了我国自主研发能力和自主品牌竞争力的提升。围绕“本轮汽车产业升级不仅需要由新能源技术、智能化技术等突破性技术创新为引领，而且需要有动态、匹配的制度创新来进行配套支撑”这一核心命题，本章剖析了制度创新的特征、实质，汽车产业升级面临全新的生态环境。

在传统汽车市场等成熟场域中的制度体系，可视为制度的供给与需求是相对均衡状态。由于汽车新技术、新需求的出现，尚未形成成熟组织场域结构，需要新制度渐进式对旧制度替代并逐渐实现新制度供给的均衡状态。在一定时期内，制度遵循生产关系适应生产力的规律，与一定的生产力水平保持相对稳定，当生产力发展，作为上层建筑的制度也会进行调整，技术与制度在波动中动态同步发展，促进资本积累，推动生产力发展。

从内在逻辑看，技术创新决定制度创新，而制度创新反过来影响技术创新。制度创新整体上表现为规范技术创新、激励技术创新、调节技术创新和影响产业升级。具体表现为：通过解决负外部性、提供公共产品，引导建立行业技术标准，通过产业政策等规范技术创新；通过战略设计、产权制度、科技考核制度、成果转换制度等激励技术创新；通过协调汽车产业多主体间的利益、提升管理效能、构建技术创新体系等来调节技术创新。

| 第 7 章 |

通过创新推动我国汽车产业升级影响的实证研究

从实证上分析创新驱动与我国汽车产业升级的作用关系，构建基于面板数据的回归模型，从现实数据出发，探索二者之间是否存在影响与响应关系及是否存在动态影响关系，佐证理论研究的同时，为“政策建议”提供决策依据。

7.1 模型的构建

7.1.1 模型的设定

计量模型的基准模型一般形式为：

$$Y = \alpha_0 + \alpha_1 X_1 + \alpha_2 X_2 + \cdots + \alpha_k X_k + \mu \tag{7.1}$$

其中，k 表示解释变量数量，Y 表示被解释变量，α_k表示解释变量系数，X_k表示解释变量，μ 表示随机扰动项。

在本书中，设定基础模型为面板线性模型：

$$Y_{it} = \beta_{0t} + \beta_{1t} X_{1it} + \beta_{2t} X_{2it} + \cdots + \beta_{kt} X_{kit} + \mu_{it} \tag{7.2}$$

其中，k 表示解释变量数量，i 表示省份，t 表示时间（年份），Y_{it}表示被解释变量对个体 i 在 t 时的观测值，β_{kt}表示解释变量的系数，X_{kit}表示第 k 个解释变量对于个体 i 在 t 时的观测值，μ_{it}表示面板模型的随机扰动项。用

矩阵表示为

$$Y_i = X_i\beta_i + \mu_i \tag{7.3}$$

其中，$Y_i = \begin{bmatrix} y_{i1} \\ y_{i2} \\ \vdots \\ y_{it} \end{bmatrix}_{t\times 1}$，$X_i = \begin{bmatrix} x_{1i1} & x_{2i1} & \cdots & x_{ki1} \\ x_{1i2} & x_{2i2} & \cdots & x_{ki2} \\ \vdots & \vdots & \ddots & \vdots \\ x_{1it} & x_{2it} & \cdots & x_{kit} \end{bmatrix}_{t\times k}$，$\beta_i = \begin{bmatrix} \beta_{1i} \\ \beta_{2i} \\ \vdots \\ \beta_{ki} \end{bmatrix}_{k\times 1}$，$\mu_i = \begin{bmatrix} \mu_{i1} \\ \mu_{i2} \\ \vdots \\ \mu_{it} \end{bmatrix}_{t\times 1}$。

本章研究中，设定因变量为产业升级，自变量为技术创新和制度创新，具体理论模型如下：

$$IU_{it} = \alpha_0 + \alpha_1 R\&D_{it} + \alpha_2 M\_I_{it} + \sum_j \beta_j Control_{it} + \varepsilon_{it} \tag{7.4}$$

式（7.4）中，IU_{it}表示响应变量产业升级（Indus upgrading）对于省份 i 在 t 年的观测值，$R\&D_{it}$表示自变量技术创新（R&D）对于省份 i 在 t 年的观测值，M_I_{it}表示自变量制度创新（Market index）对于省份 i 在 t 年的观测值，$Control_{it}$表示辅助变量，ε_{it}表示随机扰动项。

在本章构建的量化模型中，基本的设定条件包括两个方面，一个方面指模型本身具体关系的设定，在本模型中，设定面板数据关系为静态的线性影响与响应关系。另一个方面是对变量的设定与随机扰动项的设定，其目的是为了满足所构建模型具有优良稳定的性质，本模型的设定中，假定解释变量 X 在重复抽样中取固定值；解释变量 X 是非随机的。

7.1.2 变量的解释及数据来源

（1）响应变量。

产业升级，主要是指汽车产业的要素升级、流程升级、产品升级、功能升级的过程，伴随产业生产效率提升，实现汽车产业价值链向“微笑曲线”两侧附加值高的区域跃升，促进产业结构的高级化和合理化的过程。衡量产业升级的方法有很多，国外关于产业升级的测算相对比较成熟，如霍夫曼系数、钱纳里标准结构法等，但是这些方法对数据的要求非常高，利用这些方法研究国内产业升级，难度相对较大。国内学者对产业升级的测算方法也有很多研究，比如陈静（2003）①、靖学青（2005）② 等人的产业占比衡量法；徐德云（2008）③ 等人的对产业加权形成的产业结构层次法；周昌林、魏建良（2007）④ 等的劳动生产率衡量法；纪玉俊（2015）⑤ 等学者在劳动生产率衡量法的基础上，使用劳动生产率的算术平方根与产业产值占比的乘积。

基于国内外学者对产业升级测算方法的研究，结合汽车产业升级，既包括“量”（即产值）的提升，更包含“质”（劳动生产率）的提升。本书参照纪玉俊（2015）等学者的研究方法，即以三大产业的劳动生产率的算术平方根和各产业产值在地区 GDP 的比重相乘再求和来表示产业升级指标。因此，本书的汽车产业升级等于汽车产业的劳动生产率的算术平方根乘以地区汽车产业产值在地区 GDP 的比重，公式如下：

$$Indus\_upgrading = \sqrt{per\_output} \cdot proportion \tag{7.5}$$

per_output 表示汽车产业劳动生产率，这里等于汽车行业人均产值，proportion 表示汽车行业比重，等于地区汽车行业产值与地区 GDP 的比值。

（2）核心解释变量。

①技术创新（R&D）：关于创新评价指标体系的建立，通常有单一指标和多指标两种构建方法。单一指标法一般在 R&D 经费内部支出、R&D 经费投入强度、专利申请量或授权量、技术成果成交额、新产品销售收入等成果形式中选择某一指标作为创新的评价指标。而多指标法通过构建多种指标的评价体系对创新投入产出、基础设施、政策制度等进行综合评价⑥。单一指标法的优点在于指标清晰、数据易搜集，但是单一指标不能完全体现创新的

① 陈静，叶文振．产业结构优化水平的度量及其影响因素分析——兼论福建产业结构优化的战略选择［J］．中共福建省委党校学报，2003（1）：44-49.

② 靖学青．产业结构高级化与经济增长——对长三角地区的实证分析［J］．南通大学学报（社会科学版），2005（3）：51-55.

③ 徐德云．产业结构升级形态决定、测度的一个理论解释及验证［J］．财政研究，2008（1）：46-49.

④ 周昌林，魏建良．产业结构水平测度模型与实证分析——以上海、深圳、宁波为例［J］．上海经济研究，2007（6）：15-21.

⑤ 纪玉俊，李超．创新驱动与产业升级——基于我国省际面板数据的空间计量检验［J］．科学学研究，2015，33（11）：51-59.

⑥ 潘宇瑶．自主创新对产业结构高级化的驱动作用研究［D］．长春：吉林大学，2016.

各个维度；多指标法的优点在于其评价指标体系健全、涵盖范围更广泛，但是数据难搜集、指标权重争议较大，导致指标评价结果差异较大。

结合汽车产业的行业数据难搜集的特点，本书将选取单一指标评价法来测算技术创新。在综合比较单一指标法的各种衡量方法之后，本书采用R&D经费投入强度指标来衡量技术创新，R&D经费投入强度等于地区汽车行业R&D经费内部支出与地区GDP的比值，公式如下：

R&D经费投入强度=地区汽车行业R&D经费内部支出/地区GDP

这一指标不仅能体现R&D经费内部支出，还能根据其在GDP中所占的比重，体现出增长趋势是否与GDP增长趋势一致。

②制度创新（Market index）：关于制度创新的评价，国内学者比较公认的测算指标是樊纲、王小鲁编制的市场化指数表[①]，该市场化指数为各个省各年份的数据，主要由“政府与市场的关系、非国有经济的发展、产品市场的发育程度、要素市场的发育程度、市场中介组织的发育和法治环境”五个方面指数组成，各指数下由相关二级分项指数组成。各基础指数全部由权威机构、企业的调查数据所得的客观数据，可以较全面、客观地衡量制度创新的维度。市场化指数越高，表明市场越活跃，市场化程度越高，政府干预越少。

虽然，该指标无法体现汽车行业的市场化程度及政府参与程度，但是由于没有专门的汽车行业的市场化指数表，本书也无法获取相关数据，且地区整体的市场化指数也能反映个别行业的市场化程度，政府对整个市场的干预程度也恰恰体现在市场的各个行业。因此，本书用地区整体的市场化指数来衡量汽车行业的市场化程度进而代表制度创新，有一定的合理性和可操作性。

（3）辅助变量。

为避免除创新驱动以外，其他影响因素对产业升级的影响，文章选取人力资本、行业规模和地区经济增长三个变量作为辅助变量。参考索海迪（2018）[②]、王立国等（2012）[③] 等学者的研究，本书引入三个辅助变量：人

① 国民经济研究所．中国分省份市场化指数报告（2018）［M］．北京：社会科学文献出版社，2019.

② 索海迪．创新驱动对产业结构升级的影响研究［D］．厦门：厦门大学，2018.

③ 王立国，鞠蕾．地方政府干预、企业过度投资与产能过剩：26个行业样本［J］．改革，2012（12）：52-62.

力资本、行业规模和地区经济增长，具体的测算方法如表 7.1 所示。其中人力资本选取的是各地高校人数在地区常住人口的比重，行业规模选取的是汽车产业总资产的对数，而经济增长选取的是地区 GDP 的增速。

表 7.1　　变量的定义与计算方法

变量属性	变量名称	变量代码	变量计算方法
响应变量	产业升级	Indus upgrading	汽车产业劳动生产率的开平方乘以汽车产业产值在地区 GDP 的比重
核心解释变量	技术创新	R&D	汽车产业 R&D 内部投入占 GDP 的比重
	制度创新	Market index	樊纲、王小鲁等编制的市场化指数
辅助变量	人力资本	Human capital	各地高校人数在地区常住人口的比重
	行业规模	Indus scale	行业总资产的对数
	经济增长	GDP increase	地区 GDP 的增速

（4）数据来源及说明。

基于以上对创新指标的分析，加上汽车产业是 2011 年才从“交通运输业”中独立统计，数据获取的难度极大，作者查询了历年的《中国汽车工业年鉴》《汽车工业年鉴》、各省市年鉴、“中国工业企业数据库”“中国工业产品产量数据库”“中国工业经济数据库”“中国科技数据库”“中国高新产业数据库”等 20 多个年鉴、数据库，但数据依旧十分有限，而且各个省市、各类年鉴统计口径不一致。本人也曾尝试查找中国一汽、上汽、北汽、长安、广汽、吉利等上市公司《年报》数据，由于国内上市公司包括多家子公司，而子公司涉及不同地区，因此难以获取相对准确、口径一致和科学的数据。

综上，本书综合《中国工业统计年鉴》《中国汽车工业统计年鉴》《中国统计年鉴》及各省市统计年鉴和中国工业经济数据库，选取了北京、上海、湖北、江苏、重庆、山东 6 个省市的数据，时间跨度是 2012 ~ 2018 年。由于北京、上海、重庆 3 个省市 2018 年的 R&D 内部投入支出和汽车行业从业人员数量未及时公布，笔者也无从查找，为保证数据的完整性及统计口径的统一性，本书将采用平均增长速度法来推算，补齐了 2018 年缺失的部分数据。

7.2 模型的初步筛选与判定

7.2.1 模型的基本检验

首先对模型进行一些基本检验，看其是否符合计量模型的基本假定。

第一，异方差检验。为检验模型是否存在异方差，本书对模型进行了异方差检验。进行了怀特检验和BP检验，怀特检验和BP检验都能对模型进行总体检验，BP检验还可以对各个解释变量进行检验，检验结果如表7.2所示。从表中可以看出，在1%的显著性水平下，怀特检验不能通过异方差检验，BP检验虽然总体通过了异方差检验，但是核心解释变量制度创新和辅助变量人力资本都不能通过异方差检验，说明模型的核心解释变量存在异方差，究其原因，制度创新可能会受到产业政策等制度变动影响而产生异常值，进而产生异方差，为消除异方差对模型估计的影响，本书将在后面对异方差进行处理。

表7.2　　　　异方差检验

Test	Prob.
White Test	0.0276
BP Test	0.0000
R&D	0.0008
Market index	0.6547
Human capital	0.6154
Indus scale	0.0000
GDP increase	0.0024

第二，多重共线性检验。多重共线性检验就是检验各个解释变量之间是否存在线性相关关系。一般地，当序列的VIF值大于10，则认为该序列存在多重共线性，即该序列与其他序列存在线性相关关系，换句话说，该序列也能够由其他序列线性表达，回归结果会偏离理论估计值。检验结果如表7.3

所示，模型的各个序列均不存在多重共线性，序列之间不存在相关性，解释变量之间不存在线性相关关系，也不会受到辅助变量的影响，模型具有无偏性。

表 7.3　多重共线性检验

Variables	VIF1	1/VIF1
R&D	1.26	0.792967
Market index	1.87	0.535103
Human capital	1.67	0.600505
Indus scale	1.42	0.702267
GDP increase	1.47	0.680459
Mean VIF	1.54	

第三，关于随机扰动项与解释变量不相关，即无内生性假定，本书将在下一节做专门的检验，并建立相关模型消除内生性。此外，当模型满足了内生性假定，也就满足了零均值假定。由于正态性假定不影响参数的点估计，因此本书对随机扰动项的正态性假定不作探讨。

7.2.2　模型的筛选与判定

表 7.4 分别是混合 POOL 回归、固定效应模型、随机效应模型和面板固定效应广义最小二乘法回归结果。通过 F 检验和 hausman 检验可以在混合回归模型、固定效应模型和随机效应模型中做出选择。F 检验的结果拒绝混合 POOL 回归的原假设，选择固定效应模型；hausman 检验结果拒绝了固定效应与随机效应回归系数具有一致的原假设，同样选择固定效应模型。但是固定效应（FE）模型的回归系数中，只有行业规模（Indus scale）在 5% 的显著性水平下显著，因此对模型进一步修正。因此，本文还通过广义最小二乘法建立面板固定效应回归模型，回归结果如表 7.4 中 Indus upgrading（4）所示，通过面板的最小二乘法处理之后，各核心解释变量和辅助变量均已显著，且通过了面板模型的异方差检验（见表 7.6）。

表 7.4　　基准回归结果

Variables	Pool OLS	FE	RE	xtgls
	Indus upgrading (1)	Indus upgrading (2)	Indus upgrading (3)	Indus upgrading (4)
R&D	3.901493***	2.064344	3.901493***	4.387797***
	(0.3832846)	(1.834654)	(0.4198672)	(0.3819671)
Market index	-0.90988	-0.1386129	-0.090988	-0.1472802**
	(0.0762454)	(0.1564026)	(0.0835227)	(0.0625801)
Human capital	2.442839***	2.82504	2.442839***	2.545866***
	(0.6349995)	(2.203184)	(0.6956072)	(0.4839182)
Indus scale	3.740911***	2.435824**	3.740911***	2.649849***
	(0.917966)	(0.8995708)	(1.005581)	(0.7740975)
GDP increase	-0.8539132**	0.3372172	-0.8539132*	-0.9208814**
	(0.4060761)	(0.7170693)	(0.4448341)	(0.3905099)
Constant	1.270576	-0.5575497	1.270576	1.765975
	(1.392983)	(2.741874)	(1.525936)	(1.181328)
R-squared	—	0.622	0.8158	—
Observations	36	36	36	36

注：*** 表示 $p<0.01$，** 表示 $p<0.05$，* 表示 $p<0.1$，括号内数字表示标准误，下同。

表 7.5　　模型的筛选

	chi2 (5)	Prob.
Hausman test (1)	1609.7	0.0000
Hausman test (2)	17.66	0.0034

表 7.6　　异方差检验

	chi2 (5)	Prob.
xttest3	406.44	0.0000

面板固定效应广义最小二乘法回归结果可以看出，技术创新和制度创新对汽车产业升级具有显著的相关关系。技术创新对汽车产业升级的影响系数显著为正，产业研发投入的增加会推动产业渐进性技术创新和突破性技术创

新的交替并存，进而推动汽车产业转型升级。制度创新对汽车产业升级的影响系数显著为负，说明当前的市场化程度对汽车产业产销量有一定负面影响，有待继续加强制度创新推动汽车产业升级的能力。

7.3　基于固定效应模型的回归分析

7.3.1　内生性检验

内生性问题是经济模型中常见的问题，内生性一般是指模型中一个或多个解释变量与随机扰动项相关。内生性问题主要来源于三个方面，第一，遗漏变量，在选取核心解释变量和控制变量时没有将对被解释变量产生影响的其他因素考虑在内；第二，解释变量和被解释变量之间相关影响、互为因果；第三，选择偏误，分为自我选择偏误和样本选择偏误。由于现实经济中，对被解释变量产生影响的因素有很多，在建模中不可能将全部影响因素考虑在内，解释变量与被解释变量之间相互影响关系也很难消除，而且数据、指标的选择具有一定的主观性，很难克服选择偏误。因此，一般计量模型都会产生内生性问题。本书也不例外，促进产业升级的因素有很多，本书只选取了技术创新与制度创新两个核心解释变量和人力资本、行业规模、经济增长三个辅助变量，产业升级还会受到其他因素的影响，但是本文并没有将其纳入到解释变量中；创新可以促进产业升级，产业升级也会进一步推动创新发展，二者相互影响；衡量产业升级与技术创新的指标有很多，本文只选取了具有代表性的指标进行测算，因此，本书的计量模型也会存在内生性问题。

表 7.7　内生性检验

	chi2（5）	Prob.
hausman test	17.68	0.0034

在计量模型中，判断一个模型是否具有内生性问题，需要进行内生性检验，常用的检验方法有麦金农检验（MacKinnon test）和豪斯曼检验（hausmantest）。在现实模型检验中，当 hausman 检验有效时一般采用豪斯曼检验，当 hausman 检验失效时可以采用麦金农检验。用 Hausman 检验模型内生性问题时，原假设为模型不存在内生性问题，接受原假设表示工具变量法回归结果与原面板回归结果具有一致性，通常选择原面板回归结果；如果拒绝原假设，则表示回归结果不一致，工具变量法的回归结果更有效。我们首先对模型进行 hausman 检验，检验结果如表 7.7 所示，其 chi2（5）值为 17.68，对应的 p 值为 0.0034，在 1% 的显著性水平下严格拒绝原假设，工具变量法回归结果更有效，因此，本书后续部分，将运用两阶段最小二乘（2OLS）估计方法和基于矩估计原理的广义矩（GMM）方法处理内生性问题，完成模型的参数估计，并运用这两种估计方法实证检验创新与产业升级之间的关系。

7.3.2 基于两阶段最小二乘法（2SLS）的模型估计

（1）二阶段最小二乘法的模型推导。

二阶段最小二乘法，就是通过两阶段的回归来解决内生性问题。第一阶段回归，用内生解释变量对工具变量进行回归，得到内生解释变量的拟合值；第二阶段用被解释变量对第一阶段回归的拟合值进行回归，即可得到回归结果。

假设回归模型为：

$$y_{it} = \beta_{0t} + \beta_{1t}x_{1it} + \beta_{2t}x_{2it} + \cdots + \beta_{kt}x_{kit} + \varepsilon_{it} \tag{7.6}$$

记解释向量 $x_{it} \equiv (x_{1it}, x_{2it}, \cdots, x_{kit})'$，则原模型变为

$$y_{it} = x_{it}\beta_t + \varepsilon_{it} \tag{7.7}$$

记工具向量 $z_{it} \equiv (z_{1it}, z_{2it}, \cdots, z_{kit})' \equiv (\omega_{it}, x_{2it}, \cdots, x_{kit})'$，满足矩条件

$$E(Z_{it}\varepsilon_{it}) = 0 \tag{7.8}$$

令 $Y_t = (y_{1t}, y_{2t}, \cdots, y_{nt})'$，$X_t = (x_{1t}, x_{2t}, \cdots, x_{nt})'$ 和 $Z_t = (z_{1t}, z_{2t}, \cdots, z_{nt})'$ 分别是变量 y，X 和 Z 的一个样本数据向量，则（7.7）式的样本矩条件是

$$f_N(\beta_t) = \frac{1}{N}\sum_{i=1}^{N} Z_{it}(y_{it} - Z'_{it}\beta_t) = \frac{1}{N}Z'_t(Y_t - X_t\beta_t) \tag{7.9}$$

若权重矩阵$A_N=(Z'Z/N)^{-1}$，则

$$\beta_{min}=\text{argmin}\{f(\beta_t)'A_N f(\beta_t)\}=N^{-2}(Y_t-X_t\beta_t)'Z_t A_N Z_t'(Y_t-X_t\beta_t) \quad (7.10)$$

（7.10）式的一阶条件是

$$X_t'Z_tA_NZ_t'(Y_t-X_t\beta_t)=0 \quad (7.11)$$

于是，β的矩估计结果为

$$\widehat{\beta}_t=[X_t'Z_t(Z_t'Z_t)^{-1}Z_t'X_t]^{-1}X_t'Z_t(Z_t'Z_t)^{-1}Z_t'Y_t \quad (7.12)$$

令$\hat{\delta}=(Z_t'Z_t)^{-1}Z_t'X_t$，则

$$\widehat{X}_t=Z_t\hat{\delta} \quad (7.13)$$

两阶段最小二乘法（2SLS）的第一阶段就是解释变量X_t关于工具变量Z_t的多元线性回归，第二阶段是被解释变量Y_t关于$\widehat{X}_t$的回归。在Stata中可以通过特定命令直接得到二阶段最小二乘法的回归结果。

（2）二阶段最小二乘法的回归结果。

表7.8中的Indus upgrading（5）是利用工具变量法进行二阶段最小二乘法的回归结果。结果显示，市场化指数（Market index）在10%的显著性水平显著，R&D投入强度（R&D）在1%的显著性水平严格显著。由于2SLS的回归结果已经消除内生性问题，因此结果具有代表性。技术创新的回归系数为3.9324，表明，每提升一个单位的汽车行业的研发投入强度，就会带动3.9324个单位的汽车产业升级的增长；市场化指数的回归系数为−0.1054433，表明，在所选取的样本和该实证方法条件下，市场化指数的提高不会促进汽车产业的升级，每增长一个单位的市场化指数，就会导致汽车产业升级水平下降0.1054433个单位。研发投入强度代表汽车产业用于研发的内部支出在GDP中的比重，研发投入强度的增长，表明汽车产业用于研发的支出随GDP的增长而增长，行业技术创新能力也会提高，对汽车产业升级有很强的带动作用。市场化指数代表了汽车产业的市场化程度，市场化程度的提升表明在当前的发展阶段，市场发挥的作用较强，而政府发挥的作用相对较弱，市场化对汽车产业升级的影响为负，表明市场作用对汽车产业升级的影响为负。但是，政府这只“看得见的手”对技术创新以及对汽车产业升级的影响程度，本模型并没有体现出来。

表 7.8　　　　　　　　　　**工具变量法回归结果**

Variables	IV_2SLS	IV_GMM
	Indusupgrading（5）	Indusupgrading（6）
R&D	3.9324***	4.145994***
	(0.4939)	(0.3676233)
Market index	-0.1054433*	-0.1322869***
	(0.0615681)	(0.0473287)
Human capital	2.367885***	2.492247***
	(0.4957414)	(0.4231912)
Indus scale	3.783467***	2.981093***
	(1.212777)	(0.8173719)
GDP increase	-0.877476**	-0.9598325***
	(0.4050816)	(0.3700853)
Constant	1.470181	1.770053
	(1.26177)	(1.106062)
R-squared	0.8156	0.8032
Observations	36	36

（3）弱工具变量性检验。

判断弱工具变量的方法之一是，在第一阶段回归中，$x_2 = x_1'\gamma_1 + z_2'\gamma_2 + error$，然后检验原假设“$H_0$：$\gamma_2 = 0$”（即工具变量$z_2$的系数为0）。弱工具变量检验，原假设是存在弱工具变量，一般认为检验结果的 F 统计量大于 10，则可以拒绝原假设，就可以不必担心弱工具变量问题。本文对 2SLS 回归结果进行了弱工具变量检验，检验结果显示 F 统计量为 1773.33，对应的 p 值为 0.0000，因此，我们选定的工具变量不是弱工具变量，二阶段最小二乘法方法有效见表 7.9。

表 7.9　　　　　　　　　　**工具变量法检验结果**

	F	Hansens'J chi2（2）	Prob.
弱工具变量性检验	1773.33		0.0000
过度识别检验		2.58154	0.2751

7.3.3　基于广义矩估计（GMM）的模型估计

（1）广义矩估计的模型推导。

广义矩估计（GMM）是一种比二阶段最小二乘法更为一般的模型，其最小解的矩条件与式（7.10）一致，即

$$\widehat{\beta_{GMM}} = \beta_{min} = \operatorname{argmin}\{f(\beta_t)'A_N f(\beta_t)\} \tag{7.14}$$

但是，广义矩估计的回归结果受到矩条件是否恰好识别影响。如果线性回归模型是恰好识别的，则 β 的 GMM 估计量$\widehat{\beta_{GMM}}$正好是 OLS 估计量。

$$\widehat{\beta_{GMM}} = \frac{1}{N}\left(\sum_{i=1}^{N} X_t X_t'\right)^{-1}\sum_{i=1}^{N} X_t Y_t = (X_t' X_t)^{-1}(X_t' Y_t) \tag{7.15}$$

而对于过度识别的线性回归模型，β 的 GMM 估计量$\widehat{\beta_{GMM}}$正好是标准工具变量估计量。

$$\widehat{\beta_{IV}} = (X_t'Z_t(Z_t'Z_t)^{-1}X_t'Z_t)^{-1}X_t'Z_t(Z_t'Z_t)^{-1}(X_t'Y_t) \tag{7.16}$$

在存在异方差的情况下，GMM 依然是稳健与最优的，不仅消除了内生性问题，也能适应异方差性，尤其是在时间序列数据中，即使存在自相关，仍然可以使用 GMM，是一个非常实用的工具变量法。采用异方差自相关稳健的标准差来进行统计推断，可以同时在存在异方差性、自相关性和内生性问题的模型中使用，此时 GMM 估计量依然满足一致性、渐进正态性与渐进有效性。

（2）广义矩估计的回归结果。

通过 GMM 对固定效应面板模型的进一步修正，结果如表 7.8 中的 Indus upgrading（6）所示。结果显示，各个核心解释变量和控制变量的显著性水平在 1% 的显著性水平下严格显著，此时的模型不仅消除了内生性，而且避免了异方差和自相关对模型回归结果的影响。通过调整，技术创新的回归系数从 3.932463 上升为 4.4145994，上升幅度相对不大，说明消除了其他影响之后的，技术创新对汽车产业升级的影响作用更大了，技术创新是推动汽车产业升级的第一动力；市场化指数的回归系数由 −0.1054433 调整为 −0.1322869，负向作用更明显，说明在一定程度上，较高的市场化程度仍然

不利于汽车产业升级。

两个模型的回归结果都能说明，在汽车行业，研发投入强度提高带来的技术创新对汽车产业升级有更强的推动作用，为推动汽车产业升级，需要汽车企业加强研发投入，实现渐进性技术创新不断向突变性技术创新，通过二者的交替进行来促进汽车产业升级。当前的市场化指数对产业升级的作用为负，市场化程度的提升表明政府放松对市场的干预，因此，需要不断调节政府与市场之间的关系，不断推动汽车产业的制度创新，更好地发挥政府这只“看得见的手”与市场这只“看不见的手”的作用。

(3) 过度识别检验。

在恰好识别的情况下，GMM 最小化的目标函数等于 0，具有有效性；在过度识别的情况下，如果所有的过度识别约束都成立，则目标函数接近与 0，同样有效，但是目标函数如果偏离 0 过大，则可倾向于认为某些过度识别约束不成立。广义矩估计回归结果的过度识别检验的原假设是“所有矩条件均成立”的情况下，目标函数本身就是统计检验量 $J\xrightarrow{d}\chi^2(L-K)$，即当 J 统计量过大时，应该拒绝原假设，认为存在过度识别，则某些约束识别不成立；当 J 统计量不大或等于 0 时，应该接受原假设，认为所有约束条件不存在过度识别，所有约束条件都成立。表 7.9 中过度识别检验的结果显示，其 J 统计量为 2.58154，对应的 p 值为 0.2751，应该接受原假设，该模型选取的工具变量不存在过度识别，所有的约束条件都成立。

7.4 主要结论

为了研究创新驱动对我国汽车产业升级的作用，本章选取 2012～2018 年北京、上海、湖北、重庆、山东、江苏 6 个省市的面板数据，将技术创新、制度创新驱动对产业升级的影响进行了实证检验。结果表明：

(1) 研发投入（技术创新指标）产出对产业升级进程具有显著的正向作用。

选取的研发投入（R&D）作为技术创新指标，是因为研发等对于提升汽车生产领域高端要素比例和生产效率的重要因素，是汽车企业保持领先地位、实现颠覆性技术发展、产业转型升级的最基础、关键的要素[①]。实证研究发现研发投入产出对产业升级进程具有显著的正向作用。前文中也做了相应的分析，以电池为能耗和动力的电动汽车、无人驾驶汽车等突破性技术创新是颠覆性创新，这类创新建立在大量的研发投入基础上，需要大量人员、设备、器材等研发投入，是一个多学科融合、知识和技术长期累积和不断完善的过程。此外，在第 4 章中也作了分析，我国汽车整体研发投入与发达国家存在较大差距。大众集团在 2017 年 8 月至 2018 年 7 月之间，营收为 2770 亿美元，而研发投入达到了 158 亿美元，研发营收占比达 5.5%。我国国内主要车企的研发投入最高依次是上汽集团、比亚迪、广汽集团、长城汽车、北汽股份，但其研发投入总和都比不上大众一家研发投入支出。

汽车产业是一个典型的资本和技术密集型产业，我国汽车产业要在新能源、智能化为代表的突破性技术创新下实现快速发展，从产业大国向产业强国转型，需要在“汽车强国战略”和发展规划的指引下，逐年加大研发投入，同时重视加大创新体系建设，保障研发投入和产出的效率。

（2）市场化指数（制度创新指标）对产业升级进程有负作用。

可以从以下两方面进行解释：

第一，主要制度创新的指标由“政府与市场的关系、非国有经济的发展、产品市场的发育程度、要素市场的发育程度、市场中介组织的发育和法治环境”所构成，体现了市场化发展程度。2012～2018 年，所选取的 6 个代表性城市的市场化指数整体上呈现逐年提升的状态，而对汽车产业升级造成负影响，说明我国在前期的产业发展历程中，政府主导作用明显，企业在市场竞争力上还不足。我国在 20 世纪 80 年代追求“规模 + 集中度”的策略是对日本模式的学习借鉴，但日本政府在促进国内企业合并、出台政策保护本土企业的同时，一直坚持产品出口导向，日本企业一直面临激烈甚至残酷的国际市场竞争，而我国的产业政策恰恰缺少了竞争导向。

随着我国市场化程度越来越高，尤其是工业信息化部国家发展改革委员会、发改委、科技部于 2017 年出台了《汽车产业中长期发展规划》的通知，提出了放宽外资企业股权占比、加大新能源和人工智能产业方向、重视竞争

---

① 蒋兴明. 产业转型升级内涵路径研究［J］. 经济问题探索，2014（12）：5.

提升产业自主创新等内容，未来汽车产业开放程度将越来越高，我国汽车企业将在大浪淘沙中面临“洗牌”的格局，虽然总产量上将呈现下滑趋势，但是产业集中度、产品结构将得以提升。

第二，本书前面对汽车产业升级的界定中，提出了本轮汽车产业升级涉及整个产业生态的变化，汽车的驱动原理、产品属性、产业生态均将发生重大变化。我国汽车产业创新发展离不开政府扶持，来促进创新的规模和效率的提升。而前文也论述了在本轮产业升级中，政府是关键的组织者和推动者，在产业升级中发挥重要作用。除了继续提升市场化程度，也需要政府发挥“看得见的手”的作用，减少对产业的直接干预，在市场失灵领域、新的技术轨道上加强对汽车产业的指导，推动汽车产业合理化和高级化发展。

第 8 章

对策建议

通过创新驱动汽车产业升级，是当前引领经济转型、高质量发展的重要抓手。加快我国汽车产业升级，必须立足我国汽车产业发展现状和未来趋势，充分结合国内外发展新形势，摆脱传统路径依赖，实施创新驱动战略，建立以技术创新和制度创新为核心、以增强自主创新能力为重点的产业升级新路径。

本章是对策建议，主要结合第 3 章、第 4 章的问题分析，第 5 章、第 6 章的机理分析和第 7 章的实证结果，提出对策建议。

8.1 发挥政府作用，创造良好的汽车产业制度环境

构建以创新为导向的产业政策体系和体制机制，是推进汽车产业升级的根本保障。汽车产业升级虽有产业自身规律性，但政府在建立健全市场制度、营造市场环境、制订政策措施上不可或缺。创造良好的制度环境、提供一套可靠可行的政策措施和保障机制是关键。在日本、韩国的汽车产业发展史上，政府都扮演了重要的作用。在日本、韩国汽车产业发展初期都采取过国家主导型模式，政府采用了集权式的资源配置方式、以高效的行政资源动员体制，通过规模扩张快速集中要素，鼓励人力、资本向汽车产业聚集，破解资本和人才短缺瓶颈。当产业规模、品牌和竞争力提升到一定程度后，国家改变直接大力干预的路线，侧重市场竞争的作用，在尊重市场和适应市场

的基础上，政府间接协调资源配置，重视系统的法律、制度建设，为技术创新营造激励机制与保护机制。

在本书的第3章，分析了我国汽车产业发展历程中，政府在不同阶段通过制定规划、出台各类产业政策，推动产业技术创新方式从单纯技术引进、简单模仿、消化吸收到知识原始创新的转换。我国政府在“第一次机遇窗口”起到重要作用，在“第二次机会窗口”，汽车产业升级涉及整个产业生态的变化，政府是关键的组织者和推动者，在产业升级中发挥着不可或缺的重要作用。

8.1.1 从战略高度提出汽车产业升级目标，明确创新方向

如前论述，创新驱动既包括技术创新，也依赖于制度创新创造的稳态环境。针对新能源、智能化等新技术方向，调整阻碍汽车升级的原有均衡制度体系。《汽车产业中长期发展规划》《智能汽车创新发展战略》《新能源汽车发展战略》等系列规划设计都是我国在“十四五”时期的创新的战略部署。在前期政策基础上，政府应以“创新驱动”和“汽车产业强国”为制度创新的总体目标，进一步强化汽车产业在国民经济中“汽车强国”的战略性地位，形成社会共识，提高创新资源和要素的投入程度，使之与产业要素需求相协调。如结合国家芯片战略，将智能网联汽车、新能源汽车列入国家重点研发计划试点专项，集中资源加大对整车、汽车芯片和物联系统等全方位的支持。

8.1.2 深化财政税收和金融体制改革，激励创新生产

我国汽车产业要实现高质量的转型升级，需要加大产业资本投入。政府应改善企业财政税收制度来激励企业进行创新活动。

（1）改善企业财政税收制度。

财税制度的主要方式有公共投资、政策采购、转移支付、税收减免等。对于汽车产业新技术的研发、使用和推广，政府应通过财税制度调整来支持基础研究和技术创新，重点向前瞻性技术、关键基础技术和共性技术倾斜。

全球主要的创新型国家基础研究经费占比通常达到 15%~30%，我国近年来却低于 10%，经费配置效率有待提升。充分发挥财政资金引导激励作用，加大税收优惠、贷款、担保、融资租赁等政策组合的力度，探索基金、有偿补助等市场化方式，吸引社会资本和金融资金进入新能源、智能化等新技术领域。加大优惠税制、为企业技术创新提供无息或低息贷款支持。实施国家科技成果转化基金，支持企业技术创新和科技成果转化，鼓励新能源、智能化汽车科技成果直接进入市场，按科技要素实现价值回报。对新能源、智能化等关键性技术成果转化过程中的相关专利费和手续税费给予特殊优惠政策。

（2）优化政府补贴方式。

企业是我国 R&D 经费投入主体，但面临较大的融资压力。汽车产业本身是一个资本和技术密集型行业，新能源、智能化等突破性技术创新带来的技术轨道改变，需要大量研发投入作为支撑。我国虽然每年加大 R&D 投入，但投入强度与西方发达国家相比仍存在较大差距，我国 2017 年 R&D 经费投入强度为 2.15%，而同期美国、韩国、丹麦、日本、瑞士等国家投入强度都在 3% 以上。此外，从研发经费支出构成来分析，2017 年我国 R&D 经费投入达 17606.1 亿元，其中企业、研究机构、高校的贡献率分别为 78.6%、9.1% 和 10%[①]。虽然行业内有银行、汽车金融公司和融资租赁公司，但是也存在前期融资杠杆率高、议价能力弱等问题。

政府补贴对于企业生产创新的有直接效果，也是国内外政府常用的方式。在补贴的方式和类型上，有前补助和后补助两种[②]，由于汽车生产研发高风险、高投入的特征较鲜明，企业在创新中需要持续的资金支持，采取后补贴形式对于企业创新过程的作用不大；而前补贴会因为政府与企业间的信息不对称、政策不健全导致“骗补”，如部分企业在新能源汽车生产中出现的骗补行为。政府可采取“阶梯式”补贴方式，对汽车企业创新过程进行跟进，激励企业创新过程，抑制企业短期寻租行为。还可以依据环保标准对创新过程给予补贴，注重保持政策的平稳性。

---

① 张兴旺. 国家统计局：2017 年全国共投入研发经费 17606.1 亿元同比增长 12.3% [EB/OL]. http://www.cs.com.cn/sylm/jsbd/201810/t20181009_5879087.html.

② 李丽辉. 科研先“产出”财政后补助 [N]. 人民日报，2014-8-12 (02).

8.1.3 优化政府的组织领导职能，提供创新保障

（1）加快简政放权，减少直接干预企业创新活动。

重视市场在资源配置中的决定性作用，减少直接干预企业创新。将汽车技术方向决策权交给市场，政府不宜规定新能源汽车技术路线（纯电动、增程式、氢燃料电池等），应该将重心放到对产业发展的保障上，营造公平竞争的市场环境，通过激励、服务等方式手段引导生产要素等专业性资源向汽车产业聚集。

（2）探索政府与市场创新、与国际标准接轨的新模式。

对多头管理的机构进行调整优化，由“事前管理和审批”“管企业”转变为“事中事后监管”“管产品”。政府应鼓励汽车企业之间的兼并重组，消除政策限制，实行市场性破产与政策性破产相结合的机制，优化国有经济结构，大力引导和鼓励实力强的汽车企业走向海外，加大与国外汽车企业的合作与兼并，提升企业的业务能力和经营规模。

（3）推进产业法制化程度。

加大汽车产业知识产权保护力度。知识产权保护能激励企业创新积极性，也能降低成本、健全社会诚信系统。在汽车产业领域，知识产权保护属于重要范畴，应鼓励独立产权平台建设，搭建企业创新技术引进、中介转让平台，减少企业研发风险，提升企业的研发意愿。

（4）加大基础研究。

自主研发能力和自主创新能力不强是我国汽车产业的突出短板。长期以来，我国汽车产业领域的关键、核心技术被国外企业掌控，关键零部件长期依赖进口。历史经验说明，“市场换技术”并不能改变以上问题，自主研发是关键出路，需要加大基础研究投入。但基础研究有公共物品性质，企业研发投入不高，政府应加大投入与补贴。我国科技部要统筹协调自动驾驶、新能源汽车等基础共性关键技术领域的基础研究，力争在高精传感器及地图、车联网技术、集成计算技术、高密度电池等核心技术上实现突破。

（5）制订产业标准。

技术标准是产业发展的基础设施、现代产业竞争的重要领域。技术标准

指导汽车生产环节相互兼容而形成网络效应，因此掌握技术标准往往可以形成技术锁定。技术标准竞争对新能源、网联汽车至关重要。我国目前的汽车产业标准还集中于传统燃油汽车，新能源、网联汽车标准尚在探索。抢抓标准体系建设、抢占战略制高点势在必行，应由工信部、国家标准委、地方标准化技术委员会等联合加快技术审查、推荐技术标准。在政府指导的基础上，鼓励企业等市场主体通过市场驱动的方式自发建立非公共品性质的产业标准。

（6）加大基础设施建设。

道路等设施是影响企业交易成本和边际收益的基本条件。新技术轨道上，智能化道路、精准导航系统、高速无线网络、基础数据中心等基础设施，对智能化汽车的普及有重要影响。需要交通部、工信部、公安部等分阶段、分层次加大智慧公路、智能交通技术平台、试验外场工程等建设。

（7）合理开展备案制和审核制。

我国于 2018 年出台的《汽车产业投资管理规定（征求意见稿）》提出整车项目以严格的条件实施核准制，按照燃油汽车、纯电动汽车进行管理。虽然核准制是选择性产业政策，在 1997 版、2004 版产业政策中，不少学者提出了对政府过度干预市场导致市场扭曲的质疑。政府应实施差异化的准入制度，在传统燃油领域，通过产业政策限制传统燃油汽车生产企业数量；在智能化、新能源等前沿技术领域，我国自动驾驶技术水平已具备较强基础，政府不应过多直接干预，可以采取投资准入备案制，鼓励市场主体自主投资，提升市场的竞争程度。

（8）做好市场监管。

市场失灵是市场监管的逻辑起点。市场监管是政府采取的市场规制，是政府机关依据法律规定、利用公权力对经济主体活动的微观规制和限制行为。由于新技术的嵌入，汽车社会角色发生极大转变，汽车产业生态存在新的市场失灵，因此需要匹配新的监管措施。

8.1.4　加快转变产业政策导向，激发创新活力

本书第 7 章实证分析结果显示以王小鲁、樊纲的“市场化指数”为代表

的“制度创新”对产业升级的影响结果为负，一定程度说明我国汽车产业在过去发展中存在市场化指数不高、竞争程度不足等问题。我国在 1994 年、2004 年分别出台了国家层面的汽车产业政策，主要是采用了“选择性产业政策”或“纵向产业政策”“干预型产业政策”，即由政府来通过发放牌照的方式来“挑选”竞争赢家，直接配置资源，如各种限制性审批、直接补贴等。

汽车产业需要充分竞争来提升整体水平。近年来我国产业政策开始由“保护”转向“竞争”导向，第 7 章实证制度创新对产业升级的实证结果为负，也一定程度说明我国在 2018 年出台新版《新车产业中长期发展规划》后的“鼓励竞争”的政策正在起到一定效果：我国汽车产业在过去靠着股比限制等保护性产业政策推动，并不利于产业整体竞争力的提升。我国近几年汽车产业在市场逐渐放开、竞争逐渐加大的过程中，汽车产业在更激烈的竞争环境中会出现一定时期产销量下滑、企业兼并重组等现象。随着市场优胜劣汰和产业集中度提升，我国汽车产业产销量、产品层次等会随着市场化程度提升而提高。

中国共产党十八届三中全会已经立了“使市场在资源配置中起决定性作用，更好发挥政府作用”的改革方向，选择性、竞争性产业政策实质上是政府与市场的关系。我国汽车产业发展到今天，在电动化、智能化领域积累了一定的基础，但产业升级仍然面临较大的不确定性和较强的市场竞争，需要让市场发挥“选择”的作用，通过竞争性政策，鼓励企业加大技术创新来提升企业的竞争力和“韧性”，从而形成我国从“汽车大国”向“汽车强国”转变的微观基础。我国汽车产业政策要坚持从选择性政策转向竞争性、功能性政策。

8.1.5　打造公平竞争的市场环境，营造创新氛围

让由市场选择最终技术方向和产品。政府应该聚焦环保、节能、安全等标准建设，加大无人驾驶汽车、新能源汽车基础设施配套建设。对于智能化、新能源技术选择等不确定问题，应允许有资格的企业来参与竞争，营造鼓励创新、宽容失败的氛围，让市场来检验技术路线的合理性和适宜性。鼓

励百度、华为、阿里巴巴、腾讯等科技公司、非汽车领域的资本进入汽车市场，发挥企业家的创新精神，发挥企业在技术路线方向和商业模式上的积极性。例如，在选择新能源汽车技术路线时，分别出现过燃料电池、混合动力、插电式混动、纯电动车、氢燃料等不同的技术选择，政府不应该指定技术选择，而应该制定环保、节能标准作为评价依据，让市场机制来实现优胜劣汰。深化关键性生产要素改革，破除地方政府对汽车产业的过度保护以及“产销量”政绩观，减少地方政府对生产要素的控制。

8.2 发挥市场作用，激发汽车产业升级的微观活力

企业是实现汽车产业升级的微观基础，企业创新能力建设是创新驱动汽车产业升级的最基础路径。发挥市场在资源配置中的决定性作用，支持企业真正成为汽车产业技术创新的主体。

8.2.1 发挥市场在资源配置中的决定性作用

对于利润、效率的不断追求才能推动经济发展持续向前，创新驱动的主体是企业家。汽车市场运行除了理论假设中的需求曲线、供给曲线以外，现实中还存在各种偏离经济理论假设的不确定性。经济中各类交易机会由于信息不对称而误用，存在“市场的失灵”或“市场的局限性”。企业家能够发掘市场中未知的机会和资源，展示发现及利用新市场机会的企业家精神。要发挥市场在资源配置中的决定性作用，强化汽车企业的重要创新主体地位。

企业是市场创新、产业升级的微观主体，汽车产业升级过程中企业升级是“一把手”工程，自主创新是汽车企业提升竞争力的生命线，企业是早期技术引进、改良和自主创新过程的创新主体。本轮汽车产业升级，整体上需要以新能源、智能化等技术引导消费需求，涉及企业战略、发展理念、生产组织、运营销售等全面变革。近年来宝马、戴姆勒等传统车企纷纷由传统造车厂向出行服务商转型，大众集团在未来五年内在混合动力、数字化技术领域投入600亿欧元，而埃森哲报告显示，中国有80%的企业试图以数字转型

提升生产和运营效率①。

我国汽车企业数字化升级缺乏清晰的战略定位、目标和路径。多数企业仍处在数据感知阶段，对于企业数字化转型的技术路径有分歧，全产业链、全生命周期的汽车工业数据链未构建，设备底层、控制层之间存在“数据孤岛”。我国本土品牌车企，需要结合产业发展趋势、国内外市场需求情况、自身条件确定战略定位，强化技术创新主体地位，加大企业改革力度，明确短期、中期和长期产品的开发战略，尤其是制定清晰的数字化价值目标，保障战略从上而下执行。

提倡企业间的兼并重组，提升汽车产业整体集中度。在本书第 3、4 章分析中，提出了我国汽车产业集中度低，尤其是与美国、日本等汽车强国相比，我国的汽车企业众多，但整体实力强，尤其是在国际上存在知名度的品牌还非常欠缺，美国、日本汽车企业都走过以产业竞争实现“由多到精”的转变历程。因此，通过竞争加大企业兼并重组是推进汽车产业资源配置效率提升、结构优化的重要举措。

8.2.2 加快推进国有汽车企业改革力度，释放创新活力

（1）加快国企改革，激发企业创新活力。

我国汽车企业的国有资本占比较高。政府主导的投资效率往往偏低，对民营资本投资存在挤占的问题。与政府主导模式不同，企业以追逐利润最大化为目标而进行资源优化配置。汽车行业外资股比的放开、新造车势力的纷纷进入行业，国有车企改革刻不容缓。混改的核心是在国企中引入有价值的非国有因素，通过非国有因素来增强国企的市场活力。北汽集团、奇瑞汽车、上汽集团、江淮汽车、广汽集团、长安汽车等企业已经陆续开始通过交换持股、管理层持股、引入行业外投资者等，吸引多种类型资本进入。国有企业与民营企业应当找准定位、各司其职，国有资本更适合在民生和战略性投资领域发挥作用，而一些高风险的竞争性领域应提升民营资本的运作

① 汽车之家．数字化背景下的企业转型需几步［EB/OL］. https：//www.autohome.com.cn/news/202004/984888.html.

程度。

(2) 对内、对外有序放开投资限制。

国家发改委和商务部联合发布《外商投资准入特别管理措施（负面清单）(2019 年版)》[①]，提出 2018 年汽车行业取消专用车、新能源汽车外资股比限制；2020 年取消商用车外资股比限制；2022 年取消乘用车外资股比、合资企业不超过两家的限制，我国汽车企业将面临更加激烈的产业竞争。在解除中外股比限制、全面对外放开行业准入的过渡期，放宽非公有经济市场准入，简化审批程度，优化核准权限，允许民营资本更便捷进入汽车生产经营领域，激发企业的活力，提升行业市场化程度。

8.2.3　创新企业研发制度，加大创新研发投入

(1) 完善研发投入制度，加大企业研发投入。

本书第 5 章分析了要素推动产业升级、生产组织方式推动产业升级等，不管是汽车企业更新数字化生产线，还是引进专业人才、购买专利技术，都建立在大量的研发投入、资金投入的基础上。2018 年，大众集团研发支出达 158 亿美元，占营业额 5.7%；紧居其后的分别是丰田集团 100 亿美元 (3.9%)、福特集团 80 亿美元（5.1%）、通用集团 73 亿美元（5%）、戴姆勒 71 亿美元（3.6%）、本田 71 亿美元（5.4%）、宝马 59 亿美元（5%）。反观我国研发投入最高的上汽集团、广汽集团，2018 年上半年研发投入仅为 61.65 亿元、17.07 亿元人民币。由数字化、智能化主导的新技术将重塑产业价值链，企业内部结构也必须按照新的价值链加以重新整合，企业组织的变革促使生产呈现出平台化和社会化的趋势[②]，这些改变都要以企业持续投入大量研发资金为基础。

(2) 创新研发机制，加强研发合作。

由于本轮产业升级涉及整个产业生态体系的变更，智能化、新能源等技

---

① 发展改革委网站．外商投资准入特别管理措施（负面清单）(2019 年版) [EB/OL]. http: //www. gov. cn/xinwen/2019 -06/30/content_5404703. htm.

② HALLWARD - DRIEMEIER M, NAYYAR G [M] 世界银行“中国经济报告”, Trouble in Singapore: the making? the future of manufacturing - led development World Bank Publications, 2017.

术的复杂性程度高，研发风险和难度极大。可建构企业研发中心、基础研究机构、海外研发机构等研发体系，汽车总公司设立研发中心，承担综合研究、中长期基础研究，由分公司承担短期技术研发、产品应用与开发等，提升研发层次，促进成果转化效率。对于关键性共性技术瓶颈等问题等，构建项目合作制度，由具有法人资格的车企出资进行联合研发，分担研发资本，共享研究成果。

（3）增强企业内部分工和学习。

汽车企业的生产目的，是以合适的价格、有竞争力的产品和服务满足消费者需求，而有效的内部组织分工和学习往往能改变技术与市场条件。从成本来看，生产要素和技术市场固然重要，但是汽车企业实施正确的创新战略、改变成本结构、技术和市场条件更为重要。企业内部组织方式，使得这些高固定成本投入能够生产出高质量的产品，那么企业将占据更大的市场份额，将高固定资本转化为低平均成本。只要企业生产的产品或服务比竞争对手质量更高、成本更低，那么前期潜在的亏损就会逐渐变成真实的利润。

日本汽车的崛起很好地说明了组织的重要性。20 世纪中后叶，日本汽车品牌对于处在全球领先地位的美国车企发起强大的挑战并取得成功，归纳起来，竞争优势来源于组织创新升级，业界和学界将其称为“丰田模式”，强大的组织学习体系是重要组成，日企对人员尤其是技术专家、车间工人进行更为精细化的整合与管理，全部纳入企业组织学习过程中。与之形成差异的是，美国汽车生产线的工人存在层级差异，管理层参加组织学习，而劳工层则被排除在学习体系之外，不同层次人员难以形成紧密合作。因此在新技术条件下，我国汽车企业需要勾勒内部分工与学习制度，以此提升企业生产效率。

8.3 完善创新体系，提升汽车产业自主创新的能力

2018 年 6 月 14 日，习近平总书记在山东考察时指出，“关键技术、核心技术、高新技术，要靠自己，靠自己，就要发挥我国社会主义制度能够集中力量办大事的优势”。政府、企业、教育机构、科研机构和中介机构等各类

型的创新主体是国家创新体系的重要组成。要紧紧围绕着“创新链—产业链—价值链—供应链”全过程，规划和构建全方位的创新体系。

8.3.1　构建多维度国家创新体系

汽车产业升级需要创新主体的整体性协同。汽车是承载现代制造业最新技术的载体，汽车产升级是一个带有集成性和长期积累的过程，需要原始创新、集成创新及协同创新：原始创新主要集中在基础科学、前沿科学；集成创新指各项技术的整合集成，从而实现产品或工艺创新；协同创新则指发挥各创新主体协同作用。如美国汽车研究理事会搭建了创新平台，按照职能分为公共、行业和企业三个层级；德国的国家科技创新体系依托政府进行组织和引导，广泛联通行业、企业、高校等，形成了包括基础研究、应用研究、产业化研究的完整链条。

在本轮汽车产业升级过程中，要实现原始创新、集成创新及协同创新三个层面的技术创新，一方面需要以企业自主创新或技术引进吸收为主，另一方面也需要由企业、政府、科研机构协同。在企业生产过程中，汽车产业涉及的整车制造、关键零部件生产、IT 技术等上下游产业链条多，尤其是以人工智能、电动化为代表的新技术标准仍在探索和完善构建中，从技术到市场的成果转化过程中面临来自技术、市场、竞争等不确定性，创新周期长、风险大。推动基础研究、应用研究和开发研究的协调发展，强调官、产、学的相互联合，构建由大型企业研发中心、非营利研究组织、高校和研究所等构成的完善的技术研发和产业化体系。大学以基础研究为主，兼顾应用研究；研究机构主要从事应用研究和发展研究；企业的研究机构主要进行开发研究。

8.3.2　提升各主体协同创新程度

重大创新靠单个企业力量很难实现，需要互补协作才能实现①。新能源、

① Adner R, Kapoor R. Value creation in innovation ecosystems: How the structure of technological interdependence affects firm performance in new technology generations [J]. Strategic Management Journal, 2010, 31 (3): 306-333.

智能化等新技术下汽车产品、技术、区域、行业边界都在模糊，需要协同创新。

（1）加大汽车产业创新园区建设。

在开放型经济时期，由政府牵头的汽车产业园区是促进产业发展、提升知识聚集效应的空间。我国是世界上产业园区数量最多的国家，但园区创新能力有待提升。政府应出台汽车产业创新园区政策，包括基于互惠共赢的产学研收益分配体制、保护汽车知识产权等；构建服务体系，促进形成高效公共服务环境；加大对创新项目、人才、风险投资等引导和支持，加大信息网络等基础设施建设和完善。

由企业、高校、科研机构等主体整合而成的技术创新战略联盟在汽车产业创新升级中有重要载体作用，加大核心技术领域的合作，集聚人才、技术等创新资源，建立交流共享平台和创新体系。例如搭建类似汽车产业平台公司等形式的战略联盟来建立现代化汽车产业创新体系。

加快成果转化。推进科技成果转化是产业升级的重要环节。我国研发主体之间协同配合程度不高，存在割裂问题。在前文第 4 章的分析中也谈到，当前技术研发与市场转化的周期大大缩短，有些技术从研发到市场的过程几乎是同步进行，因此更要重视成果转化和创新转移。加快创新链、产业链融合，推动实现科技成果向现实生产力转化。

（2）加大产业集群，提升产业集中度。

产业集群又跟“集聚”“群聚”等相关，是经济地理分工、经济变革的外在形式和工具，是一种提高生产率、强化企业联系、优化生产要素配置的经济目标，在这个过程中既涉及政府、企业、金融部门、中介机构、研究机构、消费者等主体，又涉及产品链、价值链、创新链、制度及环境等因素，是一个经济、社会、文化等多层面的区域复合体。从产业空间规律分析，产业生产有集中性的核心区，性质相同或者关联度高的产业倾向于长期定位在相同或邻近地域（核心区）进行布局。

本书第 4 章分析了当前我国汽车产业主要分布在六大集群区域，分别是东北地区、京津冀地区、长三角地区、中部地区、珠三角地区和成渝地区，除了大型企业集团，我国汽车产业布局整体上还不够集中。在六大产业集群区域，东北地区核心城市辐射弱，一汽集团、一汽大众等代表性企业整车制造能力具有优势，专业人才培养基础较好，零部件实力较强，但是市场化程度低；京津冀地区是全国创新要素聚集中心，有北汽集团、天津一汽丰田等企业，区位优势明显，整车和零部件配套能力强，但是各地之间的协同度不够，产业定位相似甚至雷同；长三角地区技术扩散效应在“一带一路”、长江经济带等政策优势带动下协同效应较好，整车研发能力较强，整体配套完善，但是存在集团内部资源整合不够、自主品牌不强等问题；中部地区的东风集团、奇瑞公司等集团实力强，产品多元化且定位准确，但是整车和零部件实力还有待加强；珠三角地区的广汽集团、广汽丰田和本田等日资企业特色明显，打造了世界级的汽车生产基地，但存在引进企业与本土化企业发展平衡问题；成渝地区是长江经济带和“一带一路”的支点，有长安集团、一汽大众成都公司等，地域优势不足，但后发潜力大。下一步需要发挥各区域的比较优势，加大各区域之间的合作来促进产业集中度提升。

8.3.3　集成创新资源和要素

（1）加大汽车产业领域的“新基建”建设。

作为本轮工业革命的先导产业，汽车产业发展依赖与技术相匹配的基础设施。新市场得以发展的基础之一是可以低价获取产业基础设施。数据要素成为本轮长波的核心元素，而与之相关联的基础设施——互联设施（网）就成为关键。基于我国汽车保有量大的规模优势，加大汽车使用、出行、新能源充电和放电等数据的挖掘与应用。在试点城市的基础上，加大充电设施的布局、加快电池更换、租赁、回收利用等商业服务管理体系。加强信息化基础建设，新一代互联通信技术基础设施有力支撑了数据要素的积累和配置，数据生产力的广泛使用也成为提升基础设施投资收益的增长点。

（2）改善汽车产业人力资本制度。

汽车升级的根基在于人才，创新驱动实质上是依靠人才驱动。马克思认为人的发展是推动技术进步的动因，人本身是他自己的物质生产的基础，也是他进行的其他各种生产的基础①。经济发展和技术创新越来越依赖于人力资本②。需要健全重视人才、尊重、爱护和培养人才的制度体系。

世界汽车工业城、拥有三大汽车巨头福特、通用和克莱斯勒的底特律，可谓“成也制度，衰也制度”，底特律的早期成功源于政府在城市化发展中的定位和资源扶持，而后期的衰败，一定程度源于底特律去工业化进程中缺乏对高素质劳动者、企业家创业精神等高级要素的培养等。

针对新技术条件下汽车升级发展的需求，要坚持引培并举，加强人才培养和人力资源开发，从研发、管理、商业服务等多环节培养专业化人才。政府在各个教育阶段对学生有针对性开展信息技术知识的普及和训练；在高校专业设置上，加强与汽车相关的学科专业建设，将“车辆工程”设置为一级学科并设置新技术专业方向。提高新能源、智能化等前沿科技专业、基础专业、交叉学科等课程设置。鼓励高校、科研院所相关科研人员到企业兼职。

8.3.4 自主创新与技术引进相结合

新技术经济范式往往处在不断摸索过程，由于美国不断通过“贸易战”的形式，层层加大对我国的技术封锁，打压我国高科技企业，通过“买技术、引技术”的方式获取核心技术的难度越来越大。此外，美国、日本、德国汽车制造业在智能装备研发与应用、工业互联网平台水平、企业平台（MBE）、运营管理体系等整体上优于我国。根据汽车产业数字化成熟度评级体系，我国许多汽车自主品牌企业刚刚完成了自动化、信息化过程，精益化水平还较低，智能化转型基础尚不牢固，仍与发达国家有差距，国内车企在多数产业上处于产业链低端水平。只有下大力气将生产环节不断前移，掌握更多核心环节上的主动权，才能在全球汽车产业价值分配环节获得较高份额。汽车产业长期以来在成套设备、核心元器件等关键技术领域依赖国外，我国汽车企业在过去的一段时间内走过了重生产、重引进、轻研究、轻技术的道路。在

---

① 马克思著．中共中央马克思恩格斯列宁斯大林著作编译局译《1844 年经济学哲学手稿》[M]．北京：人民出版社，2000：85.

② Rosenberg N，Mowery D C，Paths of lrrrovation：Technological Change in 20th – century American [M]．Cambridge Gniversity Press，1999：177 – 179.

这一轮汽车产业升级中，需要提升原始创新和基础研究的研发投入强度，引导组建综合、跨学科（如计算机、化学、物理、数学等）团队，建立健全研发组织体系，着力提升自主创新水平。

8.3.5 “建链、补链、延链、强链、扩链”，提升产业链整体水平

“如果生产场所扩大了，就是在外延上扩大；如果生产资料效率提高了，就是在内涵上扩大”①。内涵扩大再生产正是以技术进步提升劳动生产率、资本使用率。汽车产业上下游产业链众多，要实现汽车产业升级，需要“建链、补链、延链、强链、扩链”，真正提升汽车内涵发展水平。通常而言，只有当外延扩大再生产达到一定的规模，才能从内涵方面扩大再生产。在我国发展汽车产业初期，主要依靠新增要素来扩大生产规模，我国汽车产业自 2010 年开始，已经连续 9 年实现产销量世界第一，成为名副其实的汽车大国，但我国在传统燃油发动机和变速箱领域缺乏对核心技术的掌控，只能通过合作、低水平模仿生产汽车。

当总量累积到一定规模，须转变为内涵型扩大再生产为主的生产方式，这个则依赖于加大研发投入，提升引进吸收创新、集成创新甚至原始创新水平，以科技和管理创新提升扩大再生产水平。我国 2018 年制定的汽车产业发展规划，提出了“汽车大国向汽车强国迈进”“技术赶超”“自主创新”等要求，都体现了“内涵式扩大再生产”方向。我国在通过技术和制度创新等来促进汽车产业升级的过程中，需要提升自主研发和创新水平，提升汽车产业中知识、技术的作用，以智能化、新能源等为牵引，整合创新资源和延伸产业链，从简易组装、简单零部件制造迈向关键零部件研发等上游环节、营销流通等下游环节，提升产业在国际分工的位置。由于我国要素比较优势在减弱，可以向新兴市场进行部分产业转移，如向东南亚国家转移简单生产线，在欧美、日韩等国家设立更多创新研发机构。同时，围绕我国区域发展战略，以发展汽车产业为载体，加大集技术研发、孵化、转化为一体的合作机制，建立完善的创新链条。

---

① 马克思，恩格斯．马克思恩格斯全集第 24 卷［M］．北京：人民出版社，1974：36.

8.4 创新商业模式，促进科技向现实生产力的转化

在产业价值链微笑曲线的两端中，除价值链前端设计和研发外，产业链上有另外一个附加值高的区域是“市场端”。本书第 5 章分析了“市场对价值链升级的作用”和“价值链升级的阶段和路径”，从理论层面分析了市场对实现技术创新的影响。

汽车产业升级不仅需要从“供给端”改善技术条件和制度供给，也需要满足“需求端”、依靠需求端的作用来实现科技向现实生产力的转换，解决“人民群众对汽车产品和出行服务日益增长需求，和我国市场产品同质化、低端化以及社会资源承载能力有限存在矛盾”。

8.4.1 优化零售模式，开展精准营销

数据为营销赋能。受新冠疫情影响，全国消费市场受到巨大冲击，2020年《政府工作报告》重点对扩大内需、加强新基建等重振经济的战略措施进行了部署，最近的政府工作会议更是提出了构建国内循环为主、国内国际互促双循环新格局，各省市区也对鼓励消费等推出了系列举措。对于汽车经销商而言，虽然线下 4S 店受到比较大的负面影响，但也为创造新零售模式提供了机遇。汽车企业和经销商应加快打造无接触沟通的新零售模式，借助线上平台，提升在线 VR、直播讲解和体验、线上销售等。汽车虽属于耐耗品，无法像快消品一样在网上进行快速销售，但是当前年轻人在购车群体的比例不断提升，对于网络购物尤其是购买大件和贵重物品的意愿大幅提升，5G 技术、云平台等新技术的快速使用，加速了经销商在网上进行创新、拓展的速度。提升数据在营销环节的普及与使用，将消费者偏好转换为“数据”，实施精准营销。除了线上新模式，优化线下汽车的服务体验环节，在人流量大的区域增设体验区，在各级城市增加试驾区域，让厂商有多更直接与顾客沟通接触的机会，从传统的“造车厂——经销商——消费者”模式转向“造车厂——消费者”模式。

8.4.2　加大金融刺激，提升购买意愿

财政部等三部委提出，从 2021 年 1 月 1 日起到 2022 年 12 月 31 日止，免征新能源汽车购置税。对于二手车经销商收购二手车降低增值税。国家各部委应出台更多鼓励汽车消费信贷的金融业务，如继续探索调整首付比例、利率、还款期限等，甚至可以探索将购车纳入个税抵扣中，提升汽车消费潜力。

探索打造“产品 + 营销 + 品牌 + 服务 + 客户”全新线上服务模式。即除了巩固线下金融服务外，开发更多线上新型智能金融产品。构建网络社区营销模式，打造私域社群；汽车金融公司提升网上宣传效果，有针对性地推进矩阵传播合力；优化线上管理流程和资金、风险的管控，强化贷款前、贷款过程中、贷款后的线上一体化服务模式；对线上金融贷款顾客持续跟踪管理，防止顾客通过其他触及方式而流失。

8.4.3　优化售后服务，提升附加价值

打造我国特色回收制度。一是针对新能源、网联化和智能化汽车，优化登记、回收制度。建立零部件全程可追踪制度，对于故障车辆、故障部件（尤其是电池等关键部件）做到全程可追溯；二是取消对回收拆解企业数量的限制，取消对“五大总成”再次回收利用的限制，取消对报废金属回收价格的限制，规范回收、标准和流程，指导企业安全、环保拆解。拓宽新能源汽车动力蓄电池回收利用试点的数量和范围。

8.5　本章小结

本章结合了前文提出的理论和问题，围绕“制度创新”这一创新驱动的核心维度提出对策建议。

第一，从生产力与生产关系层面，提出立足产业生产力发展水平，加快

调整生产关系。一是结合新的技术方向和技术特征，从劳动者的平均熟练程度、科学技术的发展程度、生产过程的组织和管理、生产资料的规模和效能等方面出发，逐步提升劳动生产率，特别是充分发挥新能源、智能化等最新科学技术的倍增效应，将其应用到生产工具、劳动对象、劳动者、社会生产的组织和管理等各方面，优化资本有机构成，从而不断提升两大部类及其各产业部门的劳动生产率，提高供给侧数量与质量。二是面对改革开放日益扩大、完善社会主义市场经济体制的需要，两大部类及其各产业部门的生产范围不断扩大、结构边界也在日益模糊，这就需要我们对以往固有的生产关系加以调整，创新组织关系，适应分工形式的多样性和价值创造的多维性。

第二，提出政府是本轮汽车产业升级的关键组织者和推动者，在产业升级中发挥重要作用。从战略高度提出明确的汽车产业升级目标、深化财政税收和金融体制改革、优化政府的组织领导职能、加快转变产业政策导向、打造公平竞争的市场环境等建议。

第三，提出了企业层面的对策建议，即加快推进国有汽车企业改革力度，发挥市场在资源配置中的决定性作用，创新企业研发、学习等制度。

第四，由于本轮汽车产业升级涉及的创新主体比以往更多，本书提出了构建汽车产业创新体系，即打造以政府、企业、教育机构、科研机构、中介机构等各类主体构成的多维创新体系，提升各主体协同创新程度。加大汽车产业创新园区建设、提升产业技术创新战略联盟作用、加快成果转化、以加强区域合作来提升产业集中度等；加大“新基建”建设、要素市场化程度、人力资本制度等。

第五，在产业价值链中，除价值链前端设计和研发外，产业链上有另一个附加值高的区域是“市场端”，可以加强市场推广和实现技术产品化、规模化，来反向促进技术的改造和成熟。提出了“创新商业模式，促进科技向现实生产力的转化”，以及优化零售模式、加大金融刺激、优化售后服务等几个方面的对策建议。

| 第 9 章 |

研究结论与展望

9.1 研究结论

本书选择了汽车产业升级这一研究对象，从马克思技术创新和制度创新关系理论入手，分析创新驱动汽车产业升级的机理和路径等问题。汽车产业是全球公认的国民经济支柱产业、实体经济重要制造业部门，充分展示了一个国家或者地区的科技实力、社会发展水平的综合实力。我国汽车工业在改革开放后构建了完整的产业体系、实现快速发展并连续 10 年产销量位列世界第一，但“量”的增长并没有带来“质”的突破，我国汽车产业自主创新能力不足、在全球汽车价值链配置中处于低端位置等问题依然存在。在新一轮产业革命和科技革命背景下，新能源、智能化等突破性创新技术成为产业升级的关键性技术，以“电池、电机、电控”为特征的新能源技术与智能化技术是最佳结合体，而汽车产业是技术的最佳承载体。

本书从创新驱动的视角，对新中国成立后汽车产业创新发展的历程进行了梳理，概括了我国汽车产业发展的经验启示、限制因素、机遇和挑战，对国外汽车产业发展趋势和特征进行了分析，并从国内外、点面等视角论证了创新驱动发展是我国汽车产业升级的必由之路。结合智能化、新能源等突破性技术创新的特征，重点分析了创新驱动汽车产业升级的作用机理并进行了实证验证，在理论与实证深入分析的基础上，提出了我国创新驱动汽车产业升级的政策建议。全书主要结论如下：

（1）创新驱动理论源于对马克思主义创新理论的深化与拓展，也是当前指导汽车产业升级的重要理论。马克思主义创新理论提出了科学、技术和制度创新；熊彼特对创新从理论上进行阐释；西方学者对创新理论进行了发展和完善。在经典理论的指导和启示下，本文提出了创新驱动汽车产业升级的研究框架：将汽车产业升级置于“生产力和生产关系的矛盾运动是产业升级的总推动力”这一观点和视角下，提出了“汽车产业升级的总体上是一个以科技创新为引领，同时制度不断动态调整适应技术（或科技）创新及推动产业升级的过程”这一核心命题，构建出了本文的理论研究框架，即剖析技术创新产业升级的机理、制度创新对技术创新和产业升级的影响等。

（2）创新驱动发展是汽车产业升级的必由之路。从新中国成立后到当今，汽车产业升级发展过程总体上是一个生产力和生产关系两者之间“不适应”的桎梏关系状态不断打破，朝着新的状态进行适应演进并达到相对平衡的创新过程，汽车产业经历了“汽车工业体系实现从无到有的升级、实现初步的数量型生产升级、跃升为全球产销量第一‘汽车大国’、开启‘汽车强国’之路”等总体发展阶段，整体上是一个产业从无到有、从技术引进和模仿到自主创新和自主品牌创建的变化过程，是从数量型向质量型升级发展的历程。同时，我国还存在阻碍产业升级发展的因素，技术层面主要有我国汽车研发投入与发达国家存在差距，制度层面主要有国家对于新时代汽车产业的整体发展战略缺失，产业政策导向不利于创新、多部门多头管理影响创新效率，以及在税制、人才、要素、科技等法方面的制度问题。

从全球汽车产业发展趋势来看，竞争格局发生变化，而指导汽车产业升级发展的理论，也将由产业分工逐步过渡到产业竞争理论。通过国内外形势分析，凸显以创新驱动来实现汽车产业升级的必要性。我国发展汽车产业、促进产业升级，既要加大自主研发与技术创新，又要调整、完善适应汽车产业发展的制度，来匹配新的技术创新特征及环境并实现新价值和产业升级，即依靠创新驱动来促进产业的发展和升级。

（3）技术创新和制度创新推动汽车产业升级。技术创新推动产业升级可以分为产品轨道升级、要素升级、生产组织方式升级和价值链升级四个维度。其中，产品轨道升级表现为传统燃油发动机轨道Ⅰ跃升至以电喷驱动系统、智能网联汽车及信息物理技术特征下的轨道Ⅱ；要素升级表现为高级或创新要素对低级要素进行嵌套或者组合，实现生产要素整合与重组、提升要素的配置和利用效率；生产组织方式升级表现为技术范式、价值形态、生产组织三个维度；价值链升级则表现为向产业价值链附加值高的两端、新价值链移动，本文也概括出了汽车产业升级的“前期、中期、后期”价值链升级路径。此外，新技术的出现，需要新制度渐进式完成对旧制度的替代来逐渐实现制度供给的均衡状态。制度创新通过规范技术创新、激励技术创新和调节技术创新来推动产业升级。

在理论分析的基础上，选取2012～2018年北京、上海、湖北等6个主要汽车生产省市区的“R&D经费投入强度”作为技术创新指标，参考选用同期王小鲁、樊纲编制的“市场化指数”为制度创新指标。结果显示，研发投入强度对汽车产业升级有强推动作用，市场化指数对产业升级的作用为负。未来汽车产业升级，需要加大研发投入、发挥技术创新的引领作用，也需要继续深入推动制度创新，如坚持“竞争性产业政策”、持续发挥政府制度保障作用等。实证结果在佐证理论研究的同时，也为“对策建议”提供决策依据。

（4）从理论与实践、整体与局部层面提出了推动我国汽车产业升级发展的对策与建议。“十四五”时期，汽车产业升级将以创新驱动理论为指导，发挥政府是本轮汽车产业升级的组织者和推动作用；发挥企业的基础作用，加快推进国有汽车企业改革力度、发挥市场在资源配置中的决定性作用；打造以政府、企业、教育机构、科研机构、中介机构等各类型的创新主体构成的多维创新体系；从“市场端”入手，加快将科技转为现实生产力。

9.2　研究展望

（1）技术和制度创新对产业升级机理的研究有待深入。创新驱动汽车产业升级是一个系统性问题，也是一个值得深入思考的问题。本书虽然分析了技术创新、制度创新在汽车产业发展历史中的影响，以及从技术创新、制度创新的关系层面，分析了在新技术条件下创新驱动汽车产业升级的机理，并得出一些有益结论。然而，创新与升级是相互作用、双向因果、正反馈以达到有序和协同演化的过程。未来对于创新驱动与升级之间的相互影响关系研究应给予更多的关注。

（2）应通过调研搜集更多企业微观数据，进行更有针对性的实证研究。由于汽车产业是 2011 年刚从交通运输业独立出来，目前绝大部分数据库、年鉴可以查询到指标口径一致的数据非常有限，汽车省级面板数据搜集困难。本书仅选取了 6 个省市区 7 年的数据进行实证研究。企业是市场的微观主体，选取我国有代表性的汽车企业进行调研，搜集更多的微观数据，有助于更客观、全面地了解当前汽车产业创新中存在的问题，构建产业升级发展理论，以及实现创新驱动汽车升级的效果。获取企业一手数据存在较大难度，具有相当的挑战性，但研究意义也是巨大的。

（3）从微观层面提出创新驱动汽车产业升级的政策建议。当前国家层面已经出台了汽车产业中长期发展规划，以及智能化、新能源汽车的发展措施。在遵循产业发展规律和发展实际的基础上，从微观层面提出更切合企业发展实际的对策建议，这也是今后值得进一步努力的方向。

参考文献

[1] 马克思．资本论（第一卷）[M]．中共中央马克思恩格斯列宁斯大林著作编译局译．北京：人民出版社，2004.

[2] 马克思．资本论（第二卷）[M]．北京：人民出版社，1975.

[3] 马克思恩格斯全集（第6卷）[M]．北京：人民出版社，1985.

[4] 马克思，恩格斯．马克思恩格斯文集．第8卷 [M]．北京：人民出版社，2009.

[5] 马克思，恩格斯．马克思恩格斯全集．第23卷 [M]．北京：人民出版社，1972.

[6] 马克思，恩格斯．马克思恩格斯全集．第42卷 [M] 北京：人民出版社，1979.

[7] 马克思，恩格斯．马克思恩格斯全集．第46卷 [M]．北京：人民出版社，1980.

[8] 马克思恩格斯全集．第26卷（上）[M]．北京：人民出版社，1972.

[9] 马克思恩格斯全集．第31卷 [M]．北京：人民出版社，1998.

[10] 马克思恩格斯全集．第44卷 [M]．北京：人民出版社，2001.

[11] 陈宝明，吴家喜．全面创新驱动的战略路径 [M]．北京：科学技术文献出版社，2016.

[12] 陈强．高级计量经济学及Stata应用（第二版）[M]．北京：高等教育出版社，2014.

[13] 道格拉斯.C. 诺斯．经济史中的结构与变迁 [M]．陈郁，等，译．上海：上海人民出版社，1994.

[14] 凡勃伦．有闲阶级论 [M]．蔡受白译．北京：商务印书馆，1983.

[15] 符钢战．汽车产业分析 [M]．上海：同济大学出版社，2018.

[16] 国民经济研究所．中国分省份市场化指数报告（2018）[M]．社会科学文献出版社，2019.

[17] 国务院发展研究中心产业经济研究部中国汽车工程学会，大众汽车集团（中国）中国汽车产业发展报告（2015）[M] 北京：社会科学文献出版社 2015.

[18] H. 钱纳里，S. 鲁滨逊．M. 赛尔昆．工业化和经济增长的比较研究 [M]．上海：上海三联出版社，1995.

[19] 何琳．我国汽车产业的技术整合与技术能力成长 [M]．经济日报出版社，2013（6）.

[20] 华尔特·惠特曼·罗斯托．经济增长的阶段：非共产党宣言 [M]．北京：中国社会科学出版社，2001.

[21] 黄群慧，郭朝先，刘艳红，等．可持续工业化与创新驱动 [M]．北京：社会科学文献出版社，2017.

[22] 康芒斯．制度经济学 [M]．于树森译．北京：商务印书馆，1997.

[23] 克利斯·弗里曼，弗朗西斯科·卢桑．光阴似箭：从工业革命到信息革命 [M]．北京：中国人民大学出版社，2007.

[24] 克利斯·弗里曼．罗克·苏特．工业创新经济学 [M]．北京：北京大学出版社，2004.

[25] 赖纳特，贾根良．演化发展经济学论文选 [M]．北京：高等教育出版社，2007.

[26] 李春林．中国汽车工业发展问题报告——走出困惑 [M]．沈阳：沈阳出版社，1998.

[27] 李平．颠覆性创新的机理性研究 [M]．北京：经济管理出版社，2017.

[28] 李洪．中国汽车工业经济分析 [M]．北京：中国人民大学出版社，1993.

[29] 大卫·李嘉图．政治经济学及赋税原理 [M]．北京：商务印书馆，1976.

[30] 李杰. 工业人工智能. 上海交通大学出版社 [M]. 上海: 上海交通大学出版社, 2019.

[31] 李斯特. 政治经济学的国民体系 [M]. 北京: 商务印书馆, 1997.

[32] 李显君. 汽车理想国 [M]. 北京: 中国工人出版社, 2017.

[33] 林毅夫, 等. 中国的奇迹: 发展战略与经济改革 [M]. 上海: 上海人民出版社, 2014.

[34] 刘红玉, 彭福扬. 创新理论的拓荒者 [M]. 北京: 人民出版社, 2013 (6).

[35] 刘宗巍. 赵福全论汽车产业 (第一卷) [M]. 北京: 机械工业出版社, 2017 (09).

[36] 刘志迎. 现代产业经济学教程 [M]. 北京: 科学出版社, 2007.

[37] 路跃兵等. 中国汽车产业成长战略 [M]. 北京: 清华大学出版社, 2014.

[38] 罗伯特·J. 巴罗, 夏威尔·萨拉·伊·马丁. 经济增长 [M]. 夏俊译. 上海: 上海三联出版社, 2010.

[39] 吴传清. 区域经济学原理 [M]. 武汉: 武汉大学出版社, 2008.

[40] 迈克尔·波特, 李明轩. 国家竞争优势 [M]. 邱如美译. 北京: 中信出版社, 2007.

[41] 施建生. 伟大的经济学家熊彼特 [M]. 北京: 中信出版社, 2006.

[42] 孙东升. 中国汽车产业发展研究 [M]. 武汉: 武汉理工大学出版社, 2012.

[43] 唐杰, 杨沿平, 周文杰. 中国汽车产业自主创新战略 [M]. 科学出版社, 2009 (2). 江苏人民出版社, 2000.

[44] 瓦科拉夫·斯米尔. 美国制造: 国家繁荣为什么离不开制造业 [M]. 李凤海, 刘寅龙译. 北京: 机械工业出版社, 2016.

[45] 威廉·配第. 政治算术 [M]. 马妍译. 北京: 商务印书馆, 1978.

[46] 韦森. 社会秩序的经济分析导论 [M]. 北京: 三联书店, 2001.

[47] 下河边淳, 等. 马洪, 等. 现代中日经济事典 [M]. 北京: 中国

社会科学出版社，1982.

［48］小宫隆太郎，等．日本的产业政策［M］．黄晓勇，等，译．北京：国际文化出版社，1988.

［49］熊彼特．经济发展理论［M］．北京：商务印书馆，1990.

［50］熊彼特．经济发展理论［M］．何畏，等，译．商务印书馆，1990.

［51］熊彼特．经济发展理论［M］．邹建平译．北京：中国画报出版社，2012.

［52］许庆瑞．研究、发展与技术创新管理［M］．北京：高等教育出版社，2002.

［53］薛凤旋，刘卫东．中国汽车工业——改革开放后的重整与国际化［M］．地理研究，1997（3）.

［54］杨公仆．产业经济学［M］．上海：复旦大学出版社，2005.

［55］伊斯雷尔．柯兹纳竞争与企业家精神［M］．刘业进译．杭州：浙江大学出版社，2013.

［56］袁中华．我国新兴产业发展的制度创新研究［M］．成都：西南财经大学出版社，2013.

［57］赵福全，苏瑞琦，刘宗巍．践行汽车强国策［M］．北京：机械工业出版社，2017.

［58］赵玉林．创新经济学［M］．北京：中国经济出版社，2006.

［59］张柏春．中国近代机械简史［M］．北京：北京理工大学出版社出版，1992.

［60］张薰华．生产力与经济规律［M］．上海：复旦大学出版社，1989.

［61］张宇燕．制度经济学：异端的见解（载《现代经济学前沿专题》第二集）［M］．北京：商务印书馆，1996.

［62］张峥．基于持续创新能力的中国汽车产业并购整合模式研究［M］．上海：上海交通大学出版社，2016（12）.

［63］中共中央马克思恩格斯列宁斯大林著作编译局．马克思恩格斯全集（第三卷）［M］．北京：人民出版社．

［64］《中国汽车工业年鉴》期刊社．中国汽车工业年鉴2017［M］．中

国汽车工业协会，2017.

［65］中国社会科学院工业经济研究所．中国工业发展报告（2017）［M］．北京：经济管理出版社．

［66］中国社会科学院工业经济研究所．工业化蓝皮书："一带一路"沿线国家工业化进程报告［M］．北京：社会科学文献出版社，2016.

［67］朱承亮．自主创新 VS 技术引进——中国汽车产业技术进步评价［M］．社会科学文献出版社，2014（11）．

［68］蔡昉．人口转变、人口红利与刘易斯转折点［J］．经济研究，2010（4）．

［69］蔡洪明，李跃武，乐志国等．汽车平台及通用化研发模式探索［J］．汽车工程师，2011（1）：15－18.

［70］蔡跃洲．数字经济的增加值及贡献度测算：历史沿革、理论基础与方法框架［J］．求是学刊，2018（5）．

［71］陈静，叶文振．产业结构优化水平的度量及其影响因素分析——兼论福建产业结构优化的战略选择［J］．中共福建省委党校学报，2003（1）．

［72］陈晓红．数字经济时代的技术融合与应用创新趋势分析［J］．中南大学学报（社会科学版），2018（5）．

［73］池仁勇，等．全球价值链治理、驱动力和创新理论探析［J］．外国经济与管理，2006（3）．

［74］杜传忠，金华旺，金文翰．新一轮产业革命背景下突破性技术创新与中国产业转型升级［J］．科技进步与对策，2019（24）．

［75］高太山，柳卸林．企业国际研发联盟是否有助于突破性创新？［J］．科研管理，2016，37（1）．

［76］高顺东，肖洪钧，姜照华．国际化的全产业链创新网络：以移动产业链为例［J］．科学学与科学技术管理，2012（9）．

［77］郭朝先．当前中国工业发展问题与未来高质量发展对策［J］．北京工业大学学报社会科学版，2019（1）．

［78］郭晗，任保平．中国区域结构转换的增长效应——要素流动与技术扩散［J］．经济问题探索，2017（12）．

[79] 郭英远，张胜．创新驱动发展的内涵和标志 [J]．科技管理研究，2018 (6)．

[80] 郭朝先，王宏霞．中国制造业发展与“中国制造2025”规划 [J]．经济研究参考，2015 (31)．

[81] 韩江波．基于要素配置结构的产业升级研究 [J]．首都经济贸易大学学报，2011 (1)．

[82] 韩江波．创新驱动经济高质量发展：要素配置机理与战略选择 [J]．当代经济管理，2019 (8)．

[83] 洪银兴．关于创新驱动和创新型经济的几个重要概念 [J]．群众，2011 (8)．

[84] 洪银兴．产业创新与新增长周期 [J]．经济学动态，2007 (3)．

[85] 黄方庆．大众横置发动机模块战略 (MQB) 分析 [J]．汽车与配件，2012 (14)．

[86] IEA. 2018 全球电动汽车展望 [J]．科技中国，2018 (5)．

[87] 纪玉俊，李超．创新驱动与产业升级——基于我国省际面板数据的空间计量检验 [J]．科学学研究，2015，33 (11)．

[88] 贾根良．第三次工业革命与新型工业化道路的新思维——来自演化经济学和经济史的视角 [J]．中国人民大学学报，2013.

[89] 蒋兴明．产业转型升级内涵路径研究 [J]．经济问题探索，2014 (12)．

[90] 靖学青．产业结构高级化与经济增长——对长三角地区的实证分析 [J]．南通大学学报 (社会科学版)，2005 (3)．

[91] 鞠晓峰．车身平台化开发策略研究 [J]．汽车技术，2012 (2)．

[92] 克劳斯·施瓦布．我们正经历第四次工业革命 [J]．商周刊，2016 (21)．

[93] 刘华，吴琦晓，张亚萍，等．浅析汽车平台演进与模块化战略 [J]．上海汽车，2014 (12)．

[94] 李鹏飞．我国集成电路产业发展的问题及对策建议 [J]．发展研究，2017 (12)．

[95] 李文亮，赵息．外部学习、环境不确定性与突破性创新的关系研

究［J］. 研究与发展管理，2016，28（2）.

［96］李翔，陈继祥. 基于产品属性的新创企业技术创新模式选择［J］. 技术经济，2016，35（4）.

［97］李永均. 中国汽车工业50年回顾（一）（1953～2003）［J］. 上海汽车，2003（5）.

［98］林毅夫，巫和懋，邢亦青. “潮涌现象”与产能过剩的形成机制［J］. 经济研究，2010，45（10）.

［99］刘家磊. 中、日、韩汽车产业政策对比［J］. 时代汽车，2012（21）.

［100］柳卸林. 技术轨道和自主创新［J］. 中国科技论坛，1997（2）.

［101］路风. 产业升级与中国发展政策的选择［J］. 经济导刊，2016（9）.

［102］陆风，封凯栋. 造中国自己的汽车［J］. 商务周刊，2004（6）.

［103］马符讯，刘彦. 中国汽车工业70年的成就、经验与未来展望［J］. 理论探索，2019（6）.

［104］裴旭东，李随成，黄幸舟. 模糊前端参与对突破性创新的影响研究［J］. 科学学研究，2015（3）.

［105］彭福扬，刘红玉. 关于产业的概念及其分类［J］. 湖南大学学报（社会科学版），2008（6）.

［106］平新乔. 产业结构调整与产业政策［J］. 中国经济报告，2016（12）.

［107］邵婧婷. 数字化、智能化技术对企业价值链的重塑研究［J］. 经济纵横，2019（9）.

［108］邵云飞，詹坤，吴言波. 突破性技术创新：理论综述与研究展望［J］. 技术经济，2017（4）.

［109］史丹，等. “十四五”时期中国工业发展战略研究［J］. 中国工业经济，2020（2）.

［110］施瓦布. 第四次工业革命已在进程中［J］. 知识经济，2016（7）.

［111］唐德森. 智能制造产业发展影响因素与趋势研究［J］. 产业与科

技发展论坛，2017（2）.

[112] 陶涛．技术创新与中国汽车价值链结构［J］．中国经贸，2019（2）.

[113] 田静．汽车平台及发展趋势简析［J］．科技和产业，2013（10）.

[114] 汪斌，侯茂章．经济全球化条件下的全球价值链理论研究［J］．国际贸易问题，2007（3）.

[115] 王立国，鞠蕾．地方政府干预、企业过度投资与产能过剩：26个行业样本［J］．改革，2012（12）.

[116] 王琳，马艳，张思扬．改革开放40年我国生产关系演变的现实路径与理论机理［J］．上海财经大学学报，2018（6）.

[117] 王羽，宋瑞，杨晨光，郑碧琪．汽车智能化指数及评价方法研究［J］．摩托车技术，2017（11）.

[118] 王玉荣，李宗洁，安圣慧．移动互联网下的突破迭代循环创新模式——以交通工具应用软件为例［J］．技术经济，2016，35（4）.

[119] 魏旭．马克思的产业升级思想及其对当代中国结构转型的指导意义［J］．毛泽东邓小平理论研究，2018（6）.

[120] 文雁兵．我国农业科技自主创新能力研究——基于产业关联效应和FDI技术溢出视角［J］．科学学研究，2015，33（7）.

[121] 肖海林．不连续技术创新的风险探究——基于与连续创新的比较［J］．经济管理，2011（9）.

[122] 谢雨鸣，邵云飞．“互联网+”与消费品制造企业转型——基于架构创新的视角［J］．技术经济，2016，35（2）.

[123] 熊鸿儒，王毅，林敏等．技术轨道研究：述评与展望［J］．科学学与科学技术管理，2012（7）.

[124] 徐东华．我国产业转换与产业升级问题［J］．经济管理，1999（5）.

[125] 徐德云．产业结构升级形态决定、测度的一个理论解释及验证［J］．财政研究，2008（1）.

[126] 徐望．我国文化产业区域布局政策优化路径［J］．经济界，2019（1）.

[127] 杨小凯．张永生．新贸易理论、比较利益理论及其经验研究的新成果：文献综述［J］．经济学季刊，2001（1）．

[128] 姚德文．基于制度分析的产业结构升级机理与对策［J］．社会科学，2011（3）．

[129] 叶伟巍，王翠霞，王皓白．设计驱动型创新机理的实证研究［J］．科学学研究，2013（8）．

[130] 易南．汽车工业的四次变革［J］．汽车运用，1995（2）．

[131] 詹坤．邵云飞．突破性技术创新的非线性与非连续性演化［J］．技术经济，2017，36（5）．

[131] 张航燕，江飞涛．我国汽车产业竞争力现状及产业政策的调整［J］．中国经贸导刊，2015（12）．

[133] 张可，高庆昆．基于突破性创新的企业核心竞争力构建研究［J］．管理世界，2013（1）．

[134] 赵福全，刘宗巍，郝瀚，史天泽．汽车产业变革的特征、趋势与机遇［J］．汽车安全与节能学报，2018（9）．

[135] 赵福全，刘宗巍，李赞．汽车产品平台化模块化开发模式与实施策略［J］．现代制造技术与装备，2018（6）．

[136] 赵福全，刘宗巍．工业4.0浪潮下中国制造业转型策略研究［J］．中国科技论坛，2016（1）．

[137] 赵福全，刘宗巍，史天泽．中国制造2025与工业4.0对比解析及中国汽车产业应对策略［J］．科技进步与对策，2017，34（14）．

[138] 赵西三．金融危机背景下中小企业产业升级的路径选择［J］．企业活力，2009（3）．

[139] 张其仔．比较优势的演化与中国产业升级的路径选择［J］．中国工业经济，2008（9）．

[140] 张其仔，李蕾．制造业转型升级与地区经济增长［J］．经济与管理研究，2017（6）．

[141] 张银银，黄彬．创新驱动产业结构升级的路径研究［J］．经济问题探索，2015（3）．

[142] 钟志博，郭艳秋．辽宁省汽车产业创新驱动指标体系构建［J］．

中外企业家，2017（9）.

［143］钟志华等．新时代汽车强国战略研究综述（二）［J］．中国工程科学，2018（20）.

［144］钟志华，乔英俊，王建强，等．新时代汽车强国战略研究综述（一）［J］．中国工程科学，2018（1）.

［145］周昌林，魏建良．产业结构水平测度模型与实证分析——以上海、深圳、宁波为例［J］．上海经济研究，2007（6）.

［146］周煌，聂鸣．我国汽车产业 R&D 投资及创新绩效的动态博弈分析［J］．汽车工程，2008（11）.

［147］周小亮．技术创新与制度创新的互动关系：理论比较分析与现实理论假说［J］．福建论坛，2008（3）.

［148］转引自林毅夫．新结构经济学的理论基础和发展方向［J］．经济评论，2017（3）.

［149］白永秀．我国高新技术产业发展的制度创新研究［D］．西安：西北大学，2002.

［150］潘宇瑶．自主创新对产业结构高级化的驱动作用研究［D］．长春：吉林大学，2016.

［151］索海迪．创新驱动对产业结构升级的影响研究［D］．厦门：厦门大学，2018.

［152］唐玲丽．日本汽车产业政策分析及对我国借鉴意义的研究［D］．沈阳：沈阳工业大学，2008.

［153］温茜茜．中国产业发展模式研究［D］．上海：复旦大学，2013.

［154］吴刚．论马克思恩格斯的科技创新思想［D］．武汉：华中师范大学，2007.

［155］薛安伟．要素流动视角下中国产业升级的路径研究［D］．上海：上海社会科学院，2015.

［156］杨月喜．中国汽车产业对外技术依存度研究［D］．武汉：华中科技大学，2009.

［157］庄志彬．基于创新驱动的我国制造业转型发展研究［D］．福州：福建师范大学，2014.

[158] 佩雷斯，苏蒂．技术上的追赶：进入壁垒和机会窗口［A］．G·多西等编：技术进步与经济理论［C］．北京：经济科学出版社，1994.

[159] 贾根良．从价值链高端入手实现技术追超［N］．科技日报，2013-5-27.

[160] 中国国家计委技术经济研究所．中国家用轿车发展战略构想．经济日报［N］．1994.

[161]《2017年国内外油气行业发展报告》课题组．2017年国内外油气行业发展报告［R］．北京：中国石油经济技术研究院，2018.

[162]《道路交通运输安个发展报告》课题组．道路交通运输安全发展报告（2017）［R］．北京：国家安全生产监督管理总局国际交流合作中心，交通运输部交通国际合作事务中心，德国机动车汽督协会，2017.

[163] 工业和信息化部，国家发展改革委，科技部．三部委关于印发《汽车产业中长期发展规划》的通知［EB/OL］．http：//www.miit.gov.cn/n1146295/n1652858/n1652930/n3757018/c5600356/content.html.

[164] 孟捷．《资本论》与现代市场经济——纪念卡尔·马克思诞辰200周年［EB/OL］．https：//www.sohu.com/a/231048023_739032.

[165] 人民网．胡锦涛在中国共产党第十八次全国代表大会上的报告［EB/OL］．http：//cpc.people.com.cn/n/2012/1118/c64094-19612151.html.

[166] 习近平．在中国科学院第十九次院士大会、中国工程院第十四次院士大会上的讲话［EB/OL］．http：//cpc.people.com.cn/n1/2018/0529/c64094-30019426.html，2018-05-28.

[167] 谢环弛．习近平参加内蒙古代表团的审议［EB/OL］．http：//www.xinhuanet.com/politics/2019lh/2019-03/05/c_1124197105.htm 2018-03-06.

[168] 新华网．习近平：决胜全面建成小康社会夺取新时代中国特色社会主义伟大胜利——在中国共产党第十九次全国代表大会上的报告［EB/OL］．http：//www.xinhuanet.com/politics/19cpcnc/2017-10/27/c_1121867529.htm.

[169] 新华网．习近平：发展新能源汽车是迈向汽车强国的必由之路［EB/OL］．http：//www.xinhuanet.com//politics/2014-05/24/c_1110843312.htm.

［170］ 中国新闻网．林毅夫 VS 张维迎：一场产业政策的“世纪之辩”［EB/OL］．http：//www. chinanews. com/cj/2016/11 －15/8062957. shtml，2016 －11 －15/2013 －03 －05.

［171］ 中共中央关于坚持和完善中国特色社会主义制度推进国家治理体系和治理能力现代化若干重大问题的决定［EB/OL］．http：//www. xinhuanet. com/politics/2019 －11/05/c_1125195786. htm.

［172］ ARTS S，VEUUELERS R. The technological origins and novelty of breakthrough inventions［C］．35th DRUID Celebration Conference，2013，Barcelona，Spain，June 17 －19.

［173］ BABA Y，WALSH J P. Embeddedness，social epistemology and breakthrough innovation：the case of the development of statins［J］．Research Policy，2010，39（4）.

［174］ BOUNC'KEN R B，KRAUS S. Innovation in knowledge intensive industries：the double edged sword of coopetition［J］．Journal of Business Research，2013，66（10）.

［175］ BOX G E P，WOODALI. W H. Innovation，quality engineering and statistics［J］．Quality Engineering，2012，24（1）.

［176］ BOX G E P，WOODALI. W H. Innovation，quality engineering，and statistics［J］．Quality Engineering，2012，24（1）.

［177］ BRONDONI S M. Innovation and imitation；corporate strategies for global competition［J］．Symphonia，2012，29（1）.

［178］ Chapman K，Cross G，Foster J，et al. The 2017：The relentless desire to advance Analytics，2017 of innovation report［R］．London：Clarivate.

［179］ CHENG CC J，CHEN J S. Breakthrough innovation；the roles of dynamic innovation capabilities and open innovation activities［J］．Journal of Business. Industrial Marketing，2013，28（5）.

［180］ CHRISTENSEN C M，RAYNOR M，MCDONALD R. What is disruptive innovation?［J］．Harvard Business Review，2015，93（12）.

［181］ CHRISTENSEN C. The innovator's dilemma：when new technologies cause great firms to fail［J］．Boston：Harvard Business Prcss，1997.

[182] D. M. Amidon Rogers. Innovation Strategy for the Knowledge Economy: the Ken Awakening. Boston: Butterwort h – Heineman, 1997 (7).

[183] DiMaggio P J and Powell W. The Iron Cage Revisited: Institutional Isomorphism and Collective Rationality in Organizational Fields [J]. American Sociological Review, 1983: 42.

[184] Emst D. Global Production Network and Industrial upgrading Knowledge centered Approach [Z]. East – Wester Center Working Paper; Economic-Series, 2001.

[185] Ernst, D. Global production network and Industrial Upgrading – knowledge – centered Approach [R]. East – Wester Center Working Paper: Economic Series, 2001.

[186] Gereffi, G. International Trade and Industrial Upgrading in the Apparael Commodity Chains [J]. Journal of International Economics, 1999 (48).

[187] Greenwood, R., & Meyer, R. E. (2008). Influencing Ideas A Celebration of DiMaggio and Powell (1983). Journal of Management Inquiry, 17 (4).

[188] Holcombe R. G. Entrepreneurship and Economic Growth [J]. The Quarterly Journal of Austrian Economies, 1998, 2 (1).

[189] Humphrey J, Schmitz H. How Does Insertion in Global Value Chains Affect Upgrading in Industrial Cluster? [J]. Regional Studies, 2002, 9 (36).

[190] Humphrey. Upgrading in Global Value Chains [EB/OL]. http://www.ilo.org/publns.

[191] KAPLAN S, VAKILI K. The double – edged sword of recombination in breakthrough innovation [J]. Strategic Management Journal, 2015, 36 (10).

[192] Muffatto M. Introducing a platform strategy in product development [J]. International Journal of Production Economics, 1999 (60/61).

[193] NELSON R R. The coevolution of technology, industrial structure, and supporting institutions [J]. Industrial and Corporate Change, 1994, 3 (1).

[194] Nelson RR, Winter S C. An Evolutionary Theory of Economic Change [M]. Boston: Harvard University Press, 1982.

[195] North D. Economic Performance Through Time. American Economic Review, May, 1994.

[196] OACHIMSTHALER E, CHAUDHURIA, KALTHOFFM, et al. How smart, connected products are Transforming Competition [J]. Harvard Business Review, 2016, 94 (12).

[197] OCONNOR GC, DEMARTINO R. Organizing for radical innovation: an exploratory study of the structural aspects of RI management systems in large established firms [J]. Journal of Product Innovation Management, 2006, 23 (6).

[198] Rainoldi A, Gracia R A, Hernandez H, et al. 2016 EU industrial R&D investment scoreboard [R]. Spain: European Commission, 2017.

[199] Richard M. Auty. Industrial Policy and Market Structure: Korean Auto Assembly, Tijdschriftvoor Economischeen Sociale Geografie, 1996, 87 (5)

[200] Rosenberg N. Perspective on Technology London: Cambridge University Press, 1976.

[201] ROTHWELLAND R. Technology. London: Longman Group Limited, 1985.

[202] Ryoshin M. The Turning Point in the Japanese Economy [J]. Quarterly Journal of Economics, 1968, 82 (3).

[203] Sheard, P., Auto production system in Japan. Japanese Studies Center, Melbourne, Australia, Nov 1983: 30

[204] SHI T, ZHAO F, HAO H, et al. Structure analysis and cost estimation ofbybrid electric passenger vehicle and the application in China Case [C] WCX World Congress Experience, 2018, Detroit, US.

[205] SONG M, DI BENEDETTO C A. Supplier's involvement and success of radical new product development in new ventures [J]. Journal of Operations Management, 2008, 26 (1).

[206] SRIVASTAVA M K, UNYAWALI D R. When do relational resources matter? Leveraging portfolio technological resources for breakthrough innovation [J]. Academy of Management Journal, 2011, 54 (4).

[207] SOOD A, TELLIS Technological evolution and radical innovation

[J]. Journal of Vlarkcting, 2005: 69.

[208] WLazonick. Industrial relations and technical change [J]. Cambridge Journal of Economic, 1979 (3).

[209] WLazonic; k. Organization and Technology in Capitalist Development [M]. Alder shot: Edward Elgar, 1992 Varieties of capitalism and innovative enterprise [J]. Comparative Social Research, 2007 (24).

[210] ZHOU K Z, YIM C K, TSE D K. The effects of strategic orientations on technology and market - based breakthrough innovations [J]. Journal of Marketing, 2005, 69 (2).

附　　录

表　　　　我国六大汽车生产基地研发投入情况和市场化指数数据

省份	年份	产业升级	技术创新	制度创新	人力资本	行业规模	经济增长
上海	2012	2.9241	0.4216	7.72	2.1286	8.3939	7.5
上海	2013	3.2149	0.5025	7.65	2.0903	8.5218	7.7
上海	2014	3.4535	0.4681	8.59	2.0882	8.6145	7.0
上海	2015	3.1535	0.5358	8.64	2.1598	8.7050	6.9
上海	2016	3.2384	0.5015	8.69	2.1269	8.8049	6.9
上海	2017	3.6766	0.5409	8.74	2.1294	8.9555	6.9
上海	2018	3.0967	0.5279	8.80	2.1361	8.9682	6.8
北京	2012	2.0531	0.0928	6.19	2.8574	7.7465	7.7
北京	2013	2.5789	0.1090	6.18	2.8317	7.9577	7.7
北京	2014	2.7294	0.1617	6.34	2.8095	8.0946	7.3
北京	2015	2.7847	0.1790	6.05	2.7803	8.2204	6.9
北京	2016	3.2007	0.1537	5.78	2.7575	8.4353	6.8
北京	2017	2.7612	0.1656	5.52	2.7310	8.5153	6.7
北京	2018	2.7321	0.1726	5.27	2.7618	8.5350	6.7
重庆	2012	2.0176	0.3763	5.92	2.1175	7.5376	13.6
重庆	2013	2.5305	0.3490	5.82	2.2202	7.7735	12.3
重庆	2014	2.9585	0.4016	6.94	2.3123	7.9733	10.9
重庆	2015	3.3529	0.4603	6.93	2.3732	8.1811	11.0
重庆	2016	3.6312	0.5186	6.92	2.4032	8.3799	10.7
重庆	2017	2.7643	0.5412	6.91	2.4289	8.3665	9.3
重庆	2018	1.9374	0.5844	6.89	2.4591	8.2960	6.0
湖北	2012	1.8530	0.1281	6.69	2.3985	8.3883	11.3
湖北	2013	2.2145	0.1660	6.78	2.4511	8.4289	10.1

续表

省份	年份	产业升级	技术创新	制度创新	人力资本	行业规模	经济增长
湖北	2014	1.7965	0.2150	6.35	2.4410	8.4812	9.7
湖北	2015	2.3144	0.2380	6.17	2.4105	8.6478	8.9
湖北	2016	2.5984	0.2216	6.00	2.3820	8.7626	8.1
湖北	2017	2.7135	0.2365	5.83	2.3736	8.8547	7.8
湖北	2018	2.1286	0.2410	5.66	2.4306	8.8839	7.8
山东	2012	1.0115	0.1088	7.08	1.7124	8.0971	9.8
山东	2013	1.1873	0.1157	7.02	1.7451	8.2271	9.6
山东	2014	1.3265	0.1406	7.13	1.8354	8.4730	8.7
山东	2015	1.2655	0.1046	6.93	1.9301	8.4557	8.0
山东	2016	1.3900	0.1161	6.74	2.0065	8.5610	7.6
山东	2017	1.2548	0.1146	6.55	2.0141	8.6528	7.4
山东	2018	1.3794	0.1075	6.37	2.0312	8.6673	6.3
江苏	2012	0.9275	0.0791	8.60	2.1101	7.9825	10.1
江苏	2013	1.1466	0.0757	8.62	2.1218	8.1565	9.6
江苏	2014	1.2228	0.0776	8.45	2.1339	8.2897	8.7
江苏	2015	1.2221	0.1014	8.27	2.1511	8.4657	8.5
江苏	2016	1.3145	0.1103	8.09	2.1825	8.6260	7.8
江苏	2017	1.4104	0.1193	7.91	2.2019	8.7357	7.2
江苏	2018	1.6305	0.1337	7.74	2.2436	8.8009	6.7

以上数据来源于2012～2018年各相关省区市年鉴，以及《中国市场化指数》（2012～2018年）。其中，极个别省份年鉴数据缺失，通过插值法补全。